Cet ouvrage n'a
achevé.)

G

4820

LES
BRIGANDS ET BANDITS
CÉLÈBRES.

Imp. Schneider et Langrand, rue d'Erfurth, 4.

LES
BRIGANDS ET BANDITS
CÉLÈBRES

PAR MAURICE ALHOY

ÉDITION ILLUSTRÉE

PAR MM. C. NANTEUIL, JANNET LANGE, MARCK, F. ÉDOUARD, BEAUMONT, ETC.

GRAVURES PAR M. CHARRIER.

PARIS,
CHEZ GUILLER, ÉDITEUR, RUE DU PONT-DE-LODI, 5.

1845

LES BRIGANDS ET BANDITS CÉLÈBRES.

FRANCE.

I

LE BÂTARD DE VAURU.

1272—1420.

La nuit tombait sur les villages qui formaient alors la ceinture de ciment et de chaume de la ville de Meaux, occupée par le parti des Armagnacs.

Le vent chassait d'épais flocons de neige dans la direction d'un orme antique, situé dans un des carrefours de la route de Germanie; les habitants des hameaux voisins évitaient au passage cet orme, effrayés qu'ils étaient d'un cliquetis sec et souvent répété qui se faisait entendre à l'entour.

Cet arbre était un gibet, et le bruit sinistre qui troublait le calme venait du balancement des cadavres dont les chairs avaient été réduites en poudre par l'air, ou dépecées lentement par les oiseaux de proie.

Ces ossements, quand la brise leur donnait le mouvement, et qu'ils venaient à se heurter ensemble, se nommaient dans le pays la lyre des seigneurs de Vauru.

Les deux frères de Vauru, l'un nommé Bâtard, l'autre Denis, commandaient dans la ville; ils s'étaient fait à plaisir une renommée peu commune de cruauté; un de leurs passe-temps était de traîner à la queue de leurs chevaux les laboureurs chez lesquels ils n'avaient rien trouvé à voler, et de les voir pendre à l'arbre qu'ils avaient adopté comme croix de trahoir ; on racontait que plus d'une fois ils avaient fait l'office de bourreau.

Un soir, une jeune femme, appartenant à la classe des laboureurs, et sur la figure de laquelle un chagrin récent avait déjà marqué sa trace, cachait sa tristesse dans sa chaumière, et disait à voix basse sa douleur et ses craintes à quelques voisines réunies autour de l'âtre.

Elle racontait, la pauvre femme, que Robert, son mari, soumis au parti vainqueur, et qui jamais n'avait fait entendre le moindre vœu pour la cause du duc de Bourgogne, et ne s'occupait qu'à payer ses impôts au roi et ses redevances au seigneur, avait été vu dans son champ, il y avait quelques jours, par le Bâtard de Vauru ; que celui-ci l'avait garrotté, attaché à sa monture, et mené ainsi à sa suite à la ville de Meaux.

« Il y a ce soir quatre veillées que Robert a été enlevé, disait la campagnarde, et aucune nouvelle ne me vient. Jésus, prenez-le en pitié ! » Et la femme de Robert et toutes les campagnardes qui lui tenaient compagnie répétaient, en faisant avec elle le signe de croix : « Jésus, prenez Robert en pitié. »

On heurte à la porte. « Si nos prières étaient exaucées, s'écria la femme de Robert ; si c'était lui ! »

L'espoir ne dura qu'un moment. Un homme, connu dans le pays pour le messager des geôles, se présenta ; il était porteur d'une lettre du prisonnier. Celui-ci mandait à Jeanne, sa femme, que la liberté ne lui serait pas rendue sans rançon ; il avait, en vain, cherché à attendrir le seigneur de Vauru, en représentant la modicité de ses ressources. Pour lui arracher une promesse, le malheureux venait d'être livré à la torture ; et au milieu des souffrances, il avait fait un mensonge et avait avoué qu'il pouvait payer la somme qu'on lui demandait et qui était beaucoup au-dessus de ses moyens ; il suppliait sa femme de faire ressource de tout ce qu'elle pourrait convertir en argent, et de recourir à ses parents, à ses amis pour le reste.

Le porteur de la lettre se retire. Quand il est parti, Jeanne remercie ses voisines de l'intérêt qu'elles lui témoignent en cette affreuse circonstance ; mais le peu que chacune de ces femmes lui offre pour concourir à la libération de Robert ne pourrait suffire. Jeanne conçoit un autre projet; elle est jeune, elle est belle, elle va devenir mère; elle ira trouver les hommes cruels qui retiennent Robert dans les fers; on aura pitié de ses larmes, de ses prières; peut-être même sa jeunesse, ses charmes, rendront moins féroces les seigneurs de Vauru, elle obtiendra une diminution sur la somme excessive qu'ils exigent.

Le lendemain, au jour naissant, Jeanne était introduite près des deux frères. Elle avait parlé, elle attendait avec anxiété la réponse.

« Femme, lui dit le Bâtard de Vauru, tout ce que je puis t'accorder, c'est un délai de six jours pour trouver la somme que j'ai demandée; mais le septième jour, à la première heure, si tu passes près de l'orme de justice, et qu'il fasse du vent, la lyre des seigneurs de Vauru résonnera, et il y aura une corde de plus. »

La compagne du prisonnier s'éloigna, la douleur dans le cœur; son âme forte ne se laissa pas abattre. Jeanne fit monnaie de tout ce qu'elle possédait, elle implora la pitié des riches et des pauvres pour compléter le prix de la vie de Robert; le sixième jour, il ne lui manquait plus qu'une faible somme; elle avait compté, pour l'avoir, sur la promesse d'une vieille parente; mais le soir, quand Jeanne se présenta au logis de la bienfaitrice, elle trouva un cercueil. La vieille parente avait quitté la vie sans avoir le temps d'accomplir sa bonne œuvre.

« Du courage, Jeanne, se dit la campagnarde; ils n'auront pas la barbarie d'être exacts à leur menace; cette nuit je trouverai l'argent qui me manque; je serai plus matinale que le soleil et que les bourreaux, je porterai la rançon. »

Le lendemain, le soleil pâle s'était levé sur l'orme de Vauru; les blanches stalactites de givre fondaient en rosée sur les cadavres.

Jeanne n'était pas encore venue compter la somme.

Enfin, la voilà, elle arrive haletante, épuisée par la fatigue et la terreur, elle tombe sous le poids d'une lourde sacoche aux pieds du Bâtard de Vauru; à peine lui reste-t-il assez de vie pour demander : « Robert vit-il encore? »

Vauru a saisi le sac, il a compté silencieusement le prix de la rançon, et il dit :

« Femme, la première heure du septième jour s'est écoulée, et ton mari a subi son châtiment. »

Jeanne jette un cri de rage ; la férocité empreinte sur le visage du Bâtard semble se refléter sur le sien ; elle commettrait un meurtre si elle avait une arme, mais elle n'a que la parole pour jeter l'imprécation à la face de ce tigre.

Vauru, irrité, maltraite cette malheureuse à coups de bâton, et ordonne qu'elle soit conduite à l'orme où pend le cadavre de Robert et plusieurs autres, récemment exécutés ; il est obéi. Jeanne est menée à l'arbre, elle est dépouillée de ses vêtements, exposée nue aux regards de la populace et aux injures de l'air ; les extrémités des cadavres attachés aux branches de l'orme, balancés par l'agitation du vent, viennent frapper son visage.

La nuit arriva ; les cris, les gémissements de la victime, rapporte la chronique, s'entendirent jusque dans la ville, et nul n'osait lui porter secours.

Jeanne, nous l'avons dit, devait bientôt devenir mère : la violence des émotions hâta les moments de la délivrance. Elle s'opéra dans cette nuit affreuse et par des moyens horribles. Les loups, attirés par l'odeur des cadavres, vinrent aider à l'œuvre de la nature ; ils tirèrent l'enfant des entrailles de la mère, dévorèrent l'un et l'autre, et ne laissèrent que des lambeaux de chair et des ossements ensanglantés.

L'année suivante, les Anglais prirent la ville de Meaux, les deux frères bourreaux furent pendus à l'arbre qui portait leur nom.

Ce furent les deux dernières cordes mises à *la lyre des seigneurs de Vauru*.

Les faits que nous venons de dire, et dont nous avons retracé sans broderie tous les détails dans leur réalité sauvage, se passaient vers la fin du règne de Charles VI.

A côté du Bâtard de Vauru et de son frère se placent, dans l'ordre chronologique, d'autres physionomies sur lesquelles se révélèrent les mêmes instincts carnassiers. Les hauts seigneurs de ces temps-là tenaient de la fauve autant par éducation que par nature : pendant l'enfance, ils jouaient avec la dague de leur père oxydée par le sang ; à l'âge viril, ils trempaient de nouveau cette arme dans le sang pour en arracher la rouille.

Ainsi fit Aimérigor, dont toute l'existence fut une œuvre de brigandage : chef d'hommes aussi résolus que lui, il aimait cependant à tenter seul des expéditions, pour la réussite desquelles on eût cru qu'il fallait une bande entière. Il aimait à chevaucher, la dague au poing, sur Flamme-d'Enfer, c'est ainsi qu'il nommait son cheval favori. Ce destrier était presque une intelligence en communication avec la pensée de son maître. Le baron laissait au quadrupède le soin de lui indiquer les lieux où il y avait à trouver bonne fortune et bonne aubaine. Son flair ne le trompait jamais.

Un esprit superstitieux eût pu croire qu'en nommant son cheval Flamme-d'Enfer, le baron avait reçu révélation que le quadrupède sortait des écuries du diable, et que précédemment, sous une autre forme, il avait été détrousseur de grandes routes ou coureur d'hôtelleries, de cloîtres ou de châtellenies.

Quand Flamme-d'Enfer avait fait entendre un joyeux hennissement, le baron s'élançait à terre, donnait à son coursier le droit de libre pâture, et il s'avançait vers le logis le plus voisin, qu'il fût cloître, châtel ou chaumière. Alors Aimérigor contraignait, sous peine de vie, châtelaine, nonne ou vilain, à tirer les épargnes de l'escarcelle ou à les exhumer du bahut; puis, après avoir divisé en lots le butin, en feignant de faire appel nominal d'une troupe nombreuse, et après avoir demandé à Dieu qu'il présidât à la juste répartition de l'argent, il faisait main basse sur tous les lots, plaçait en croupe, en faisant valoir, comme une faveur, l'absence de ses compagnons qui auraient dû changer les filles du vilain, ou nonnettes ou abbesses, en bêtes de somme, afin de conduire à dos de jouvencelles le butin à sa destination.

« Flamme-d'Enfer, s'écriait Aimérigor, en franchissant le seuil du logis qu'il venait de piller, que Dieu et ses saints te tiennent en appétit et amour du bon herbage. »

Quand Aimérigor eut atteint les limites de la vie, il pensa qu'il devait une restitution à ceux au nom desquels il avait fait des emprunts forcés; il fit héritiers ses compagnons, mais il voulut qu'ils achetassent l'héritage par la lutte; il sourit à la pensée de transformer la chambre mortuaire en champ de bataille, et d'arroser de sang son linceul.

Il fit placer près de son lit d'agonisant un coffre contenant tous ses trésors, et près de ce lourd bahut une pesante hache.

Il appela ses anciens compagnons, et leur dit :

« Tout premièrement je laisse à la chapelle Saint-Georges quinze cents livres; item, à ma mie, qui loyaument m'a servi; et le surplus, vous êtes compagnons, partagez entre vous tous bellement; et si vous ne pouvés être d'accord et que le diable se mette entre vous, vous voyés là une hache bonne, forte et bien tranchante, rompés l'arche (le coffre), et puis en ait qui avoir en pourra. »

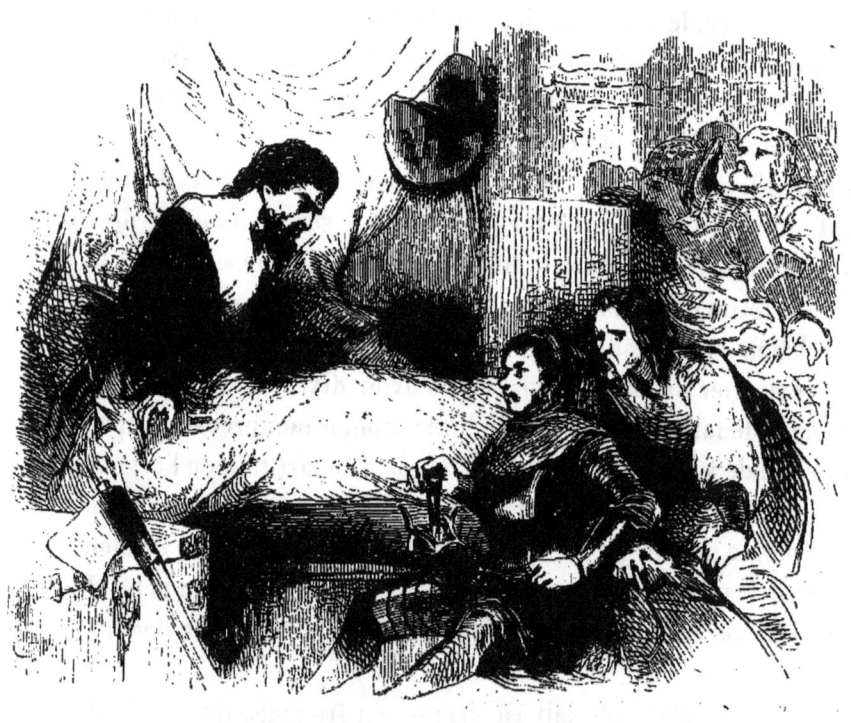

Il nous eût été facile de prendre plus haut dans les temps l'histoire des brigands; les annales du meurtre datent du jour où l'homme n'a pu voir sans fièvre un autre homme posséder un domaine plus vaste, un champ plus fertile, une campagne plus belle, une escarcelle plus lourde, une renommée plus sonore que la demeure, le champ, la compagne, l'escarcelle, la renommée qui furent son partage.

Les premières pages de la Genèse sont marquées par le sang : l'envie inspira le premier crime ; plus tard, la cupidité, l'ambition, le fanatisme religieux et politique qui s'étaient laissé devancer, prirent bonne et prompte revanche, et plantèrent à l'envi le poignard et le stylet dans les portes des palais, des chaumières et des temples.

Limitons notre cadre ; laissons dans les temps reculés la monarchie française dans le double enfantement des mœurs et des lois ; prenons notre point de départ au règne du roi Robert, que nous devons regarder comme le patriarche et le doyen des philanthropes : nous laisserons aux intelligences élevées à décider si son système de tolérance fit avancer ou reculer la solution du problème de moralisation universelle qu'on cherche de nos jours par des moyens excentriques qui, bien que contrastant avec ceux expérimentés, il y a huit siècles, ont cependant avec eux ce point de ressemblance, qu'ils n'avanceront pas davantage la question.

Le roi Robert était-il plus avancé que nous en psychologie. Sa doctrine consistait à permettre le vol à ceux qui avaient besoin de larcin pour vivre.

Si ses successeurs eussent continué de régir la monarchie par son code, peut-être aujourd'hui le personnel dont nous avons à écrire l'histoire serait-il beaucoup moins nombreux. Tous les degrés de l'échelle du crime sont le plus souvent franchis, parce qu'on espère, en s'élevant sur un échelon supérieur, cacher qu'on a passé sur celui qui est en dessous.

Cependant, il faut le dire, par respect pour la vérité historique, ceux qui purent vivre légalement de vol trouvèrent bientôt leur sphère de liberté et d'action trop restreinte. Le vol à la *détourne*, placé sous un patronage royal, fut abandonné aux classes infimes, aux vieillards débiles, aux ambitieux sans courage ; mais la vie de pillards à main armée, avec ses chances périlleuses, ses épisodes dramatiques, propagea rapidement sa séduction ; et quand la voix de l'ermite Pierre vint appeler l'Occident chrétien à combattre un peuple de brigands, sans foi ni loi, qui infestait l'Orient, Philippe-Auguste et son noble frère d'armes, le Cœur-de-Lion, prêts à franchir les mers, se retournèrent avec inquiétude vers leur armée qui n'était pas composée entièrement de la fleur de la chevalerie, et ils se demandèrent s'ils n'emmenaient pas avec eux plus de brigands qu'ils n'en allaient chercher.

Un ordre du jour modifia le code pénal de l'époque, et une loi porta que le coupable convaincu de brigandage recevrait sur la tête une libation de poix bouillante, qu'il serait couvert de plumes, et exposé en cet état sur le premier rivage qui se présenterait.

Ces mesures n'atteignirent probablement pas le but qu'on s'était proposé; car, sous Louis IX, on trouve sur les galères des criminels mutilés par la justice; les uns ont perdu juridiquement une oreille; les autres, à l'état de récidive, en ont perdu deux.

Si le bourreau posait alors la main sur les criminels tirés des rangs du peuple, il y avait parmi les seigneurs bien des cruels qui méritaient le nom de brigands, et que le bourreau épargna. Les chroniques de Roussillon en témoignent et racontent que le seigneur du Saillau, imitateur, à un siècle de distance, du barbare seigneur de Vermandois, Fayel, fit servir à la belle Tricline de Carbonnel, sa femme, le cœur du gentil troubadour Cabestan qu'il avait égorgé sur un soupçon d'amour.

Tricline avait dit, comme Gabrielle de Vergy, que *onc ne mangerait d'autre viande;* et, comme l'amante de Coucy, elle avait tenu sa promesse.

Cependant le privilége d'impunité ne fut pas toujours acquis à tous ceux qui essayèrent de mettre le brigandage sous la protection d'une haute position sociale.

La justice, dans ses caprices, envoya quelquefois au gibet des brigands de haute lignée; et quand Jourdain Delisle se fut amusé à pendre un sergent du roi, le haut et puissant baron fut, à son tour, appréhendé, conduit à Paris, et attaché au gibet.

Le curé de Saint-Merry, instruit que ce brigand avait épousé la nièce du pape, écrivit la lettre suivante au saint-père :

« A peine votre neveu était-il pendu, qu'avec grand luminaire nous allâmes le prendre à la potence, et le fîmes porter en notre église, où nous l'avons enterré honorablement et gratis. »

Nous voilà revenu dans l'ordre des temps au point de départ de ces chroniques; mais, dans le résumé rétrospectif que j'ai tracé, j'ai omis un fait qui se rattache au sujet que je traite. Je dois prendre note de la création d'une compagnie d'hommes d'armes préposée au maintien de l'ordre dans la ville de Paris, à l'époque de la captivité du roi Jean.

Cette brigade de surveillance donna un exemple qui, plus tard, ne trouva que trop souvent des imitateurs, et elle exploita l'autorité et la force dont elle était revêtue au profit de sa cupidité et de basses passions. Le pillage et la débauche signalèrent son existence, et elle inspira la terreur par ses rapines et par ses crimes.

Le peuple créa, pour désigner ces soldats, le sobriquet de *brigands*, du nom d'une sorte de cotte d'armes qu'ils portaient, qu'on appelait *brigandine*.

Que ces brigands, ou hommes à brigandine, aient été ou non les parrains de tous les malfaiteurs qui ont reçu par la suite ce titre générique, ils n'en sont pas moins le premier anneau de cette longue chaîne de bandits qui, plus tard, exploitèrent le carnage et le vol, soit à leur profit, soit au compte des grands et des princes.

Ainsi, les *Tard-Venus*, les *Malandrins*, les *Bandes blanches*, auraient fait de la France un champ d'asile du brigandage, si du Guesclin n'eût adroitement dirigé leur avidité et leur valeur sauvage vers des contrées étrangères. Ils partirent. Leur premier exploit fut de voler le coffre-fort et la bénédiction du pape.

A cette seconde génération des bandits succédèrent les *Trente mille Diables*, conduits par le bâtard de Bourbon, le bâtard d'Armagnac et les cadets de nobles familles; les *Écorcheurs*, qui avaient à leur tête Rodrigue de Villandres; les *Retondeurs*, toujours au service des princes qui se faisaient la guerre. « Ils retondaient, écorchaient, éventraient les pauvres gens, dit Mezeray, n'ayant aucune sorte de barbaries et de cruautés qu'ils n'exerçassent pour en tirer de l'argent. »

Ces compagnies désolèrent la campagne, de sorte que, les paysans s'étant retirés dans les villes, et le labourage ayant été délaissé, il s'ensuivit une grande famine, et de là une peste furieuse. Elle fit mourir cinquante mille hommes à Paris en moins de six semaines, et chassa presque tous les autres habitants : si bien que cette grande ville populeuse devint si déserte, qu'à peine trouvait-on deux ou trois hommes par chaque rue; même, à ce que l'on rapporte, les loups, accoutumés au carnage, se promenaient dans la ville comme dans un champ, mangeant non-seulement les corps que la peste renversait par les rues, mais encore égorgeant les vivants, pour raison de quoi il fut fait un édit par lequel on donnait vingt sous de récompense à qui apporterait la tête d'un loup.

Si je parlais des *Gaultiers*, des *Francs-Museaux*, des *Lipans* et *Passe-Lipans*, des *Guilleris*, des *Fressuriers*, des *Faucheurs*, et de tous ces auxiliaires embrigadés par le fanatisme politique ou religieux qui ont joué de la dague et du poignard, au bruit des fanfares, des cantiques, des *Te Deum* et des chants populaires, il faudrait élargir le cadre et le tableau. Nous arriverions à des époques bien voisines. Ce serait le drame sanglant de cinq siècles. Pour première victime, nous marquerions un duc de Bourgogne; et, pour dernière, un maréchal de France : ce drame commencerait au pont de Montereau, en 1419, et se dénouerait, en 1815, sous le pont d'Avignon.

C'est en dehors de ces souvenirs que nous prenons nos chroniques.

II

THOMAS LE TIREUR D'OR. — LE BATARD DE BOURBON. LE BRIGAND ET LA REINE MARGUERITE.

1574 — 1607.

Les vieilles chroniques rapportent que le lendemain de la Saint-Barthélemy, environ à midi, on vit un aubépin chargé de fleurs au cimetière Saint-Innocent. Sitôt que le bruit en fut répandu, le peuple y accourut de toutes parts en si grande foule, qu'il fallut y poser des gardes tout autour. On commença aussi à crier miracle et à sonner et carillonner les cloches de joie. Chacun, croyant que Dieu, par ce signe, approuvait les massacres, recommença de plus belle.

La fleur embaumée du printemps ne sembla pas seulement une absolution et un encouragement aux brigands ès religion; grand nombre de bandits, ni huguenots ni catholiques, s'exaltèrent au parfum de l'arbuste du cimetière. Mais la justice d'alors ne se montra pas également tolérante pour tous. Libre à chacun de se défaire par le fer, par le poison, ou par la noyade, d'un pauvre à qui l'on ne demandait que la vie, ou d'un riche dont on convoitait la bourse; mais, si les archers et le grand prévôt venaient à être mis sur la piste, on ne pouvait gagner l'impunité que par les moyens qu'employèrent Thomas le tireur d'or et l'Italien René.

Thomas, vulgairement appelé le Tireur d'or, habitait une maison sur la rive de la Seine. Les fenêtres élevées donnaient, partie sur le fleuve, partie sur la ville; seulement on remarquait à quelques pieds du niveau de l'eau une sorte d'embrasure ronde, comme dans les galères royales, les trous pratiqués pour placer le canon. Le mur de l'habitation du tireur d'or était recouvert d'un blanc ciment, mais autour de l'embrasure, quand on la regardait en côtoyant le rivage en bateau, on apercevait comme des infiltrations colorées qui donnaient une teinte rougeâtre aux extrémités circulaires.

Thomas le tireur d'or avait pris, depuis plusieurs jours, l'habitude de sortir aux premières heures du matin, et de ne rentrer qu'à la nuit close.

Quelqu'un qui eût pu écouter près de la demeure aurait entendu le tireur d'or prononcer quelques mots brusques, comme s'il eût fait une recommandation à quelque valet, puis une lourde porte rouler sur elle-même et se fermer à double tour.

Chaque fois que le tireur d'or rentrait, on eût pu saisir une conversation vive toujours couverte par la voix de Thomas.

La quatrième nuit, la conférence que d'habitude le tireur d'or entamait fut brève. Elle se termina par un cri qu'un fort éclat de rire étouffa aussitôt.

Le tireur d'or, chargé d'un fardeau pesant, descendit les degrés qui séparaient son logis de l'embrasure dont il a été fait question; il ramena à lui la poutre qui servait de clôture, et il la repoussa un moment après avec un geste de mécontentement.

Puis Thomas se mit au lit, et s'endormit.

A la pointe du jour, le tireur d'or est réveillé par les coups redoublés qui ébranlent sa porte. Il a mis l'œil à un petit guichet, pratiqué dans un but de prévoyance et de sécurité; il a reconnu le prévôt et le chef des archers. La porte s'ouvre, et Thomas s'apprête à faire les honneurs de sa maison.

«Maître Thomas, dit le prévôt, j'ai eu ce matin un réveil désagréable. Le chef des archers m'a fait un rapport sur un événement arrivé

II

**THOMAS LE TIREUR D'OR. — LE BATARD DE BOURBON.
LE BRIGAND ET LA REINE MARGUERITE.**

1574 — 1607.

Les vieilles chroniques rapportent que le lendemain de la Saint-Barthélemy, environ à midi, on vit un aubépin chargé de fleurs au cimetière Saint-Innocent. Sitôt que le bruit en fut répandu, le peuple y accourut de toutes parts en si grande foule, qu'il fallut y poser des gardes tout autour. On commença aussi à crier miracle et à sonner et carillonner les cloches de joie. Chacun, croyant que Dieu, par ce signe, approuvait les massacres, recommença de plus belle.

La fleur embaumée du printemps ne sembla pas seulement une absolution et un encouragement aux brigands ès religion; grand nombre de bandits, ni huguenots ni catholiques, s'exaltèrent au parfum de l'arbuste du cimetière. Mais la justice d'alors ne se montra pas également tolérante pour tous. Libre à chacun de se défaire par le fer, par le poison, ou par la noyade, d'un pauvre à qui l'on ne demandait que la vie, ou d'un riche dont on convoitait la bourse; mais, si les archers et le grand prévôt venaient à être mis sur la piste, on ne pouvait gagner l'impunité que par les moyens qu'employèrent Thomas le tireur d'or et l'Italien René.

Thomas, vulgairement appelé le Tireur d'or, habitait une maison sur la rive de la Seine. Les fenêtres élevées donnaient, partie sur le fleuve, partie sur la ville; seulement on remarquait à quelques pieds du niveau de l'eau une sorte d'embrasure ronde, comme dans les galères royales, les trous pratiqués pour placer le canon. Le mur de l'habitation du tireur d'or était recouvert d'un blanc ciment, mais autour de l'embrasure, quand on la regardait en côtoyant le rivage en bateau, on apercevait comme des infiltrations colorées qui donnaient une teinte rougeâtre aux extrémités circulaires.

Thomas le tireur d'or avait pris, depuis plusieurs jours, l'habitude de sortir aux premières heures du matin, et de ne rentrer qu'à la nuit close.

Quelqu'un qui eût pu écouter près de la demeure aurait entendu le tireur d'or prononcer quelques mots brusques, comme s'il eût fait une recommandation à quelque valet, puis une lourde porte rouler sur elle-même et se fermer à double tour.

Chaque fois que le tireur d'or rentrait, on eût pu saisir une conversation vive toujours couverte par la voix de Thomas.

La quatrième nuit, la conférence que d'habitude le tireur d'or entamait fut brève. Elle se termina par un cri qu'un fort éclat de rire étouffa aussitôt.

Le tireur d'or, chargé d'un fardeau pesant, descendit les degrés qui séparaient son logis de l'embrasure dont il a été fait question; il ramena à lui la poutre qui servait de clôture, et il la repoussa un moment après avec un geste de mécontentement.

Puis Thomas se mit au lit, et s'endormit.

A la pointe du jour, le tireur d'or est réveillé par les coups redoublés qui ébranlent sa porte. Il a mis l'œil à un petit guichet, pratiqué dans un but de prévoyance et de sécurité; il a reconnu le prévôt et le chef des archers. La porte s'ouvre, et Thomas s'apprête à faire les honneurs de sa maison.

«Maître Thomas, dit le prévôt, j'ai eu ce matin un réveil désagréable. Le chef des archers m'a fait un rapport sur un événement arrivé cette nuit, que je ne peux et n'ose encore attribuer à un homme connu comme vous pour un des meilleurs défenseurs de la sainte cause de Dieu.

« Un homme a été assassiné, et son cadavre, jeté à l'eau, est tombé dans la barque que j'ai organisée pour la ronde de nuit. La barque passait sous votre maison.

— N'en dites pas davantage, monsieur le prévôt, dit en souriant le tireur d'or.

« Le défunt est, ou plutôt était hier conseiller en la cour du parlement...

— Et chanoine de Notre-Dame, dit le prévôt.

— Ce dont bien me fâche, fit le tireur.

— Et excellent catholique, ajouta le prévôt.

— Ce dont je suis marri de toute mon âme, croyez-le bien, monsieur le prévôt..., mais cinq années de regret ne le feraient pas revenir.

« Vous dire ce qui s'est passé entre nous deux depuis cinq nuits que je tenais le conseiller enfermé chez moi serait chose inutile. Il s'agissait d'une question d'argent... le vieil avare a préféré tenir bon... je ne pouvais reculer... Maintenant, monsieur le prévôt, vous avez reçu mes aveux, je connais les obligations que votre charge vous imposent. Mais avant de me livrer à vos archers, venez faire l'inventaire de mes titres au pardon. »

Le batteur d'or présenta au prévôt un registre ; sur la couverture était peinte une croix.

Ce livre contenait une comptabilité mortuaire, dressée jour par jour, des huguenots que le batteur d'or avait égorgés de sa main, à chaque page étaient collés, comme pour servir de signets, quelques cheveux des victimes, et les témoignages d'authenticité ressortaient des attestations écrites de quelques-uns ou d'un sceau quelconque apposé par le grand nombre qui ne savait écrire.

Ce registre avait deux cents feuilles, et sur une seule feuille qui disait l'œuvre d'une journée, on comptait quatre-vingts noms.

« Je donne cette page pour ma rançon, monsieur le prévôt, dit avec orgueil le batteur d'or.

« Faites votre rapport, si vous ne pouvez prendre sur vous d'accepter mon offre, et j'attends la décision sous la garde du chef des archers. »

Le prévôt, un des plus exaltés catholiques du temps, eût embrassé Thomas le tireur d'or, si la présence du chef des archers ne l'eût rappelé à son devoir.

On ne parla plus de cette affaire, et la page du registre du batteur d'or fut conservée par de hauts personnages comme une sainte relique.

Messire René, Italien, joua le même coup que le batteur d'or : il échangea la gloire immortelle d'avoir donné grand nombre de coups de poignard pour la religion, contre la faute rémissible d'avoir égorgé un joaillier pour s'approprier ses diamants. C'étaient aussi là les mœurs d'en haut, moins le besoin de pardon...

« En ce temps-là, dit Mezeray, la brave dame Catherine ne faisait-elle pas étrangler en prison le titulaire de la terre de Versailles pour en doter son mignon de Rets qui la convoitait? »

Le tireur d'or et l'Italien n'étaient brigands que par imitation, peut-être par flatterie. Ils étaient courtisans à leur manière, ou plutôt à la manière de la reine mère.

Les mœurs des hauts seigneurs se ressentirent longtemps des époques de guerre civile et religieuse; et quand l'heure du repos arriva, le manoir où reposèrent les armes fut souvent le théâtre de faits qui justifient la place que nous assignons dans notre galerie à quelques hommes que la gloire de leurs armes, ou l'illustration de leur naissance aurait pu rendre dignes d'une note historique sans souillure.

Nous avons déjà fait mention du bâtard de Bourbon, un des chefs des écorcheurs. Charles VII accorda, après exil, la grâce à plusieurs capitaines de ces bandes redoutables qui désolaient la France; mais il fut inflexible à l'égard du bâtard de Bourbon. Cet homme, qui s'était fait un grand renom par sa cruauté, fut cousu dans un sac et jeté à la rivière.

Un siècle après cette exécution, un autre bâtard de Bourbon jouait, dans un drame de famille, un rôle qui porte l'empreinte sanglante de l'époque où l'action s'est passée.

Philippe de Bourbon avait guerroyé sous François Ier. Le roi de

France le reconnaissait aussi vaillant que son épée, et l'applaudissait hautement de son courage et de sa noble fierté.

Mais quand la paix était revenue, quand le roi de France jetait les armes de combat pour celles du tournoi, ou qu'il allait réveiller les échos de Chambord par de bruyantes fêtes, Philippe de Bourbon s'isolait du monarque, et rarement il faisait apparition dans ces lieux où les arts et la galanterie rivalisaient de séduction.

Un jour, une inspiration fatale était sans doute venue au guerrier : il s'était demandé si l'admiration que le roi témoignait pour sa valeur n'était pas un reflet de l'enthousiasme qu'avaient pu inspirer au roi de France les charmes de la jeune comtesse qu'il avait choisie pour épouse, et qui habitait un manoir peu distant de celui du roi.

Le bâtard de Bourbon était absent de son domaine, quand cette pensée lui courut au cœur, et peut-être ce qui l'inspira fut le récit d'un de ses écuyers qui arriva, porteur d'un message de la comtesse.

Ce message disait au bâtard de Bourbon que le roi lui avait fait visite de voisinage, et qu'il l'avait conviée à une fête qui, le lendemain, se donnait à Chambord.

Un page eut ordre de partir et de ramener la noble dame.

Les chroniques ne sont pas d'accord sur ce qui advint alors.

Les uns disent que le page, accablé de fatigue, s'endormit au pied d'un arbre ; que le roi passa près de lui, et voyant des tablettes d'ivoire tombées de la poche du page, eut la curiosité de les ouvrir ; qu'ayant connu la volonté du bâtard de Bourbon, il effaça les mots écrits, et substitua un galant quatrain ; que le page remit à la dame les tablettes qu'il n'avait pas dû lire, et que celle-ci pensa que c'était une surprise que son époux expliquerait plus tard.

Les autres racontent que la belle invitée, curieuse d'assister à la fête, gagna le page, et obtint de lui qu'il dirait n'avoir pas trouvé de bateau ou de gué pour passer le fleuve de Loire, et n'avoir pu arriver que le lendemain.

D'autres, enfin, avouent que, malgré défense connue, la belle voisine du château de Chambord se rendit à la royale invitation ; qu'elle fut la plus belle et la plus choyée de la fête.

Quand chacun ne pensait qu'à prendre la plus large part de danse et de gai propos, la sévère figure de Philippe de Bourbon vint tout à coup se poser au milieu de la fête. Le roi félicita le guerrier de sa venue; le bâtard se montra courtois près des dames.

Au retour, Philippe escortait en silence la comtesse, qui pressait le pas de son palefroi; arrivée en son châtel, elle pénétra dans son appartement. Elle fut inquiète de n'y point trouver ses femmes de toilette, elle les appela.

Le bâtard survint; il étreignit la main de la comtesse dans la sienne, l'entraîna dans une salle où il n'y avait pour ameublement qu'un siège de bois, autour duquel se tenaient debout plusieurs écuyers.

« C'est ici, madame, dit le bâtard, qu'il faut prendre demeure; à quoi bon le service de vos femmes, leurs mains ne sont point habiles à l'œuvre que je veux accomplir. Pour couche vous aurez ce siège, banc de justice où vous allez avoir à répondre, banc de supplice, peut-être, où vous aurez un crime à expier. »

La châtelaine, prise d'effroi, tomba mi-morte sur le siège désigné par son époux.

Le bâtard, d'accusateur, devint juge. Il fit une rapide instruction de l'affaire. En vain la châtelaine invoqua l'innocence de ses intentions, et la pureté de son âme. Elle fut déclarée adultère et impure.

Philippe de Bourbon ordonna à deux de ses valets, qui d'habitude remplissaient les fonctions de chirurgiens dans ses écuries, et dans ses chenils, de se saisir de la comtesse, et de lui ouvrir les veines, afin d'en extraire tout le sang qu'elle avait criminellement souillé.

L'arrêt fut exécuté. Le bâtard de Bourbon fut présent, il se tint debout, impassible, près de la victime; il vit sans émotion les pâles voiles de la mort couvrir son visage, et le sentiment se retirer de ce corps... Les dernières gouttes de sang qui tombaient des artères, il les interrogeait comme il eût fait de la poudre du sablier, marquant la durée d'une trop lente agonie!

Dans le cours du siècle qui suivit l'acte de brigandage que nous venons de rapporter, plus d'un juge bourreau usurpa le droit d'exercer sa justice sauvage dans le secret du foyer de famille. Quelques-uns se dispensèrent même de l'espèce de mise en scène juridique dont Philippe de Bourbon avait cru devoir entourer son attentat.

Le chevalier Villequier, favori de Henri III, logé au château de Poitiers, surprit un galant message adressé assez maladroitement à la dame son épouse; il entra chez elle, la dague à la main, au moment où elle sortait de sa blanche couche, et lui plongea le fer dans le sein ; d'un second coup, il frappa à mort une de ses damoiselles qui lui tenait le miroir, et lui aidait, dit la chronique, à se pinpelocher.

La mode était à l'assassinat, les grandes dames ne lui firent pas défaut. Sous le même règne, mademoiselle de Châteauneuf, une des mignonnes du roi, s'étant éprise d'amour pour Antinotti, Florentin, commandant des galères à Marseille, le tua de sa main sur un soupçon d'infidélité. On rit à la cour de ces deux anecdotes.

Le brigandage était alors un moyen avoué et licite de servir ses haines, de vider ses querelles, et d'arranger ses affaires de cœur et de bourse.

Un gentilhomme gascon, voulant faire honneur à ses engagements, demande à ses créanciers un délai de quelques jours pour les payer. Le délai accordé, le gentilhomme se met en campagne, s'embusque dans un ravin sur la route d'Italie, attaque un courrier, lui coupe la gorge, le dépouille, et, sur le lieu même de sa victoire, il s'égaye en faisant le décompte de chacun de ceux dont il est débiteur. Quelques mois de Bastille donnèrent l'acquit de la somme que le Gascon devait au courrier.

Mayenne soupçonne Saint-Mégrin, l'un des mignons fraisés du roi, d'avoir des intelligences avec une de ses cousines, fille du duc de Guise. Dans le lieu le plus fréquenté de la ville, rue Saint-Honoré, sous le soleil, à l'heure où il jette le plus de clarté, Saint-Mégrin est frappé de mort.

Les courtisans se rencontrent, les vilains s'attroupent, les uns disent : Mayenne a tué Saint-Mégrin, les autres disent : Monseigneur Charles de Lorraine a châtié le chevalier de Saint-Mégrin.

On porte en terre Saint-Mégrin, et, au moment où le corps passe devant l'église Saint-Paul, un second cadavre tombe d'aplomb sur le cercueil et va chercher asile, sous le même suaire : c'est celui d'un jeune gentilhomme, lieutenant de service; un Grammont, dans un mouvement de mauvaise humeur, l'a frappé, et a donné un compagnon de route à Saint-Mégrin. A peine ce fait causa-t-il sensation.

Le lendemain, sur la place Maubert, un pendu faisait piteuse contenance au gibet du parlement; c'était un pauvre diable de laquais, âgé de 13 ans, étranglé pour avoir donné un coup de dague à son maître.

Il ne faudrait pas croire, cependant, qu'il n'y eût pas de temps à autre des têtes de gentilhommes données en indemnité d'un crime; la justice d'alors avait ses caprices et ses boutades.

Beaupré, gentilhomme de Berry, ayant maille à partir avec le seigneur d'Aumont, se cache, pendant la route, sous un habit de moine. Arrivé à Paris, il s'embusque avec cinq autres bien montés près la porte Bussy, il voit venir le carrosse de son ennemi, et il le charge à grands coups de pistolet. Le faux moine ne fut pas heureux à ce jeu-là, sa tête roula, au bout du pont Saint-Michel, sous la hache du bourreau.

Il s'agissait de savoir choisir les jours où la loi dormait, et il fallait être né sous une fatale étoile pour tomber sous son regard, quand par hasard elle sortait de sa léthargie.

Les magistrats n'avaient garde de porter l'œil haut et loin, et ils laissaient vivre en paix le crime dans les sphères élevées. La justice n'explorait que le sol le plus bas, c'était là qu'elle faisait ses battues. N'osant tendre ses nasses où il y avait grosse proie à prendre, elle pêchait du fretin, bénissant le roi François Ier qui, dans un temps antérieur, avait perfectionné le gibet en ajoutant l'estrapade, comme variété, aux instruments de supplice.

C'était un spectacle dont la multitude se montrait avide, et si le peuple passait quelquefois insouciant sur la place qui portait et porte encore de nos jours le nom de l'instrument de torture, c'est que la longue potence, élevée de vingt pieds, qui était là en permanence, manquait ce jour-là de ses accessoires et de ses principaux acteurs.

Mais il y avait grande foule de curieux, flux et reflux d'oisifs, quand, dès le matin, on avait vu les aides de l'exécuteur, essayer les cordages et enduire les poulies d'une matière grasse afin d'en faciliter le jeu.

Bientôt le patient arrivait attaché à la queue d'un vieux cheval, ou garrotté à une charrette; livré à l'exécuteur, celui-ci serrait fortement les deux bras de la victime derrière le dos, et les attachait par un fort lien à un cordage qui descendait du faîte de la pièce de bois.

Alors la victime, hissée à force de bras par les aides du bourreau, s'élevait rapidement le long de la potence. Quand le patient était arrivé à l'extrémité, le cordage était lâché, et le corps, abandonné à son propre poids, retombait. Le mérite de l'exécuteur était d'arrêter la chute avant que les pieds de l'estrapadé touchassent le sol. Le but du supplice n'était pas d'obtenir un cadavre, mais de mutiler un corps, de briser des membres par des secousses violentes et continues. L'estrapade précédait presque toujours un interrogatoire : c'était une torture, une question. Les patients restaient souvent estropiés pour le reste de leurs jours.

Quoique le peuple ne dût pas s'attendre à voir une exécution capitale quand il assistait au spectacle de l'estrapade, il y avait toujours pour les assistants l'émotion qui naît du doute et de la crainte; ceux qui, pour la première fois, étaient témoins de cette scène juridique, suivaient avec une avide curiosité le corps du condamné, que la négligence ou l'insouciance de l'exécuteur pouvait laisser se briser. Les plus vieux habitués connaissaient la longue expérience des praticiens auxquels l'œuvre était confiée, et ils rassuraient les novices, ou leur gagnait par gageure leur argent.

Quelquefois il arriva, mais ce ne fut guère qu'en matière de criminalité religieuse, qu'un bûcher fut dressé à la base de l'arbre de l'estrapade, et alors on n'eût plus la crainte de voir le corps du condamné se briser en tombant..., les pieds reposèrent sur la flamme ardente, et l'exécuteur prenait un moment haleine avant d'ordonner qu'on élevât de nouveau le patient.

Le soin de fournir de vilains, l'estrapade, occupait à un tel point la justice, qu'il lui fut facile de justifier la disette qu'éprouvait la hache, réservée aux brigands à blason, et pendant qu'on estrapadait quelques coquins de basse race, voici ce qui se passait en haut lieu.

Bussy d'Amboise, dont le nom est venu jusqu'à nous, porté par l'enthousiasme du quinzième siècle, qui le regarda comme un de ses plus braves capitaines et de ses chevaliers les plus aventureux en galanteries, se prit à aimer une jeune et belle comtesse, épouse de Charles de Chambres, seigneur de Monsoreau.

Bussy était premier gentilhomme du duc d'Anjou, frère du roi Henri III; le crédit qu'il avait sur le prince valut bientôt au mari de la comtesse, une position élevée, et le comte de Monsoreau devint grand veneur du duc d'Anjou.

L'élévation du comte par l'influence de Bussy d'Amboise éveilla-t-elle dans le cœur de la belle comtesse une vive incitation à la gratitude? la mémoire du cœur s'exalta-t-elle jusqu'à un sentiment plus vif, ou bien, la noble dame, placée par la faveur en évidence à la cour du duc d'Anjou, éprouva-t-elle certaine joie de pouvoir, sans faire aucune concession à ses principes sévères, traîner après elle un vaincu qui avait remporté tant de victoires dans le cercle expérimenté, où elle, presque novice, venait tout récemment d'entrer?

Quoi qu'il en fût Bussy crut avoir bientôt une nouvelle page d'amoureuses conquêtes à ajouter à ses chroniques, et, un jour que la familiarité dans laquelle il vivait avec le duc d'Anjou l'enhardissait à conter par lettre, au prince, alors à la cour de France, de joyeux propos sur ce qui se passait dans le duché d'Anjou, Bussy lui manda qu'il avait tendu les rets à la biche du grand veneur, et qu'il la tenait enfin dans ses filets.

Le duc d'Anjou était d'humeur expansive le jour qu'il reçut ce message, et il remit la lettre de Bussy au roi Henri III, qui s'en amusa; après s'être égayé à plusieurs reprises de l'aventure, le prince plaça la lettre au hasard dans une aumônière.

Quelques jours s'étant écoulés, le grand veneur étant venu en cour, le roi se prit à rire et lui demanda s'il n'avait pas plus souci de la garde des cerfs du duc son frère que de sa propre biche à lui, à laquelle un braconnier tendait des rets.

Et, afin que la plaisanterie ne demeurât pas voilée pour le comte, le roi Henri ouvrit l'aumônière, et lui mit l'épître de Bussy sous les yeux.

Depuis qu'il avait écrit au duc, le premier gentilhomme éprouvait de la part de la comtesse de Monsoreau une résistance si opiniâtre, qu'il était sur le point de perdre l'espoir; vainement était-il secondé par le dévouement et l'intelligence du lieutenant criminel de la ville de Saumur qui, se préoccupant peu de la sûreté de la province, s'était fait officieusement messager d'amour de Bussy. Il n'était ruse que cet homme n'inventât pour rehausser son protégé dans l'esprit de la dame de ses pensées.

Il avait poussé l'astuce jusqu'à faire attaquer dans des bois épais, par une bande de brigands à ses gages, la comtesse et une nombreuse suite qui l'escortait; Bussy, posté en lieu convenable, était arrivé à propos avec ses hommes d'armes, et avait délivré la belle comtesse. Le lieutenant criminel avait promis hautement le gibet à la bande qui avait osé porter la main sur la haquenée de la femme du grand veneur de la province d'Anjou; mais le lendemain tout cela s'était arrangé à l'amiable et comme en famille, entre les brigands et le magistrat.

A quelques jours de là, Bussy recevait un message d'amour de la belle comtesse qu'il avait soustraite aux brutalités des bandits.

La joie de Bussy fut au comble, il attribua tout l'honneur de la victoire au lieutenant criminel.

La comtesse consentait enfin à recevoir la nuit son libérateur; le lieutenant criminel était convié.

Le lieu fixé pour le rendez-vous était un pavillon isolé; l'heure choisie protégeait encore le mystère de l'entrevue.

Ce n'était, cependant, ni à sa personne comme poursuivant d'amour, ni à son courage comme sauveur, que Bussy d'Amboise devait la lettre dont son cœur et son orgueil se réjouissaient.

Un complot de cour venait de se former contre Bussy d'Amboise : le roi de France haïssait le premier gentilhomme du duc d'Anjou, et le duc d'Anjou, pour complaire, peut-être, au roi de France, éprouva tout à coup un retour sur lui-même, qui fut fatal au favori qu'il avait placé naguère le premier dans son affection. Après la communication faite par le roi de la lettre de Bussy, le grand veneur était parti en hâte pour l'Anjou, il avait contraint la comtesse de Monsoreau à devenir complice de sa vengeance, et avait dicté la lettre qu'elle avait envoyée à Bussy.

Bussy et le lieutenant criminel, exacts au rendez-vous, venaient de confier leurs montures aux valets qui les avaient accompagnés. Ils furent introduits par une porte secrète, et à peine eurent-ils franchi le seuil du pavillon où la comtesse devait les attendre, que le comte de Monsoreau et douze hommes d'armes tombèrent sur eux la dague à la main. Le lieutenant criminel cria vainement merci; Bussy n'attendit son salut que de la lutte; elle fut acharnée, le capitaine défendit ses jours en désespéré; enfin il succomba sous le nombre, le grand veneur trempa une plume dans le sang, et écrivit au roi Henri, complice de ce guet-apens, une lettre d'actions de grâce.

Telle fut, disent les mémoires de l'Estoile, la fin du capitaine Bussy qui était d'un courage invincible, haut à la main, fier et audacieux, aussi vaillant que son épée; la part que prirent à sa mort le roi de France et son frère vérifient un méchant proverbe ancien, parlant des princes, qui dit :

Très-heureux est qui ne les connaît, malheureux qui les sert, et pire qui les offense.

Henri IV aimait à courir l'aventure. Un jour qu'il s'était écarté dans la forêt de Saint-Germain, il fit rencontre d'un brigand assez bien armé ; la bonne contenance du prince intimida le malfaiteur ; le roi lui demanda quelle profession il exerçait, le brigand répondit qu'il était apothicaire.

« Alors, mon ami, lui dit le facétieux Béarnais, vous venez sans doute ici guetter les passants pour leur donner des clystères, vous seriez mieux, ce me semble, près d'une rivière que dans un bois. »

Les officiers de la suite rejoignirent le roi. Henri IV défendit qu'on inquiétât cet homme.

Dans les positions critiques où il s'était trouvé avant de gagner son royaume par une messe, le prince de Navarre avait été quelquefois réduit à se servir du secours de gens dont le dévouement pouvait bien passer pour du brigandage, et peut-être, dans le moment où il comptait sévèrement avec sa conscience, le prince croyait-il devoir quelque gratitude aux brigands.

Lors de la rencontre dans la forêt de Saint-Germain, Henri IV n'avait peut-être pas encore oublié un fait acquis aujourd'hui à l'histoire.

Dans une circonstance le Béarnais avait sollicité du baron de Sancy un secours en hommes et en argent ; le baron de Sancy leva des troupes suisses, et à peine eut-il rassemblé ces bandes, que déjà il était tourmenté par la difficulté de fournir à leur solde.

Il était à Bâle, logé dans une hôtellerie ; le hasard le rend maître d'un secret qui était celui de vingt-deux voyageurs qui cheminaient en caravane. Il sait que chacun de ces hommes s'est chargé de conduire à destination, sous le costume montagnard, une somme de 4,000 écus en or, cousus dans la selle de son cheval, et il connaît la route que la bande doit suivre.

Le lendemain, au point du jour, la caravane a traversé la ville, et s'engage dans des chemins creux et difficiles ; une brusque décharge de mousqueterie la salue au passage, des brigands armés se précipitent sur les chevaliers, les démontent, les attachent avec les sangles des chevaux aux arbres voisins, et, sous les yeux des vaincus, ils fouillent les selles, encaissent l'or que chacune renferme : les Suisses sont payés, et le baron Sancy, chef de cette expédition de grande route, reçoit l'accolade du roi de France.

Bussy Rabutin, homme de plume et d'épée, raconte, dans ses mémoires, qu'étant à Paris, deux brigands de qualité, le baron de Veillac et le chevalier d'Odrieuse, instruits qu'il avait reçu 12,000 fr. pour faire les recrues de son régiment, vinrent en armes pendant la nuit, entrèrent dans sa chambre par la fenêtre, et lui en volèrent une partie. Ces gentilshommes lui auraient volé le tout s'ils n'avaient entendu du bruit, et si la peur ne les eût pas fait fuir.

Sous le règne de Henri IV, le capitaine Buler *dit* sans crainte, le capitaine Lafortune qui ne voulut pas abandonner son corps au bourreau avant qu'un des spectateurs promît quatre messes à son âme, et grand nombre d'autres qui achetèrent, par la confession, la faveur d'être étranglés au lieu d'être roués vifs, donnèrent la preuve que les bandits de grande route ont, plus d'une fois, payé les dettes de brigands de cour.

Parmi tous, le capitaine de Mets mérite une mention par un incident assez étrange qui mit un moment dans la balance la mort ou le pardon.

Le capitaine de Mets était chef de bande et grand meurtrier ; une seule pensée l'occupa pendant son procès, ce fut d'établir la preuve de sa noble origine : il refusa de répondre aux juges tant qu'on ne lui reconnut pas le droit d'être décapité en cas de condamnation. Afin d'en finir plus vite, la jouissance du privilége que réclamait le brigand lui fut concédée, alors de Mets avoua ses crimes.

Cet homme était d'une stature colossale : monté sur l'échafaud, il dit à l'exécuteur pressé d'accomplir son œuvre, qu'il avait l'intention de prendre son temps pour mourir, et que cette journée étant la dernière pendant laquelle il pourrait voir le soleil, il avait résolu de jouir de sa chaleur jusqu'au moment où il quitterait l'horizon. L'exécuteur voulut d'abord convaincre de Mets que la clémence humaine avait déjà assez fait en sa faveur en lui accordant une mort privilégiée, et qu'il devait se résigner et obéir.

De Mets était meilleur logicien que le bourreau, et il argumentait avec habileté. L'exécuteur voulant mettre fin à ce dialogue qui faisait rire la multitude, appela sa force musculaire à l'aide de sa rhétorique ; malheureusement pour lui, son adversaire avait encore un avantage marqué de ce côté, et la victoire resta encore au condamné.

« Ma grâce doit venir, disait de Mets, j'ai besoin de ma bouche pour remercier celui qui me l'apportera. »

Le bourreau, fort empêché dans ses fonctions, envoya demander au prévôt la permission de tuer ou d'assommer le criminel, sans lui couper la tête, opération qui devenait fort difficile dans la situation d'esprit de de Mets.

Le grand prévôt fit réponse que le pouvoir était octroyé à l'exécuteur de faire tout ce que pourrait afin que force restât à justice.

Avant d'user du privilége que le magistrat lui accordait, l'exécuteur voulut encore convertir le condamné à la loi de l'obéissance que tout criminel, placé sur les dernières limites de la vie, doit à celui que la loi a chargé de lui ouvrir les portes de l'éternité.

« Capitaine, disait le bourreau, vous avez tenu beaucoup à jouir des prérogatives de la noblesse, en demandant à passer de vie à trépas par un coup de hache, et la mienne est de nature à satisfaire à vos vœux; mais savez-vous ce qu'il va résulter de votre rébellion irréfléchie, et de votre refus de tenir la tête immobile sur le billot, ou droite contre le poteau, comme il a toujours été fait par les gentilshommes vos devanciers? Vous vous exposez à mourir d'une manière qui répugnerait même à un vilain... et qui ne convient qu'à la bête féroce ou à l'animal domestique atteint d'un accès de malerage; nous vous tailladerons, mes valets et moi, à coups de masse de bois; nous vous serrerons entre nos muscles, qui étreignent comme des cordes; nous emploierons, jusqu'à ce que mort s'ensuive, le fer, le feu ou la hache... ce ne sera pas là finir en gentilhomme, capitaine de Mets!

— Mon désir serait de ne pas finir du tout, mon maître, répliqua de Mets en souriant; mais je commence à croire que le tournoi ne peut pas être longtemps à mon avantage, grâce à tes écuyers dont je vois le nombre se grossir, et qui me paraissent prêts à te venir en aide.... Écoute; je propose un pacte... Le soleil a marché, et je ne vois pas un de ceux en qui j'avais espoir s'approcher de la lice où nous avons fait ensemble déjà quelques brillantes passes...; j'ai peu foi dans mes protecteurs, je l'avoue; mais je vois venir vers le quai de Seine un coche que je reconnais pour celui de Marguerite

4

de France. Si j'ai chance que la femme du roi vienne de ce côté et qu'elle prenne première place à la représentation que tu te proposes de donner sur ce théâtre à mes dépens et pour l'instruction du peuple, qui vient apprendre ici combien peu est la mort d'un homme, je te promets de me soumettre à l'arrêt si je n'obtiens rien. »

L'exécuteur s'apprêtait à répondre; mais déjà le carrosse que le condamné avait vu se faisait passage à travers la foule, et bientôt la reine Marguerite, s'approchant de l'échafaud, écoutait avec émotion le capitaine de Mets, qui présentait le crime dont on allait le punir, comme un acte de délire commis dans l'ivresse de la passion.

Le brigand, qui paraissait au fait des affaires de la cour comme de celles des bourgeois dont il convoitait les trésors ou les filles, n'ignorait sans doute pas la tendre sympathie que la reine de France manifestait à cette époque pour Bajamont; il savait que la maladie de ce favori attristait beaucoup la reine, et que, sans doute, elle n'était sortie un moment que pour faire diversion à sa douleur.

Le capitaine n'ignorait pas non plus que Marguerite était superstitieuse, qu'elle ne se contentait pas d'implorer la Vierge et les saints pour obtenir la conservation de celui qu'elle aimait; mais qu'elle recourait souvent à des pratiques puériles en lesquelles elle avait foi. Elle voyait des pronostics dans les circonstances les plus insignifiantes, et il ne fut pas difficile au rusé brigand de rappeler à la reine de France inquiète, que la protection divine se manifestait instantanément en faveur des grands qui se montraient cléments.

Il lui rappela le vieux proverbe : « Grâce de condamné vaut sainte protection à qui l'a octroyée et poursuivie. »

Il en fallait moins pour ouvrir à la pitié le cœur de Marguerite de France; elle dit qu'elle allait faire parler au roi, du capitaine de Mets, et le coche se dirigea vers le palais.

Le bandit commença à faire croire à l'exécuteur que sa bonne étoile le sauverait. La trêve continua, et de Mets attendit philosophiquement sur l'échafaud le résultat de la démarche de la reine.

« Le roi, dit un historien, fut fortement ébranlé de signer la grâce. » Dans la conférence qu'elle avait eue avec Henri IV, Marguerite, entraînée dans sa chaleureuse plaidoirie, dont elle devait, en cas de succès, tirer quelque profit pour elle-même, cita au roi le vieux proverbe qui promet protection du ciel à qui fait ou demande grâce.

Le roi de France eut alors en souvenir Bajamont, pour le rétablissement de qui la reine faisait vivement tant de prières et disait tant de fois le rosaire. Il eut velléité de donner de la puissance à ses oraisons en les renforçant de la grâce accordée.....; mais, cependant, après avoir été ébranlé, le roi se rétracta, tout en disant à ceux de sa cour qui lui remontraient la justice qui s'en devait faire, qu'il ne la faisait pas toujours, et qu'il s'en fallait beaucoup. Il cita plusieurs faits à l'appui; et quand la reine Marguerite se fut retirée triste, le roi, ayant foi sérieuse dans le proverbe, ou faisant allusion maligne au bien que la grâce du brigand aurait pu faire à l'amant de la reine, dit à ses filles :

« Priez Dieu pour la convalescence de Bajamont, car s'il venait une seule fois à mourir, ventre-saint-gris, il m'en coûterait bien davantage : il me faudrait acheter à Marguerite une maison toute neuve, au lieu de celle que je lui ai fait bâtir, où elle ne voudrait plus tenir. »

Le soleil avait quitté l'horizon; il était huit heures quand les ordres de l'exécution parvinrent au bourreau. De Mets se résigna, il fit une courte allocution à un de ses valets mis au gibet près de lui, et à deux femmes de mauvaises mœurs, ses complices, qui reçurent le fouet au pied de la potence. Il toucha le fil de la hache, posa sa tête où la noblesse la plaçait en pareille circonstance.

« Le soleil est couché, dit de Mets au bourreau; l'heure est venue, maître, faites votre métier. »

III

LE PENDU DE CALAIS. — LES ÉVÊQUES D'ORLÉANS. LES CHANOINES DE ROUEN.

1402 — 1540.

Le métier de brigand avait dans ces temps reculés à subir les chances de terribles supplices et de longues tortures que la société infligeait quand elle était la plus forte. La loi poursuivait le criminel au delà du gibet et de la roue; les cadavres des suppliciés étaient traînés dans la fange des rues ou jalonnaient les grandes routes.

Mais le brigandage avait aussi ses priviléges, ses immunités, ses asiles.

Un bas-relief, trouvé il y a peu de temps dans un département du nord de la France, constate l'authenticité d'un fait que la tradition avait légué et que les chroniques ont plusieurs fois reproduit, sans préciser l'époque à laquelle les événements se passèrent, et sans transmettre les noms des personnages qui furent en évidence.

Dans l'espace de près d'un siècle, pendant lequel les Anglais occupèrent la ville de Calais, quelques usages s'établirent dans cette cité dont la population avait cessé d'être française, et survécurent à l'occupation étrangère, sans qu'on puisse trop expliquer comment.

Quand il s'était agi de sauver la ville de Calais du massacre et du pillage après la victoire d'Edouard d'Angleterre, plusieurs citoyens s'étaient dévoués, et avaient offert leur tête afin que leurs compatriotes eussent la vie sauve.

Deux cents ans après, un homme coupable d'un crime que la tradition ne qualifie pas, mais qui paraît avoir été d'une nature à exciter la pitié, venait d'être condamné au gibet : prières de la famille, suppliques des corporations et des maîtrises avaient été sans résultat. On annonça que le lendemain le condamné subirait sa peine.

Une jeune fille, sœur du coupable, allait par la ville, faisant entendre ses sanglots, et demandant au ciel assistance et conseil.

Les vœux de la jeune fille furent exaucés.

Le soir qui précédait le dernier jour du condamné, on vit des nombreuses bandes de damoiselles se promener dans les rues de Calais, et s'entretenir entre elles mystérieusement. Puis, quand la nuit fut venue, il y eut une grande réunion dans une vaste salle, et aucun homme n'y fut admis à quelque titre qu'il se présentât. Aucune révélation ne fut faite au dehors du but de la réunion, seulement on sut que d'un mutuel accord, après une longue prière et de saints cantiques, une des jeunes filles, désignée par le sort, avait reçu une mission qu'elle avait promis d'accomplir...

Le lendemain, au point du jour, la curiosité fut distraite des événements de la veille, par la voix des crieurs publics qui annonçait l'exécution du criminel que la loi avait atteint. Le cortége sortait de la geôle, et le patient, déjà sous la main du bourreau, s'avançait vers l'échafaud.

Une jeune fille sortit de la foule, et, tenant un papier à la main, elle le tendit au prévôt qui le prit.

« C'est la fille du drapier, murmura-t-on avec intérêt dans la foule...

— Elle va sauver le malheureux de la mort ; elle remet au prévôt l'acte par lequel elle consent à devenir sa femme.

— Le dévouement de cette charitable enfant est d'autant plus méritoire, que le patient ressemble plutôt au diable qu'à un être humain, » dit une vieille femme en faisant le signe de la croix.

Le prévôt fit suspendre la marche du cortége, il ordonna qu'il fût sursis à l'exécution du condamné.

Quelques instants après, la jeune fille signataire de la déclaration répétait, à haute voix, sur les marches de l'hôtel du bailliage,

la formule d'engagement qu'elle prenait envers la société de prendre pour époux le criminel qui appartenait à la justice. La jeune fille lut la formule, le condamné fut amené au bailliage, et la cérémonie des fiançailles suivit la solennité de l'amnistie.

Cet usage était sans doute en vigueur dans d'autres localités, puisqu'en 1606, un arrêt du parlement de Grenoble débouta deux filles des offres qu'elles avaient faites d'épouser deux hommes condamnés à mort.

Le parlement de Paris décida en une autre circonstance, qu'une fille publique pouvait sauver la vie à un criminel condamné, en offrant de devenir sa femme.

Dans un grand nombre de provinces, les criminels pouvaient invoquer à leur profit un privilége. Les rois de France partageaient avec leurs parents, quelquefois même avec des favoris des villes ou des villages, la prérogative des grâces; des communes même s'emparèrent de ce privilége.

La ville de Vendôme exerçait le droit de grâce.

L'évêque d'Orléans, en prenant possession de son siége, libérait tous les criminels écroués dans la prison de la ville avant son entrée.

Voici l'origine de ces priviléges, d'après la tradition :

Lorsque Attila, le fléau de Dieu, vint se ruer avec ses bandes sauvages sur l'Europe barbare, il trouva de la résistance sous les murs d'Orléans.

Saint Aignan était alors évêque.

Le prélat ranima le courage du peuple au moment où tout semblait désespéré.

Attila défait, saint Aignan demanda au nouveau gouverneur la grâce de quelques criminels. Le gouverneur refusa; mais, en retournant chez lui, une pierre lui tomba sur la tête, et mit ses jours en danger.

Voyant dans cet accident le doigt de Dieu, il se rendit aux désirs de l'évêque, qui délivra les prisonniers, et fit, par ses prières, recouvrer la santé au malade. L'usage se perpétua. Il arrivait à Orléans des criminels de tous les points de la France, et dans une seule année, le prélat gracia neuf cents misérables; enfin, après plusieurs siècles d'exercice, pendant lesquels on compte par milliers les condamnés arrachés au gibet ou à la roue, le droit du prélat fut restreint à l'étendue du diocèse. L'Orléanais devint une terre hospitalière pour les brigands.

Heureux le criminel qui pouvait, dans ces temps-là, se réfugier dans l'église Saint-Martin de Tours ; malheur à l'archer qui l'eût touché : il eût été excommunié et peut-être lapidé.

Dans une autre province, le malfaiteur qui se retirait dans une église avait à choisir entre deux résolutions, celle de se rendre aux officiers de justice pour subir son sort, ou de sortir de la province sans y rentrer jamais, sous peine d'être regardé comme coupable et traité comme tel, lors même qu'aucun jugement n'avait été prononcé contre lui ; neuf jours lui étaient donnés pour prendre un parti. Pendant ce temps, les siens et les gens d'église pouvaient lui apporter des aliments. Ce délai expiré, il fallait qu'il choisît ou qu'il mourût de faim.

S'il désirait rester dans le pays, les officiers de justice s'emparaient de lui ; s'il aimait mieux partir et demandait *chemin royal* ou *voye de droit*, ce qui était la même chose ; alors on faisait venir les magistrats et quatre chevaliers, et devant eux le prisonnier, un pied sur le lieu saint et l'autre dehors, jurait sur l'Évangile, qu'il partirait de la province et jamais n'y reviendrait.

De tous ces priviléges, aucun n'égala par sa puissance et par sa renommée le droit que les chanoines de Rouen usurpèrent sur la vieille monarchie, et dont ils cherchèrent à placer l'origine sous la protection d'un miracle.

Un dragon, dit la chronique, désolait la ville de Rouen, et dévorait chaque jour plusieurs personnes, à la grande désolation du pays ; chacun, redoutant ce monstre terrible que le peuple avait nommé la Gargouille, refusait d'aller à sa rencontre. Seul, entre tous, saint Romain, alors évêque du diocèse, se présenta pour le combattre ; mais il ne put trouver, pour le seconder, que deux prisonniers condamnés à mort pour leurs crimes. De ces deux prisonniers, un prit la fuite ; cependant ledit sieur saint Romain passa outre, et, après qu'il eut conjuré le monstre, il lui mit une étole au cou et bailla la bête à conduire au prisonnier jusqu'au pont de Seine. La bête obéissante suivit son conducteur, et, amenée sur le pont, elle fut précipitée en la rivière, et depuis ne fit aucun mal ni inconvénient au peuple, et octroya le roi que, en nom de Dieu et de M. saint Romain, serait chaque année délivré un criminel.

Cette chronique date du règne de Charles VII. Alors on acceptait toutes les traditions religieuses sans les commenter ; mais depuis on a souvent cherché à déshériter saint Romain de son miracle. On a prouvé que le pont de Rouen n'existait pas quand la Gargouille a été précipitée dans les flots ; des générations de maîtres en linguistique et en étymologie ont établi que gargouille signifiait bouillonnement, et que l'Hydre n'était qu'une masse d'eau... Quoi qu'il en soit de son origine qui se perd dans la nuit des temps, le privilége des chanoines de Rouen dura depuis les âges reculés jusqu'à la révolution de 89, et de nombreuses générations de hauts et petits bandits lui durent l'impunité. Nous allons voir quelques-unes des physionomies qui parurent à ce tribunal d'amnistie.

Vers l'année 1580, on voyait, à Rouen, une vieille femme couverte de la livrée de la misère et vivant des dons de la charité publique, se traîner par les rues de la ville, tantôt psalmodiant mystiquement des cantiques, tantôt lançant contre les passants, d'une voix aigre, des paroles prophétiques auxquelles le vulgaire croyait. Le peuple avait donné à cette vagabonde le surnom de *la Gargouille*, en souvenir des derniers événements dont la vie de cette femme avait été marquée.

Cette créature avait eu un rang élevé dans le monde ; elle avait été illustre par sa naissance, par sa beauté, par ses crimes ; alors on la nommait Jacquemine de Boisrioult.

A peine sortie de l'enfance, Jacquemine avait été mariée, contre ses sympathies, au seigneur de Vaucouleurs. Cette union ne tarda pas à porter des fruits amers. Les instincts du sieur de Vaucouleurs se révélèrent bientôt, et sa femme ne vit en lui qu'une nature vulgaire ; dominé par de basses et brutales passions, cet homme poussa l'oubli de ses devoirs jusqu'à souiller le domicile conjugal de la présence de courtisanes avec lesquelles il contraignait sa femme à vivre en étroite intimité.

Les mœurs sauvages de l'époux de Jacquemine le portèrent plus d'une fois à des actes de brutalité révoltants ; souvent la pauvre femme restait prisonnière dans une oubliette secrètement construite sur le domaine seigneurial ; après de longues heures d'agonie, si on la rendait à la vie, c'était en la menaçant pour l'avenir d'une captivité plus longue, qui pouvait devenir perpétuelle ; d'autres fois, l'époux chassait l'épouse de la maison pendant les froides nuits d'hiver.

Briant de Beaufort, puiné de la maison de Beaufort, était au nombre des rares personnes qui avaient accès dans la demeure du sieur de Vaucouleurs, dont il semblait rechercher la sœur en mariage.

L'époux de Jacquemine de Boisrioult annonça un jour un prochain voyage qui devait durer une semaine; il donna des ordres pour qu'on vînt au-devant de lui, au retour.

Quand le moment fixé par le sieur de Vaucouleurs pour son arrivée fut venu, Jacquemine exécuta les ordres qu'elle avait reçus, et envoya quelques valets au lieu désigné par le voyageur; c'était pour avoir protection, en cas de rencontre, dans une forêt à traverser, que le châtelain avait demandé une escorte.

Les gens envoyés par Jacquemine trouvèrent sur la lisière du bois un cadavre, et ils revinrent apporter la nouvelle de l'assassinat commis sur la personne de leur maître.

Après la mort du sieur de Vaucouleurs, la présence de Briant de Beaufort devint plus fréquente, mais ses visites assidues changèrent de but, et on ne fut pas peu surpris dans la contrée, quand le chapelain de la seigneurie, six mois après avoir demandé des prières pour le sieur de Vaucouleurs défunt, appela la bénédiction du ciel sur sa veuve et le sieur de Beaufort nouvellement fiancés.

Bientôt Jacquemine de Boisrioult porta le nom de madame de Beaufort.

Un grand mystère avait enveloppé la mort du sieur de Vaucouleurs, mais la lumière vint comme par miracle éclairer ce drame; la justice humaine arriva à cette conviction, que la mort du sieur de Vaucouleurs avait été le résultat d'un calcul, que le nouveau mari avait exploité le crime au profit de sa passion ou de sa cupidité. La dame de Boisrioult n'était pas sous le coup du soupçon.

En offrant ses hommages hypocrites à la sœur de la victime, le sieur de Beaufort avait masqué la passion qu'il ressentait pour Jacquemine de Boisrioult, et les vues qu'il avait sur l'héritage du seigneur de Vaucouleurs; il avait associé un de ses parents à ses projets, et tous deux avaient hâté le dénoûment de l'intrigue par l'assassinat. Voilà comme tout s'expliquait.

Mais quand les deux brigands eurent porté à Rennes leur tête sur l'échafaud, l'exécuteur, en faisant main basse sur la dépouille que la loi lui concédait par droit d'héritage, trouva quelques feuilles de papier contenant les dernières pensées de ceux qu'il venait de décoller; cet autographe était une confession du crime dont la justice ne connaissait pas encore tous les épisodes.

De Beaufort n'avait pas voulu emporter de ce monde toute la renommée que la haine publique voulait attacher à sa mémoire. Il avait été assassin par amour, non par cupidité ; il avait tenu le fer, mais une autre main avait armé son bras ; il avait entendu un moment la voix de la conscience qui disait, Ne tue pas ; mais une voix de femme irritée et aimante lui avait dit, Tue... venge-moi des outrages par le sang; sers ma haine si tu veux mon amour, prouve-moi ton courage, achète-moi par un crime. Et le sieur de Beaufort était devenu assassin. Cette femme qui était plus que sa complice, c'était la veuve du sieur de Beaufort.

Jacquemine de Boisrioult fut condamnée, par le parlement de Bretagne, à avoir la tête tranchée et à être brûlée.

La coupable eut recours au grand saint Romain ; elle invoqua le privilége accordé en son nom aux brigands de tous les rangs et de tous les sexes ; et, quoiqu'elle n'eût pas été jugée par le parlement de Normandie, elle fut admise à la faveur de *lever la fierte*. Notre récit expliquera ces mots.

Il y avait peu de temps que Jacquemine s'était constituée prisonnière à la geôle de Rouen, quand un grand mouvement se manifesta dans la ville. La captive regardait d'une chambre élevée, dont les grilles faisaient face au bailliage, la scène qui se passait.

Elle voyait la foule compacte s'ouvrir religieusement à l'approche d'un cortége, qui se composait de quatre chanoines revêtus du surplis et de l'aumusse, de quatre chapelains et d'un tabellion ou secrétaire.

C'était la députation des chanoines qui se rendait au parlement, quelques jours avant la fête de l'Ascension, et allait, suivant les termes du cérémonial, *insinuer* son privilége, c'est-à-dire, rappeler son existence aux tribunaux, le leur faire inscrire de nouveau dans leurs registres, et leur signifier de ne point y attenter en aucune façon.

A ce moment l'attention de Jacquemine fut occupée par un grand tumulte qui régna dans la prison, d'ordinaire silencieuse. Les reclus poussaient des cris de joie en signe de bonne aubaine pour eux.

On entendait les conversations suivantes :

« Pierre Rouge, mon garçon, tu peux reprendre courage et appétit, l'insinuation de la fierte est en train, et avant dix-huit jours, nul n'a le droit de te mettre la cravate de chanvre.

« Jacques Rigaud, disait le geôlier, ta bonne étoile te sert, le cheval qui doit traîner la charrette derrière laquelle on t'a déjà fouetté deux fois se reposera dix-huit jours avant que de te mener en foire pour y recevoir sur l'épaule nue le timbre du roi... »

Vers la fête des Rogations, voici ce qui se passait dans la prison où Jacquemine était enfermée.

Le geôlier jonchait d'herbes odorantes et de fleurs le premier guichet de la maison de force, il plaçait sous un dais en riche étoffe deux fauteuils de bois sculpté. Un crucifix d'argent était posé sur une table, et près du christ, le registre contenant le nom de tous les prisonniers.

Bientôt deux chanoines choisis par le chapitre arrivèrent, des chapelains les accompagnaient; le bailli les installa dans la prison en disant : *Messieurs, Dieu vous assiste dans le choix que vous allez faire. Vous êtes les seigneurs et maîtres de ces lieux, allez partout où il vous plaira.*

Le geôlier, en donnant toutes les clefs de la prison, dit : *Je ne suis plus geôlier, vous êtes maîtres de céans.*

Et le bailli et le concierge se retirèrent, afin qu'il ne restât plus dans la geôle que les chanoines et tous les prisonniers.

Les chapelains, sur l'ordre des chanoines, commencèrent alors la visite des lieux, ils allèrent de cachot en cachot chercher les criminels, et les amenèrent isolément.

Quant vint le tour de Jacquemine de Boisrioult, elle s'agenouilla, suivant l'usage, devant le crucifix, fit sa confession aux deux chanoines, et le tabellion ou secrétaire l'écrivit; puis elle se retira dans sa prison, inquiète de savoir si au jour de l'Ascension, qui était prochaine, elle serait choisie parmi un grand nombre de coupables pour jouir du privilége. Ce qui nourrissait son espérance, c'est qu'elle se reconnaissait pour un des êtres les plus criminels de cette grande agglomération de bandits, et que le chapitre donnait toujours la préférence à celui qui pouvait justifier du plus horrible forfait.

L'Ascension ou jour du prisonnier arriva. L'affluence du peuple encombrait les rues de la ville.

Dès le matin, le chapitre, présidé par l'archevêque, se réunit en assemblée générale dans la salle capitulaire de Notre-Dame. Les portes ouvertes et le chapitre assemblé, l'huissier cria d'une voix forte : *Nul ne veut-il parler à la compagnie?*

Il était d'usage, en ce moment, que les protecteurs ou les parents des condamnés entrassent pour solliciter, en faveur de ceux à qui ils s'intéressaient, la bienveillance des juges. De hauts seigneurs et de grandes dames vinrent plus d'une fois plaider la cause d'un parricide ou d'un incendiaire ; mais en cette année personne ne se présenta. Les portes furent closes, et le chapitre entra en délibération. Toutes les confessions furent lues, on passa au scrutin, et l'archevêque annonça bientôt que l'élue était Jacquemine de Boisrioult, l'épouse adultère et homicide.

Aussitôt le chapelain de la confrérie de Saint-Romain, vêtu de robe, surplis, aumusse et bonnet, partit pour porter au parlement le cartel d'élection plié et cacheté du sceau du chapitre en cire verte.

Après le départ du chapelain, la séance du chapitre fut suspendue, et tous les chanoines se réunirent autour d'une table somptueusement servie.

De son côté, le parlement, en attendant le chapelain de Saint-Romain et son message, faisait grande chère, ce qui constate historiquement que l'usage de traiter les affaires par les dîners n'est pas une institution qui date de l'ère constitutionnelle.

Après le repas, le parlement prit communication des pièces, et un huissier reçut ordre de conduire Jacquemine, sous escorte, la tête nue, à travers la ville, jusqu'à la vieille tour ; là elle fut remise à la confrérie de Saint-Romain.

Alors toutes les cloches de la ville sonnèrent à grande volée. Georges d'Amboise fit entendre, à sept lieues à la ronde, sa voix tonnante, les villageois, dit l'historien du privilége de saint Romain, burent en signe de réjouissance leur vin le plus vieux.

À Notre-Dame, le doyen du chapitre, tenant à sa main une baguette au bout de laquelle étaient attachées toutes les confessions des prétendants qui n'avaient pu obtenir le privilége, les brûla successivement, conservant seulement la confession de Jacquemine de Boisrioult. On entonna un *Te Deum*, la procession s'organisa et se rendit à la place de la Vieille Tour. Alors les chants cessèrent, les confrères de Saint-Romain, le chapelain et la prisonnière vinrent se joindre au cortége religieux.

Sur cette place de la Vieille Tour s'élève un édifice haut de soixante-cinq pieds, dont l'architecture, à la fois hardie, gracieuse et bizarre, est couronnée par une plate-forme ou tribune à laquelle on arrive par deux escaliers découverts. Là est la chapelle de Saint-Romain.

Jacquemine de Boisrioult et ceux qui l'accompagnent montent à la plate-forme, la prisonnière se place au milieu, afin d'être en vue du peuple de tous les côtés de la place.

L'archevêque, les dignitaires du chapitre gravissent les degrés élevés; derrière eux, deux chapelains portent la *fierte* ou châsse de saint Romain, qu'ils posent sur une table de pierre dans la chapelle. Jacquemine se met à genoux, ses fers sont brisés; elle les roule autour de son bras, et elle écoute, les yeux baissés, l'admonition que prononce l'archevêque. Puis elle plie ses épaules sous les deux bras de devant du brancard de la châsse, elle se lève trois fois, et hausse légèrement et avec respect la *fierte*, en signe d'absolution et de délivrance.

Le peuple fait aussitôt retentir la place du cri : Noël! Noël! Noël!

Alors commença cette procession connue dans l'histoire sous le nom de *Procession de la Gargouille*, et qui, chaque année, se renouvelait lors de la libération d'un criminel. Nous sortirions de notre cadre en décrivant cette cérémonie, dont la magnificence, la bizarrerie, la pompe à la fois solennelle et burlesque, symbolisaient à la fois les saines croyances et les superstitions qui alors se confondaient souvent dans l'esprit de la nation.

Pour connaître les traits curieux enfouis dans ces chroniques locales, il faut lire l'intéressant ouvrage du savant et modeste

M. Floquet (*Histoire et privilège de saint Romain*), et pour avoir le calque de cette grande scène religieuse dans tous ses détails et ses épisodes, on doit se placer devant la grande page historique que le pinceau de Clément Boulanger nous a laissée, et qui est devenue si populaire sous le nom du tableau de *la Gargouille*. C'est une des dernières œuvres du jeune peintre. La mort, en approchant de l'artiste, l'a inspiré : l'œuvre ne mourra pas.

Le parlement de Rouen, épouvanté de l'énormité du crime de la veuve de Briant de Beaufort, voulut rendre illusoire la grâce accordée à Jacquemine ; il avait décidé que, pour éviter toute émeute populaire, l'épouse homicide serait délivrée suivant les usages établis, mais qu'après la procession, elle serait ressaisie et remise sous la main de la justice ; ce qui arriva. Les chanoines ne se tinrent pas pour battus, ils portèrent leur plainte en cour, et le roi ordonna bientôt la mise en liberté de Jacquemine, et la restitution de ses biens.

Le temps marcha. Jacquemine de Boisrioult, poursuivie par le mépris, ruinée par la débauche, vieillie par le remords, devint le personnage que nous avons montré sous le sobriquet de *la Gargouille*. Le ciel eut pitié d'elle, il lui ôta le souvenir et l'intelligence.

A une autre époque, un homicide commis sur une courtisane nommée Marion Passemer acquit au coupable la jouissance du privilège dont nous retraçons l'histoire.

Un riche orfévre, dont les mœurs étaient viciées par des habitudes de débauche, était devenu le mari d'une jeune et jolie héritière de bonne bourgeoisie ; les fréquentes absences du logis conjugal éveillèrent des soupçons, que vinrent renforcer quelques avis officieux que la médisance adressa à la femme de l'orfévre ; bientôt elle ne put conserver de doute sur l'inconduite de son mari, elle apprit qu'elle avait une rivale, et que l'orfévre l'avait choisie dans une classe tout à fait en dehors de la société : cette rivale était Marion Passemer, nom qui avait gagné la renommée parmi les femmes perdues de réputation.

Marion Passemer recevait nombreuse compagnie, et pendant quelques jours elle sembla se complaire en la venue d'un jeune cavalier, dont l'air dégagé et l'élégance de tenue annonçaient quelque enfant de famille échappé à la tutelle maternelle... Peu s'en fallut que Marion Passemer ne prit au sérieux la sympathie qu'elle sentait pour cet écolier.

Un soir, la courtisane était en causerie avec le jeune cavalier qu'elle voyait pour la troisième fois, quand parut l'orfévre.

Il demande : « Quel est ce jeune homme ? »

Marion Passemer répond par quelques joyeux propos. L'orfévre insiste, et, s'adressant au nouveau venu, il répète sa question.

Pour réponse, l'étranger jette son chapeau ; de grands cheveux tombent sur ses épaules. L'orfévre reste confondu, il a reconnu sa femme, qui a poussé le courage de la jalousie jusqu'à vouloir connaitre, par elle-même, la vérité sur les désordres de son mari.

Marion Passemer, dupe d'une mystification, et en péril de perdre un protecteur généreux, s'irrite; elle veut chasser la femme de

son amant, elle la menace, s'élance sur elle; mais la jeune femme travestie tire sa dague, et étend à ses pieds la courtisane morte.

La femme de l'orfévre, d'abord réfugiée dans une église, jouit du privilége de protection qui était attribué à ce temple; puis elle se retira chez le bailli d'Orléans; elle y vécut inconnue, et passa pour sa servante. Après quelques années, elle vint se constituer prisonnière à Rouen, elle demanda à lever la chàsse de saint Romain, obtint cette faveur, et fut absoute de son crime.

Dans les combats que Henri IV eut à soutenir contre la Ligue, il avait été vaillamment secondé par François de Montmorency du Hallot; le Béarnais n'avait pas cru pouvoir mieux récompenser le dévouement de ce gentilhomme qu'en lui donnant le commandement de la ville de Gisors, et du Hallot était devenu le successeur du marquis d'Alègre que sa tyrannie et ses violences rendaient l'effroi du pays.

Un trait donnera la mesure du despotisme et des excentricités de cet ancien gouverneur.

Un lieutenant général, chargé d'années et de blessures, ayant résisté à un de ses caprices, d'Alègre ordonne d'attacher le vieillard à un poteau, le fait asseoir sur un baril de poudre; une mèche brûle auprès de lui, et si, avant qu'elle soit éteinte, le vieillard ne cède pas, le baril saute...

Les plaintes du peuple amenèrent la destitution de ce tigre: la nomination de du Hallot fut accueillie avec enthousiasme.

Le marquis d'Alègre ne put voir de sang-froid son remplacement par du Hallot; la faveur dont cet officier était devenu l'objet alluma sa haine, il forma un projet de vengeance.

A l'aube naissante, on vit un jour une troupe de douze à quinze gentilshommes sortir du château de Blinville, domaine du marquis d'Alègre, et se diriger sur la ville de Vernon. Le soir, cette caravane prenait gîte à l'hôtel du *Gros Tournois*.

Un hasard amena sur les lieux un jeune gentilhomme de la province de Picardie ayant nom Claude de Pehu, sieur de la Mothe; il avait été dans son enfance page du marquis d'Alègre, auquel il était resté attaché par les liens de la reconnaissance.

« De Pehu, avait dit d'Alègre au nouvel arrivant, je m'en vais à un certain lieu où il faudra, peut-être, jouer de l'épée; je compte que vous serez des nôtres; vous me devez cette assistance. »

— C'est partie dans laquelle je ne donne ma place à personne, » avait répondu l'ancien page. Et le lendemain il était le premier à cheval. D'Alègre indiqua du doigt la route à suivre, on marcha dans la direction du logis de du Hallot...

Et se retournant vers les gentilshommes qui l'accompagnaient et qu'il avait tenus jusque-là dans l'ignorance de ses projets, d'Alègre avait ajouté : « Il me faut vengeance d'un perfide, je la prendrai... mais en péril soyez-moi de renfort...

Bientôt la troupe s'arrêta devant la demeure du gouverneur ; d'Alègre demande à parler à ce seigneur ; un page va annoncer la visite des gentilshommes, et revient. On vit presque aussitôt le sieur du Hallot descendre de ses appartements, marchant avec peine, appuyé sur des béquilles, à cause des blessures graves qu'il avait reçues au siège de Rouen, où il avait eu un cheval tué sous lui.

Du Hallot, la main au chapeau, souhaita le bonjour au marquis

d'Alègre ; mais celui-ci, s'avançant vers le gouverneur, la tête couverte, lui dit : « C'est votre sang qu'il me faut. » Et tirant son poignard, lui en donna plusieurs coups dont il mourut peu de temps après, achevé, dit-on, à coups d'épée par les amis de l'assassin.

Quelques-uns ont prétendu que les compagnons d'Alègre n'étaient point initiés à ses projets, et qu'ils virent trop tard la voie dans laquelle ils s'étaient engagés; quoi qu'il en fût, l'ancien gouverneur de Gisors et les siens remontèrent à cheval, et gagnèrent de toute la vitesse de leurs chevaux la porte de la ville : ils parvinrent, malgré les sentinelles, à hausser la herse qui était baissée, échappèrent tous, et revinrent au château de Blinville.

D'Alègre, perdu dans l'opinion par l'acte de brigandage qu'il venait de commettre, passa au parti de la Ligue dont il avait été un des plus fougueux adversaires.

La famille du Hallot était puissante; elle fit entendre ses plaintes et sa douleur au parlement de Caen; l'attentat de Vernon fut poursuivi, d'Alègre reconnu assassin, et les gentilshommes déclarés complices du forfait.

Une seule ressource restait à d'Alègre; l'époque approchait où les chanoines de Rouen allaient exercer le privilége dont ils jouissaient, de délivrer un criminel.

D'Alègre savait que s'il était admis à lever la *fierte*, aucune puissance sur terre n'aurait plus le droit de lui demander compte d'un meurtre.

Mais une pensée inquiétait l'assassin de du Hallot; il n'osait venir en personne à Rouen, où il y avait danger pour lui.

L'ancien page dont nous avons déjà parlé, Pehu de la Mothe, s'offrit en sacrifice; il se déclara complice du crime, et alla solliciter pour tous ceux qui y avaient pris part; et pour d'Alègre, le chef du complot, l'amnistie à laquelle avait droit le brigand protégé par l'énormité de son crime.

S'il nous fallait énumérer tous les titres sanglants que les criminels de tous les rangs firent valoir à diverses époques pour obtenir la vie sauve, en *levant la fierte*, chaque année nous fournirait des épisodes; car les chanoines de Rouen surent maintenir intact le privilége dont ils étaient en possession, malgré les obstacles que leur suscitèrent souvent le parlement ou la monarchie.

Un bailli de Rouen ayant pris sur lui la responsabilité d'une exécution capitale, dans l'espace de temps qui s'écoule entre l'*insinuation* du privilége et l'Ascension, époque à laquelle le sursis était acquis de droit à tout criminel, le bailli fut contraint de demander solennellement pardon au chapitre.

Louis XI s'était réservé de juger un coupable, et, après avoir rendu contre lui un arrêt de mort, il allait le livrer au bourreau. Les chanoines de Rouen s'opposèrent à l'exécution, et accordèrent à cet homme, malgré le roi, la faveur *de lever la fierte*.

Il en fut de même sous François Ier à l'égard des quatre fils du baron d'Aunay, Jean des Essars, tous couverts de crimes et de sang ; on avait à leur demander compte de nombreux faits de cruauté et de spoliation : par exemple, après avoir pillé la demeure d'un ennemi personnel, l'un avait jeté dans des puits plusieurs de ceux qui voulaient s'opposer au brigandage ; un autre s'était rendu chez un de ses parents, et, armé d'arbalète, il l'avait tué ; d'autres fois les frères réunis se ruaient sur des sergents chargés de faire une criée, dérobaient leurs chevaux, et fouettaient avec des paquets d'épines ceux qu'ils pouvaient saisir. Leur dague était habile à couper les cheveux et les oreilles à ceux qu'ils rencontraient chevauchant ou cheminant. Retirés dans l'église d'Aunay, ils soutinrent un siége contre les hommes de justice. Il fallut un grand développement de force pour réduire ces quatre brigands. Le roi François Ier rejeta leur recours en grâce ; mais ils eurent pour protecteurs les chanoines de Rouen et saint Romain, et ils échappèrent au supplice par la *fierte*.

Nous n'étendrons pas davantage les fastes criminels qui appartiennent à l'histoire d'un privilége qui exista pendant près de sept siècles. Des coupables de toutes conditions lui durent la vie ; tous les crimes concoururent à la faveur de lever la *fierte*.

La grande révolution de 89, qui détruisit sans retour tous les priviléges, vint mettre un terme à la puissance du chapitre de Rouen. *La fierte fut abolie*, et à partir de l'année 1791, la fête de l'Ascension à Rouen n'offrit plus rien qui la distinguât des autres grandes solennités du christianisme.

IV

**FRÈRES DE LA SAMARITAINE. — ROUGETS ET GRISONS.
GUILLERIS. — CAPITAINE CARREFOUR.
MARTIN GUÈRES, etc.**

1541 — 1635.

Vers 1540, on voyait encore à Paris un lieu appelé la cour des Miracles, qui, d'après l'historien Sauval, était de toutes parts entouré de logis bas, enfoncés, obscurs, difformes, faits de terre et de boue, et tous pleins de mauvais pauvres; on s'y nourrissait de brigandage; on s'y engraissait dans l'oisiveté, dans la gourmandise, et dans toutes sortes de vices et de crimes. Là, sans aucun soin de l'avenir, chacun jouissait à son aise du présent, et mangeait le soir avec plaisir ce qu'avec bien de la peine, et souvent avec bien des coups, il avait gagné tout le jour; car on y appelait gagner ce qu'ailleurs on appelle dérober. Chacun y vivait dans une grande licence ; personne n'y avait ni foi, ni loi.

Cette bande de voleurs avait quelques lois, et un langage particulier appelé *argot*, langage qui depuis s'est perfectionné et enrichi, et qui de nos jours est encore en usage dans la classe des malfaiteurs.

Le chef de cette association portait, comme le chef des bohémiens, le titre de Coësre, et les membres de cette famille excentrique formaient de nombreuses divisions ou classes qui se distinguaient par les noms de cagoux, marcandiers, rifodés, capons, malingreux, haubains, sabouleux, courtauds de boulange, coquillards, etc...

Tous ces brigands gueusaient à Paris et ailleurs, et vivaient de vols faits avec plus ou moins d'adresse ; parmi eux, les plus avides ou les plus aventureux se dégoûtèrent de cette vie oisive et souvent sans profits appréciables, et ils préférèrent des chances plus périlleuses avec aubaines plus abondantes ; ils s'allièrent aux débris de vieilles bandes, à des maraudeurs armés, et guerroyèrent effrontément contre les passants. C'est de pareils éléments que se forma une affiliation qui fut connue sous le nom des frères de la Samaritaine, nom qu'elle avait emprunté du monument à carillon qui se trouvait sur le Pont-Neuf, et qui était leur rendez-vous habituel. En dehors des attaques et des vols, qui étaient leurs ressources journalières, ces hommes avaient encore un autre genre d'industrie ; ils se mettaient à la solde de ceux qui pouvaient utiliser leurs bras, ils se vendaient au premier venu qui voulait les employer pour le meurtre, si bien que, quand quelqu'un avait une haine contre un autre, on venait au bureau de ces messieurs quérir huit, dix, douze auxiliaires, autant qu'on voulait, pour faire l'assassinat prémédité, et puis vous eussiez vu ces tigres se planter en un coin de rue, en plein jour, à la vue de tout le monde, se jeter sur un passant, et lui ôter la vie, sans qu'aucun en osât approcher.

Un brigand, nommé Forestier, était le chef suprême de cette association.

Deux gentilshommes avaient eu querelle ensemble, et s'étaient déjà plusieurs fois rendus sur le pré pour vider le différend, mais ils avaient toujours été empêchés par des circonstances indépendantes de leur volonté. L'un d'eux, plus impatient que l'autre dans sa haine, s'aboucha avec le chef des frères de la Samaritaine, et fit marché pour que Forestier le délivrât de son adversaire.

Le Samaritain, ce nom était un des sobriquets donnés aux frères de la Samaritaine, promet de remplir dans le plus bref délai l'engagement qu'il contracte, il engage le gentilhomme avec lequel il a traité, à s'éloigner de la capitale, afin de se mettre à l'abri de tout soupçon; celui-ci part pour les provinces.

Forestier se met à l'œuvre; il est bientôt renseigné sur l'état de maison, les relations, les habitudes de l'homme qu'il doit frapper. Il sait que sa sœur habite aux environs du couvent des augustins, et que le dimanche le gentilhomme va souper chez elle.

En effet, le premier dimanche arrivé, le jeune seigneur était à table chez sa sœur, la nuit avançait, il attendait son carrosse qui devait le reconduire à son logis. L'équipage tardait, et dix heures venaient de sonner.

Voici ce qui s'était passé: Forestier avait fait connaissance avec le valet du jeune seigneur, et ce soir-là il lui avait été facile de l'attirer dans un cabaret solitaire, sur les bords de la Seine. Après l'avoir enivré et dépouillé de sa livrée, il l'avait jeté dans le fleuve. L'assassin, prenant aussitôt la direction de l'hôtel du gentilhomme, où le cocher inquiet ne savait que penser de l'absence du domestique, se présente en excusant le valet, qu'il a recueilli, dit-il, chez lui, le voyant dans l'impossibilité de faire son service, et sachant que l'heure d'aller chercher le maître de son ami est venue, il a cru bien faire en venant proposer au cocher d'endosser la livrée et de l'accompagner.

Le cocher accepta l'offre, en se réservant de faire part de l'incident à son maître.

Voilà Forestier, derrière la voiture; ses acolytes sont échelonnés sur la route. La voiture marche avec rapidité; elle arrive près le couvent des augustins, au moment où le gentilhomme allait prendre le parti de revenir à pied, ce qui était alors un acte d'audace bien téméraire. Le cocher peut à peine dire quelques paroles à son maître, déjà celui-ci est lancé dans la voiture par le vigoureux bras du nouveau domestique.

Les chevaux prennent le galop. Bientôt ils s'arrêtent au coin d'une ruelle obscure... la halte est courte. Que se passe-t-il? le maître a cru entendre un cri étouffé... puis, malgré l'obscurité de la nuit, il a cru voir comme une lourde masse tomber sur le pavé... Mais tout cela s'est fait si rapidement, l'équipage a repris si vite sa marche, que le gentilhomme pense avoir rêvé un moment.

Cependant le second acte du drame, conçu par Forestier, s'était accompli; ce que le maître de la voiture avait pris pour une masse précipitée à terre, était le cocher que les complices de Forestier avaient saisi et attiré si vigoureusement et si promptement à eux, qu'il n'avait pas eu le temps de reconnaître la cause de sa chute; on l'avait porté, ou plutôt jeté dans une porte à trappe, et le seul soupir qu'il put faire entendre, fut étouffé par un instrument nommé *poire d'angoisse*, qu'une main adroite lui introduisit dans la bouche. Cette poire, ou plutôt cette pièce mécanique de la forme du fruit dont elle portait le nom, tenait les mâchoires du patient ouvertes, et tous les efforts qu'il faisait pour s'en dégager ne servaient qu'à rendre sa position plus douloureuse, en écartant davantage encore les parties supérieure et inférieure de la bouche. Un Samaritain avait lestement repris la place du cocher.

L'équipage avait donc continué sa course, et les chevaux ralentissaient le pas en montant l'escarpement du sol du Pont-Neuf. On approchait de cette Samaritaine, que les plus braves gentilshommes n'eussent osé franchir, après le soleil couché, sans une bonne escorte de valets dévoués... La lame d'une arme brille à la portière... « Alerte, Georges, alerte, Luzzi, » s'écrie le jeune seigneur, qui se croit conduit et escorté par son cocher et par son fidèle valet italien... Mais, au lieu d'avoir secours de Georges et de Luzzi, l'attaque semble même dirigée du siége et de l'arrière de l'équipage... Le gentilhomme s'aperçoit enfin qu'il est victime d'un complot, il se défend en furieux, seul contre plusieurs; la voiture est enveloppée; bientôt cette lutte inégale cesse.... le meurtre est accompli. Forestier a gagné son argent.

Une circonstance, qui aurait pu être fatale au principal personnage de cette scène sanglante, lui fut en aide. L'heure marquée pour l'œuvre de la justice n'était pas encore venue.

Quand le coup mortel eut atteint la victime de ce sanglant guet-apens, Forestier laissa à ses compagnons le partage de quelques pièces d'or qu'ils trouvèrent sur le cadavre ; mais le chef samaritain voulut garder un diamant que le gentilhomme portait au doigt. Les complices prétendirent à cette proie, une dispute s'éleva, les dagues se tirèrent de nouveau. A ce moment le guet vint à passer, et voyant un homme couvert de la livrée, il prêta la main à Forestier, et se mit à la piste des Samaritains, qui fuyaient ; leur chef resta tranquille sous la protection de son travestissement.

Forestier était d'une force surhumaine. Sa figure portait l'expression de ses mauvais instincts, le sourire ne plissait ses lèvres que lorsqu'il arrivait quelque fatal accident sur la voie publique, ou quand des animaux domestiques, excités l'un contre l'autre, se livraient un combat acharné. Tous les signes extérieurs qui peuvent révéler l'amour du sang se manifestaient en Forestier.

Une aventure dont on parla beaucoup satisfit ses appétits meurtriers, mais trompa étrangement sa cupidité. Un de ses agents vint un jour l'avertir du départ prochain d'un nommé Votris, pour le Poitou. Avare s'il en fut, ce Votris avait habitude d'emporter, à chaque voyage, de fortes sommes qu'il avait gagnées à Paris, et qu'il allait placer usurairement dans les provinces.

Forestier se prépare à faire la conduite à ce voyageur. Quand il sait le jour où Votris se met en route, il monte à cheval, prend les devants, et se dirige vers la forêt de Fontainebleau, chemin que doit suivre le voyageur.

Le brigand ralentit la marche de sa monture, afin de donner le temps à Votris d'arriver jusqu'à lui, et quand les deux individus se rencontrent, Forestier entame la conversation, séduit facilement son camarade de route par son langage jovial, et le rassure sur les périls de la route par sa force athlétique, qui, en cas d'attaque, peut être d'un bon secours. La forêt de Fontainebleau est traversée sans mauvaise rencontre, et Forestier voit avec joie son compagnon porter de temps à autre sa main sur la croupe de son cheval pour s'assurer qu'une lourde fauconnière, qui semble bien garnie d'espèces, est à sa place.

Les deux voyageurs marchèrent ainsi jusqu'à Orléans, non sans faire quelques haltes aux hôtelleries, Forestier n'était pas le dernier à mettre la main à l'escarcelle pour payer.

Quand ils eurent dépassé Orléans, un troisième voyageur se joignit à eux, et Forestier, qui ne trouvait jamais qu'il y eût trop à prendre par un coup de filet, lui fit bonne mine, laissant à la fortune le soin de faire servir ce nouveau venu à ses desseins.

A la couchée, les trois voyageurs descendirent dans la même hôtellerie, et occupèrent la même chambre. Le lendemain, le cavalier qui était venu le dernier se joindre à la caravane se leva le premier, et par distraction prit la fauconnière de Votris, laissa la sienne à la place, et s'en alla de meilleure heure que ses compagnons, là où ses affaires l'appelaient.

Votris, en se réveillant, ne prend pas garde au changement de son sac, celui qu'il trouve sous sa main étant tout à fait semblable au sien.

Les deux voyageurs reprennent leur route sans se préoccuper du troisième cavalier; mais Forestier, craignant que Votris ne lui faussât bientôt compagnie, se promet de profiter de la première circonstance favorable pour mettre à exécution son projet. Un bois épais se présente bientôt, et les deux compagnons s'y engagent. Quand Forestier trouve le lieu propice à l'attaque, il se précipite sur Votris, le jette à bas de son cheval, le tient sous ses pieds et porte la main à sa fauconnière. Votris reconnaît alors à quelle nature d'homme il a affaire, la disproportion des forces ne lui permet pas la résistance, il a recours à la prière, il demande la vie, en échange de son or, qu'il consent à abandonner, et promet le secret le plus inviolable sur cette affaire.

Rien ne peut attendrir le farouche Forestier. Le sang de Votris marque le lieu d'un meurtre.

Occupé de sa victime qui se débat encore, et du coursier porteur de la sacoche, Forestier a laissé errer son cheval; il saisit la fauconnière, l'ouvre avec précipitation... Mais au lieu d'or, il trouve une tête d'homme nouvellement décollée, et dont le sang ruisselle sur ses mains.

Un cri de rage, d'horribles jurements et d'affreux blasphèmes traduisent le désappointement du brigand. En vain fouille-t-il encore dans ce sac fatal, il ne saisit que des cheveux souillés, que des chairs

saignantes... Il jette avec horreur son butin... et alors, soit que son imagination l'égarât, ou que son oreille expérimentée l'avertit du danger, il songea à la fuite ; son cheval est hors de sa vue, il ne se donne pas le temps de se mettre à sa recherche, il saute sur la monture de sa victime, et disparaît dans l'épaisseur de la forêt.

Forestier avait eu raison de s'éloigner rapidement ; à peine avait-il quitté le théâtre de son crime, que les pas précipités de chevaux se font entendre, le bruit semble ranimer le corps de Votris gisant presque sans vie, un faible cri s'échappe de sa poitrine, il recouvre assez de force pour se traîner au bord du sentier battu ; son corps ensanglanté est le premier objet qui frappe les regards des arrivants.

Les cavaliers étaient au nombre de trois, et parmi eux se trouvait l'homme qui avait voyagé de compagnie avec Forestier et Votris, et qui les avait quittés après la couchée. Ce voyageur reconnut dans le voyageur assassiné, celui dont il avait par mégarde pris la fauconnière. Il prodigua ses soins au moribond, mit un appareil sur ses blessures : ses connaissances chirurgicales étaient assez avancées pour voir que l'état de la victime n'était pas désespéré.

Cet homme que la Providence semblait envoyer pour rendre le malheureux Votris à la vie, était l'exécuteur des hautes œuvres de la prévôté de Beaugency. Ce qu'il portait dans sa gibecière quand il la troqua par mégarde le matin contre celle de son compagnon de chambre, c'était la tête d'un gentilhomme qu'il avait décapité, et que, pour obéir au texte de l'arrêt, il allait attacher à un poteau devant la porte du manoir du supplicié.

Quand le bourreau était arrivé à sa destination, et qu'il avait voulu accomplir l'œuvre de son ministère, il s'était aperçu de sa méprise, et avait rebroussé chemin avec deux de ses aides qu'il avait rencontrés, espérant rejoindre le voyageur à la fauconnière, ce qui était arrivé, mais dans des circonstances bien affreuses pour le détenteur involontaire de la tête du gentilhomme. Le résultat de cette rencontre fut que Votris recouvra la vie et son or, et que l'exécuteur d'Orléans reprit la tête du supplicié, qu'il alla clouer par les oreilles, au lieu désigné par l'arrêt.

Ainsi s'éclaircit le mystère de cette aventure.

Des chroniqueurs ont raconté différemment le dénoûment de ce drame. Ils ont dit que Forestier, après le meurtre de Votris, se retira à Beaugency, et que, dans cette ville, l'histoire du changement de gibecière entre le bourreau et un voyageur ayant transpiré; le brigand était allé effrontément trouver le bourreau, et l'avait sommé de lui restituer, comme à lui appartenant, les sommes qu'il avait trouvées dans la fauconnière.

Ceux qui regardent ce récit comme véridique, ajoutent que l'exécuteur fit difficulté de restituer ce qu'il avait en sa possession, mais que Forestier le contraignit par les voies de justice, et obtint même un arrêt qui condamna le bourreau au fouet comme détenteur.

Nous préférons la première version à la seconde, nous avons des preuves à l'appui de notre récit, et nous pensons que les chroniqueurs qui admettent la flagellation obtenue par un voleur contre le bourreau ont confondu les individualités et les époques, et que ce fait doit se rapporter à la vie d'un brigand, dont nous parlerons vers la fin de ce chapitre.

Si l'on n'est pas d'accord sur tous les épisodes de l'événement que nous venons de raconter, le dernier crime commis par Forestier eut un tel retentissement, que tous les incidents sont venus dans le domaine de la notoriété publique.

Il y avait, un dimanche, fête de famille chez un aubergiste de la ville de Meaux, c'était à propos des fiançailles entre la fille de l'hôtelier et un jeune garçon du voisinage; grand nombre de parents et d'amis avaient été conviés, et quelques-uns étaient venus des villages environnants. Parmi ces derniers se trouvait une fermière dont l'habitation était un peu distante de la ville; elle avait coutume de s'aventurer seule par la campagne, sans que jamais elle eût eu la pensée qu'on pût l'inquiéter ou l'insulter en son chemin. Ce jour-là, la campagnarde se retira à la tombée de la nuit, refusant l'offre que lui faisaient les parents, de la reconduire jusqu'en sa métairie, elle se chargea de comestibles et de friandises pour ses enfants, enveloppa sa provision dans une serviette, et prit congé de la société.

Forestier, traqué dans Paris, s'était retiré, avec quelques-uns de ses suppôts, dans les bois qui avoisinaient la ville de Meaux, il rencontra la fermière; elle eut d'abord à supporter tout ce que le langage le plus grossier peut trouver d'expressions hardies et obscènes. La pauvre femme crut par son silence et sa retenue imposer enfin silence à ce débauché, mais elle fut cruellement détrompée, quand elle se vit assaillie et entraînée dans un lieu solitaire, par le brigand et un de ses complices. Elle fut bâillonnée avec force, étroitement garrottée, et il n'y eut sorte d'outrages que ne lui firent subir ces deux scélérats. La mort de la victime leur sembla nécessaire pour dérober la connaissance de leur forfait, et le cadavre, horriblement mutilé, fut traîné dans un fossé; les assassins jetèrent de la terre sur le corps, la foulèrent avec leurs pieds, et la nivelèrent de leur mieux.

Pendant l'horrible lutte qui s'était engagée entre la malheureuse fermière et les bandits, un chien appartenant à cette femme n'avait cessé de faire entendre des hurlements, il avait même à plusieurs reprises mordu Forestier, et celui-ci avait fait d'inutiles efforts pour le saisir et le tuer.

Les brigands s'éloignèrent, et au lieu de continuer leur route, ils crurent plus prudent de revenir à la ville d'où ils étaient partis ; le hasard les conduisit dans l'auberge même que venait de quitter la fermière.

Forestier et son complice n'avaient laissé sur le lieu du meurtre aucune trace qui pût les trahir ; ils ont poussé la prudence jusqu'à prendre les gâteaux que la fermière portait à ses enfants, et quand ils furent arrivés à l'auberge, ils étendirent sur une table la serviette qui servait d'enveloppe aux provisions, étalèrent les comestibles, et demandèrent seulement qu'on leur servît du vin.

Le garçon d'auberge, surpris à la vue du linge et des gâteaux qu'il avait lui-même remis à la fermière et qui se retrouvaient entre les mains d'étrangers, ne savait comment s'expliquer le fait. Il allait faire part de sa découverte à ses maîtres, quand le chien de la fermière arrive haletant, et, sans caresser les gens de l'auberge comme d'habitude, il va, vient, monte, descend, tourne autour des tables et des consommateurs, furète partout, en poussant un cri plaintif.

Les gens de l'hôtellerie s'étonnent, quelques-uns croient l'animal

atteint de malrage. Tout à coup le chien s'attache à une porte, il la pousse avec ses pattes, et se dresse jusqu'à la serrure ; la porte s'ouvre, et à la vue de Forestier et de son complice, le chien de la fermière redouble ses hurlements.

L'absence de la maîtresse du chien, la confidence que le domestique fait à ses maîtres des soupçons fondés qu'il a conçus, l'acharnement de l'animal contre les deux étrangers, tout cela décide l'hôtelier à envoyer chercher les archers. Le domestique se charge de cette mission ; le chien, qui semble comprendre qu'on marche dans la voie de la vérité, caresse le valet, sort avec lui, semble lui-même diriger l'instruction ; il s'attache aux vêtements du domestique, et, le tirant dans le sens inverse où celui-ci veut aller, il lui montre la route de la forêt, fait quelques pas en éclaireur, et, précipitant sa marche, indique que c'est là qu'il faut d'abord chercher.

Le garçon d'auberge obéit au chien dont il croit comprendre la pensée, et, arrivé sur le lieu du meurtre, il voit un fossé dont la terre fraîchement foulée a été grattée à la surface. Le chien, avant de poursuivre les assassins de la fermière, a déjà cherché à exhumer le cadavre. Cette fois, ayant l'instinct de l'aide qu'il a trouvé, il recommence de plus belle à fouiller la terre ; le valet coupe une branche d'arbre, la taille en forme de fourche, et se met à l'œuvre, il découvre bientôt les pieds du cadavre. Alors sa conviction est formée ; il retourne à la ville, avertit les archers. La chambre occupée par Forestier et son complice est envahie par les gens de justice. Après une courte enquête, les archers du prévôt enlèvent les deux bandits, les attachent sur leurs chevaux, et les conduisent, à travers une population exaspérée, dans les geôles de la ville.

Forestier nia tous les crimes dont on lui demandait compte, à l'exception du viol et de l'assassinat de la fermière de Meaux, qu'il avoua.

Il fut mis à la torture, et la subit avec un courage au-dessus de la force humaine.

On lui présenta d'abord un petit tableau de l'Évangile, sur lequel il jura de dire la vérité ; et, quand on lui eut demandé : « Avez-vous commis d'autres crimes que l'assassinat de la forêt de Méaux ? » il répondit : « Sur l'Évangile, je n'ai pas commis d'autres crimes que l'assassinat de la fermière. »

On chercha à obtenir un aveu en soumettant le coupable à la question de l'eau.

Le patient fut dépouillé de ses vêtements, et sa chemise attachée par le bas entre les jambes. Il fut noué par les poignets et les pieds, à de gros anneaux scellés dans la muraille. Quand le corps fut bandé le plus fortement possible, on l'étendit sur deux petits tréteaux, l'un près des pieds, l'autre près de la tête.

Un agent des tortures tint la tête du patient un peu basse, et lui introduisit une corne ou entonnoir dans la bouche. Le questionnaire, ou exécuteur chargé de donner la question, prit le nez de l'accusé, le lui serra, et le lâcha de temps en temps, pour lui laisser la liberté de la respiration, et tenant haut un coquemar rempli d'eau, il versa lentement dans la bouche de Forestier. Trois coquemars furent ainsi vidés, et l'accusé ayant répondu n'avoir commis d'autre crime que celui de la forêt de Meaux, quatre autres coquemars furent versés dans la bouche du patient.

On espéra davantage de l'épreuve des brodequins.

Forestier fut relevé et placé sur une sellette. Il lui fut mis quatre planches de bois de chêne entre les jambes, depuis les pieds jusqu'aux genoux : deux en dedans et une à chaque jambe en dehors, de deux pieds de hauteur chacune, et d'un pied de largeur, excédant le haut du genou de quatre doigts environ ; ces planches enfermant les pieds, les jambes et les genoux en dedans et en dehors, étaient percées de quatre trous chacune, dans lesquels passaient de longues cordes. Le questionnaire serra fortement ces cordes, puis les tourna autour des planches pour les tenir plus serrées, et avec un lourd maillet, il poussa, l'un après l'autre, sept coins de bois entre les deux planches qui étaient entre les jambes, à l'endroit des genoux.

Forestier garda le silence ; il fit un signe de tête pour refuser un verre de vin qu'on lui tendit pour ranimer ses forces.

Le tourmenteur, qui avait posé un moment par terre son maillet, le reprit, et il enfonça un huitième coin de bois aux chevilles des pieds en dedans.

Forestier surmonta cette affreuse torture, et ne fit aucun aveu ; il fut condamné à être rompu tout vif.

Quand cet homme, que les douleurs les plus aiguës n'avaient pu vaincre, et qui avait commis un parjure sur les livres saints, vit son heure suprême arrivée, quand il sentit se briser les liens qui l'attachaient à la vie terrestre, il offrit de lui-même, à la justice divine, l'aveu que les tortures humaines n'avaient pu lui arracher ; il raconta sur l'échafaud toute sa vie criminelle, non pour grandir l'affreuse mémoire qu'il laissait en mourant, mais pour servir d'enseignement à ceux qui ne savent pas maîtriser leurs instincts. Le brigand révéla tous les détails du guet-apens du Pont-Neuf ; il nomma le gentilhomme qui avait payé le meurtre. L'assassinat de Votris fut avoué et regretté par lui, et il termina cette nombreuse nomenclature de forfaits en tous genres, par la confession d'un parricide. Le jour même du supplice de Forestier était l'aniversaire du meurtre de sa mère.

Le peuple en se retirant était ému malgré l'immensité du crime : il reconnaissait qu'il y a une puissance plus terrible, plus forte, et en même temps plus infaillible que la torture, c'est le remords. Et l'exemple de Forestier confessant de son plein gré sa vie, portait un enseignement plus salutaire que le spectacle de la gêne par laquelle, dans les temps encore demi-barbares, on cherchait à moraliser les générations et à les maintenir.

Vers le temps où la justice mit un terme aux actes de brigandage de Forestier, de jeunes vagabonds, la plupart déserteurs ou soldats congédiés, formèrent à Paris une association redoutable. Ces malfaiteurs, dont les uns portaient des justaucorps rouges, les autres des vêtements gris, furent désignés sous le nom de Rougets et de Grisons ; leur coiffure étoit surmontée de hauts panaches. Ces bandits obéissaient à un chef, d'une audace peu commune, qui se faisait appeler le sieur de la Chenaye.

En hiver, Rougets et Grisons se postaient d'habitude sur le Pont-Neuf et aux environs, et alors, s'il passait quelque cavalier bien monté, bien vêtu et se cachant le nez dans son manteau pour se mettre à l'abri de la bise, voici ce qui arrivait :

Le bourgeois, ou marchand, venait-il par la rue Dauphine, dès les premiers pas sur le Pont-Neuf, il se voyait salué par six voleurs, le chef s'avançait et demandait courtoisement au passant, s'il ne préferait pas donner sa bourse à faire un saut dans la rivière. D'habitude, l'homme interrogé répondait en mettant la main à l'escarcelle et en s'allégeant au profit des emprunteurs.

Les brigands se retiraient en souhaitant bonne route au voyageur. Celui-ci piquait sa monture, mais à peine avait-elle fait un mouvement, qu'un boiteux se présentait, et, saisissant la bride, il demandait au cavalier de vouloir bien lui céder son cheval, la loi chrétienne exigeant que l'homme valide vienne en aide à l'infirme. Plusieurs acolytes rôdaient dans l'ombre; le cavalier comprenait facilement qu'il aurait mauvaise grâce à ne pas descendre de sa monture. Le boiteux et le cheval se perdaient bientôt dans les ténèbres.

Le cavalier cherchait alors à prendre son parti le plus philosophiquement qu'il fût possible, il avait la vie sauve, et ce bien qui lui restait devait entrer en compensation avec les pertes éprouvées. La victime des détrousseurs continuait sa route; mais quand elle était arrivée au cheval de bronze, chef-d'œuvre de Jean de Boulogne :

« Qui vous a fait si hardi, murmurait à ses oreilles une voix sourde, de passer devant le roi Henri sans ôter votre chapeau? Une autre fois soyez plus courtois. »

Aussitôt un bras vigoureux s'avançait et, saisissant le chapeau de castor qu'il emportait, laissait le bourgeois stupéfait de cette nouvelle mésaventure.

L'homme au chef nu poursuit sa malencontreuse route; mais il n'est pas plutôt arrivé devant la Samaritaine, qu'une quatrième apparition succède : plusieurs individus lui présentent un homme qui, pour tout vêtement, pendant une nuit glaciale, n'a que sa chemise.

« Voyageur, dit le plus vieux de la troupe, voici un pauvre diable que nous protégeons, vous nous ferez courtoisie et faveur de lui prêter votre manteau, car à peine se peut-il traîner par le froid qu'il endure. »

L'homme au manteau voudrait mettre l'espace entre lui et ces mendiants d'un nouveau genre; mais il voit entre les mains des sollicteurs de bonnes armes, et ces gaillards sont gens à prendre à la course le butin qu'on leur refuserait. Le voyageur n'avait rien de mieux à faire que d'offrir son vêtement. Grâce à cette dîme, il a acquis le privilége de circuler en toute liberté, et à l'abri de toute nouvelle requête, jusqu'au bout du Pont-Neuf.

C'était surtout à l'époque de la célèbre foire Saint-Germain que les Rougets et les Grisons redoublaient d'audace et d'adresse. Cette foire, qui s'ouvrait à Paris vers la semaine sainte, et qui durait, suivant le bon plaisir du roi, quelques semaines ou plusieurs mois, était le grand théâtre des exploits des tireurs de laine, des coupe-bourses, et de toutes les confréries vivant du bien des dupes.

Qu'on suppose un emplacement sur lequel s'élèvent deux halles immenses couvertes d'une charpente fort exhaussée, et dans lesquelles vingt-neuf travées forment neuf rues qui se partagent en vingt-quatre îlots; toutes ces rues sont bordées de loges occupées par toutes sortes de marchands d'objets de nécessité et de luxe; sept grandes portes livrent passage jour et nuit à la foule qui, selon ses habitudes et ses mœurs, choisit ses heures de promenade. Le matin, c'est le peuple qui se rue sur les magasins de draperie, de serge, ou de bimbeloterie; le soir, les gentilshommes, les grandes dames, le roi lui-même, se rencontrent près des loges des marchands orfévres, des artistes en sculpture, des vendeurs de tableaux. C'est moins un lieu de foire qu'un palais magique.

Rougets et Grisons, et tous hommes de leur trempe, ne sont pas gens à donner leur part de cette riche proie; aussi combien de tours signalent leur adresse.

Un amateur de tableaux entre dans la loge d'un marchand d'objets d'art; il admire une œuvre de l'école italienne... Survient un second amateur, puis un troisième, un groupe se forme : ce sont des exclamations d'enthousiasme, des formules d'admiration; le tableau passe de main en main : le marchand peut à peine le suivre de l'œil; bientôt il disparaît, et le soir même il est porté chez quelque juif recéleur.

Deux gentilshommes avisent une riche boutique. L'un propose à l'autre de jouer un diamant au choix en trois coups de dés. La partie est acceptée; les jeunes seigneurs entrent dans une loge d'orfévre; le marchand et sa femme s'empressent de dresser une table : les dés roulent; le gagnant saisit une bague d'un grand prix, la passe à son doigt, et s'esquive en invitant son adversaire à payer le prix de la perte; et quand l'orfévre demande le payement, le perdant et la galerie ont pris la fuite, et se sont perdus dans la foule. Tel était le passe-temps des Rougets et Grisons à la foire Saint-Germain.

On était, à Paris, d'une telle défiance contre les Rougets et les Grisons, que beaucoup de grands seigneurs renoncèrent à avoir des valets, redoutant toujours de trouver quelques-uns de ces bandits sous la livrée. Cette crainte était d'autant plus fondée que la Chenaye lui-même ne se faisait pas faute de ce moyen de faire la guerre à la propriété.

Ayant fait admettre un de ses acolytes comme valet chez un des plus riches fonctionnaires du fisc, la Chenaye fut bientôt maître de toutes les clefs.

Le financier dont il convoitait la dépouille s'absenta avec toute sa famille. La Chenaye, averti à temps, pénétra le soir par escalade dans une réserve où il fit main basse sur une riche vaisselle d'argent. Les affidés, de leur côté, allaient mettre à qui mieux mieux la maison au pillage, quand les maîtres, par une circonstance fortuite, rentrèrent au logis. Les voleurs eurent à peine le temps de se blottir sous les lits des domestiques. La nuit étant avancée, le hasard voulut que personne ne s'aperçût du vol ni de l'invasion des malfaiteurs qui, une fois entrés, avaient pris soin de refermer les portes sur eux-mêmes; maîtres et valets s'endormirent.

La bande était nombreuse, et, par suite de la fuite brusque qu'il avait fallu opérer, elle se trouvait disséminée. Rejoindre le capitaine qui était parvenu à gagner une petite chambre non habitée qui donnait sur la rue, n'était pas chose facile; enfin les Rougets jouèrent de bonheur: les uns profitant d'une porte entr'ouverte, les autres faisant jouer adroitement les serrures pendant le sommeil des gens de la maison, quelques-uns se traînant sans lumière par les couloirs et les escaliers, et quelquefois en rampant, tous finirent par se trouver près de leur chef, et on tint conseil. Il fallait sortir de ce pas périlleux. La fenêtre qui donnait sur la voie publique avait de l'élévation; à l'aide de draps et de couvertures, on prépara de moyens de sauvetage; la Chenaye fit descendre ses hommes, et resta le dernier avec un des siens, se réservant le transport des pièces d'argenterie.

La fuite se fit en ordre ; toute la bande, à l'exception du chef et de l'aide qu'il avait gardé près de lui, avait déjà mis le pied sur le sol, la Chenaye s'apprêtait à franchir l'espace, quand il s'aperçoit qu'il a oublié un de ses pistolets sous le lit où il s'était caché.

Le capitaine aurait à rougir près des siens s'il laissait un pareil trophée sur le champ de bataille. D'ailleurs, la Chenaye est superstitieux, il croit son heureuse destinée soumise à la conservation de cette arme ; il veut la reconquérir à tout prix. Cependant les moments sont précieux, les domestiques ne tarderont pas à se réveiller, et la fortune, qui une première fois a favorisé la marche mystérieuse à travers les corridors, peut cesser d'être favorable.

Les compagnons de la Chenaye sont dans une attente inquiète, ils ne peuvent comprendre ce retard. En vain l'un d'eux fait-il entendre le léger sifflement ou murmure, qu'on nomme arçon, et qu'une oreille d'initié peut seule distinguer, quand ses notes basses, semblables à la voix de la brise ou au bruissement de l'insecte, transmettent un mystérieux avis.

La Chenaye n'a en ce moment qu'une pensée fixe : il veut son pistolet. Il se rappelle la route qu'il a parcourue en quittant la chambre dans laquelle il a cherché un refuge ; il la reconnaît, s'avance, et retrouve la porte qu'il a laissée entr'ouverte.

Le lit est à peu de distance, le chef de bande rampe sur le ventre, étend le bras dans la direction où se trouve son arme. Une détonation se fait entendre ; la Chenaye a touché involontairement la détente.

Un cri d'alerte retentit dans toute la maison. Tous les valets sont sur pied. La Chenaye bat en retraite, il se précipite par une fenêtre, se fracture la jambe, et cependant il lui reste encore assez de forces pour rejoindre les siens que l'approche du guet a fait fuir.

Les Grisons et les Rougets font bonne contenance contre les archers, mais cependant les brigands laissent deux des leurs entre les mains de la force armée.

Ces deux hommes et celui qui, ne pouvant se sauver, demeura et fut pris sur le dépôt même de l'argenterie dont il était resté le gardien, dans la maison où le vol fut tenté, ne tardèrent pas à payer pour ceux que la justice ne put atteindre.

Après cette échauffourée, le chef des Grisons et Rougets pensa qu'il était prudent de se tenir un peu à l'écart et de changer le lieu et le genre de ses opérations. Il renonça pour quelque temps aux tentatives hardies qui tiennent l'attention publique trop éveillée. Il se réfugia dans le quartier Saint-Marcel, et se résigna à la condition de simple coupeur de bourses et de modeste tireur de laine. Plus d'un comptoir de drapier se dégarnit de ses pièces de velours et d'écarlate, et le marchand accusa de sa perte les incorrigibles écoliers, contre lesquels la sévérité de l'université était sans force. Plus d'une pieuse femme, à genoux devant une statue de la Vierge, ayant sa bourse pendue au côté, s'aperçut, après sa prière, qu'il ne lui restait pas une pièce de monnaie pour faire l'aumône, et elle invoqua la madone, afin que ces maudits écoliers se convertissent enfin, et ne persévérassent pas dans la mauvaise voie qui aboutit, pour plus d'un d'entre eux, aux échelles patibulaires.

L'esprit aventureux du chef des Rougets et Grisons ne pouvait se contenter de la monotonie de cette vie de gueuserie, il fallait une autre scène à la Chenaye. Ce qui lui manquait surtout pour le seconder dans la nouvelle carrière qu'il voulait suivre, c'étaient des hommes d'une trempe au-dessus de la commune et d'un courage qui ne cédât pas à une attaque du guet, comme il était arrivé naguère lors de l'attaque du vol de l'argenterie. La Chenaye prit son temps pour choisir ceux qu'il voulait appeler à partager son butin et ses dangers; il pensa avec raison qu'il découvrirait, dans les rangs de l'armée, les natures d'élite qu'il recherchait. Il se rendit à Montauban, dont les protestants soutenaient alors le siége contre les troupes royales; il se fit soldat. Le chef des Grisons ne tarda pas à faire de nombreuses et bonnes recrues; il enrôla pour ses lieutenants trois hommes de sac et de corde, qu'on renommait pour leur audace et pour leur amour du pillage. Ils se nommaient Lapointe, Lafeverie et Lafontaine. Il compléta sa troupe des plus hardis bandits qu'il put trouver sous l'uniforme, et, au jour convenu, la Chenaye partit avec sa bande et disparut du camp; de soldat il redevint capitaine.

Les nouveaux enrôlés firent leurs premières armes contre quelques gentilshommes qui quittaient l'armée et rentraient dans leurs foyers. La manière dont les recrues se comportèrent en ces rencontres, l'adresse et le courage qu'elles déployèrent et qui procurèrent un riche butin, donnèrent au chef de la bande la mesure de ce que de pareils hommes pourraient faire sous sa conduite.

La Chenaye était un stratégiste habile: il ne donnait rien à l'aventure. En étudiant les fautes des chefs de bande qui l'avaient précédé dans la carrière, il avait remarqué que presque tous avaient manqué d'habileté et de prudence dans leur méthode d'attaque. Ainsi, un grand nombre regardant la grande route comme un champ naturel de combat, s'étaient presque toujours adressé aux voyageurs qu'ils voulaient dépouiller, sans laisser aucun doute sur leurs intentions; on les voyait sortir brusquement d'une embuscade, le pistolet ou la dague au poing. Qu'arrivait-il presque toujours? C'est que d'autres voyageurs suivant la même route donnaient à temps des secours, ou que, s'ils étaient effrayés et n'osaient passer outre, ils retournaient à la localité voisine, et signalaient le lieu où les assaillants se tenaient; ou bien encore, si la troupe des voyageurs était nombreuse, quelques-uns s'échappaient, et le profit était perdu pour les brigands.

La Chenaye porta la réforme dans cette partie de la guerre de grande route, et voici l'organisation à laquelle il présida dans la forêt d'Orléans qu'il choisit pendant quelques jours pour son quartier général.

Un carrefour du bois, à quelque distance de la grande route, était battu et nivelé à grands renforts de bras; plusieurs arbres avaient été sciés, et leurs branches formaient une palissade circulaire qui ne laissait qu'une entrée. Plusieurs troncs d'arbres coupés horizontalement s'élevaient à quelques pieds du sol. Ce carrefour était une salle de danse, les troncs étaient un orchestre, trois brigands devenaient ménétriers. Maintenant, quels étaient les danseurs, et pourquoi le carrefour semblait-il disposé pour un bal? Suivons la Chenaye, nous le saurons.

Le chef des Rougets et des Grisons faisait sentinelle sur le grand chemin. Un marchand forain venait-il à passer, la Chenaye se présentait à lui le sistre à la main, et après l'avoir salué, bénissant Dieu du hasard qui amenait sur la route un joyeux compagnon, il le priait de ne pas se refuser à venir danser une ronde à une noce qui ne pouvait, disait-il, commencer, parce que le nombre des invités se trouvait impair par l'absence d'un d'eux, et que la fiancée craignait que ce nombre ne jetât un maléfice sur sa destinée.

Quelques voyageurs, gais lurons, acceptaient sans commentaire la proposition, et se laissaient conduire dans la forêt; les ménétriers étaient à leur poste. Parmi les brigands cavaliers, les uns étaient en place, les autres venaient au-devant de l'invité, s'emparaient de lui, attachaient son cheval à un arbre; l'orchestre commençait, et les danseurs s'agitaient dans l'espace réservé à la danse. Au milieu était le nouveau venu, et on procédait en mesure et en cadence à son dépouillement. L'orchestre, les chants, les voix, les rires étouffaient sa plainte. On le contraignait à danser jusqu'à ce qu'il tombât de fatigue, puis après, pour réparer ses forces, il fallait que, bon gré, mal gré, il acceptât plusieurs coupes d'un vin capiteux, qui bientôt le jetait dans une ivresse complète. Alors les danses cessaient, on laissait le voyageur errer à l'aventure dans la forêt, où le plus souvent il s'endormait jusqu'au lendemain.

Si le voyageur refusait de se joindre à la troupe dansante, et faisait mine de vouloir continuer son chemin, à un signal donné, les Grisons et les Rougets sortaient de la forêt, musique en tête, puis se débandaient et entouraient, en poussant de grands éclats de rire, le voyageur, piéton ou cavalier; force était alors au récalcitrant de suivre le torrent qui l'entraînait vers la forêt, et il arrivait porté par la foule jusqu'au lieu de la danse, où il éprouvait le même sort que celui qui était venu de plein gré.

La Chenaye et ses compagnons changeaient souvent de résidence, et leur salle de danse était transférée d'une province à une autre avec une rapidité qui ne permettait pas de suivre à la piste le déplacement. Grand nombre de voyageurs furent dépouillés, et quand, à leur retour dans leurs foyers, ils racontaient les détails de l'attaque, le fait paraissait si extraordinaire, si peu dans les coutumes des détrousseurs de passants, que pendant longtemps on refusa de croire à ce qu'on rapportait à propos de la danse dans les bois.

Cependant il arriva un jour une mésaventure aux brigands danseurs. Ils avaient porté leur quartier près de Gargeau-sur-Loire; leur chef, étant, suivant sa coutume, en observation sur la route, fit rencontre d'un voyageur haut de taille, et d'une physionomie qui semblait indiquer que sa mise modeste était une transformation prudente adoptée pour franchir sans obstacle la forêt; le cheval du voyageur portait une sacoche dont l'aspect extérieur pouvait faire naître le désir de connaître le contenu. La Chenaye fait signe à un des siens qui l'accompagne de jouer de l'instrument qu'il a entre les mains, et le chef et son subordonné viennent au-devant du cavalier en dansant, et se mettent à lui débiter la formule d'usage. Le voyageur fait quelques pas en arrière, comme s'il se fût agi d'une reconnaissance militaire, et quand il a entendu la demande du chef, instruit qu'il est, par les récits d'hôtelleries, de la position dans laquelle il se trouve, et de l'aventure qui va lui arriver, il accepte courtoisement la proposition, se laisse amener dans la danse, se dispose à sauter joyeusement; mais il saisit un moment où les brigands semblent se consulter, franchit la palissade qui l'emprisonne, court au cheval de la Chenaye qui est attaché aux branches d'un arbre, s'élance sur le quadrupède, détache le sien qu'il chasse devant lui, et gagne, de toute la vitesse de sa monture, la grande route, se dirigeant vers Orléans où il va demander du renfort au prévôt des maréchaux. Mais telle diligence qu'on put faire, quand les archers de la prévôté arrivèrent, la Chenaye avait déjà gagné les routes de traverse, et se dirigeait avec sa troupe et son orchestre vers la Picardie.

Paris avait un grand attrait pour le chef des Rougets, il se sentit tourmenté par le besoin de revoir le théâtre de ses premiers exploits. Une circonstance favorisa ce désir : chemin faisant, la troupe détrousse un marchand forain, fait main basse sur son cheval et sur sa marchandise. La Chenaye ira vendre l'animal à Paris, et pendant ce temps plusieurs de ses compagnons s'établiront marchands sur place, et débiteront le butin.

La Chenaye, aussi habile maquignon que hardi détrousseur, tire un bon prix du cheval, et revient vers le lieu désigné pour le rendez-vous ; mais d'aussi loin qu'il aperçoit ses compagnons, il juge qu'il ne fait pas bon en ce moment à se déclarer des leurs. Les faux marchands n'avaient pas été heureux dans leur opération industrielle : par empressement à se débarrasser de leur fonds de commerce, ils donnaient les objets tellement au-dessous de leur valeur, que le taux de la vente éveilla les soupçons du public, et la justice, avertie, fit main basse sur les négociants. L'étoile du chef l'avait préservé du sort de ses compagnons.

Les lieutenants de la Chenaye l'attendaient dans la province du Maine ; il hâtait la marche pour les rejoindre.

Un soir la Chenaye entre dans une hôtellerie avec intention d'y prendre gîte et d'y souper. Il était difficile de satisfaire à ces deux désirs. L'aubergiste dit au nouveau venu qu'il a nombreuse compagnie pour laquelle chambres et vivres sont retenus : « Demandez à ces voyageurs s'ils refuseront d'admettre au nombre des convives un gentilhomme qui revient des armées et retourne en ses foyers. » L'hôtelier porte cette parole aux premiers arrivés, et il est répondu que la présence de l'étranger est une bonne fortune, et que chacun sera en honneur de lui faire sa part de gîte et de bonne chère.

La Chenaye ne fut pas peu surpris, quand il apprit que ceux qui l'admettaient à l'hospitalité étaient le prévôt et les archers de la ville du Mans. Si un seul de ces hommes avait connu la figure du nouveau convive, le brigand était perdu; il paya d'audace, et le bonheur le servit : chacun connaissait son nom, qu'il se garda bien de décliner, mais nul n'avait en mémoire son signalement.

On questionna beaucoup l'étranger sur les opérations de l'armée, sur le siége de la Rochelle. La Chenaye n'était pas homme à se laisser embarrasser; puis, après cette causerie, il fallut bien s'entretenir du sujet banal de toutes les conversations. Le fameux chef des Rougets fut mis sur le tapis. On parla de la danse qu'il pratiquait; on traita ce fait de croyance populaire non justifiée. La Chenaye se montra à cet égard un des plus incrédules, et puisqu'il paraissait certain que le chef des danseurs avait déjà fait apparition dans le pays du Maine, il se promit d'aller à sa recherche, et proposa au prévôt de faire de cette enquête une partie de promenade. Le prévôt sourit à la proposition, et il fut convenu qu'aussitôt qu'on aurait des données certaines sur le passage des Rougets, on se réunirait en caravane, pour juger de près à quoi s'en tenir sur la vérité de leur moyen d'attaque.

La soirée s'écoula gaiement, le repas se prolongea assez avant dans la nuit. Le prévôt partagea galamment sa chambre avec l'étranger, dont l'humeur chevaleresque l'avait séduit.

Au point du jour, le brigand est sur pied, il fait harnacher son cheval, règle le compte, paye généreusement l'hôte pour tous ceux qui ont soupé, et exige cependant une reconnaissance de ce qu'il donne à l'aubergiste; il remonte un moment dans la chambre où le prévôt repose encore, glisse un petit papier dans la poche du dormeur, revient près de l'hôtelier, et, en partant, lui recommande de dire au prévôt que le gentilhomme à qui il a offert l'hospitalité se nomme la Chenaye.

L'aubergiste s'acquitta de la commission; mais à peine eut-il prononcé le nom fatal au prévôt, que celui-ci bondit, son œil s'enflamma de colère et de dépit, et tous les archers firent piteuse mine en se reprochant hautement d'avoir laissé échapper ce bandit.

Au mot de bandit, l'aubergiste ne crut pas qu'il fût utile de dire que la Chenaye avait payé pour le prévôt et les archers, et partageant le désappointement des convives, il s'écria : « J'aurais dû reconnaître le brigand à ses procédés, car il est parti sans payer, et en laissant son souper sur le compte de monsieur le prévôt.

— C'est faux, s'écria le prévôt, à moins que vous n'ayez signé un mensonge, maître aubergiste. Et, lisant le papier que la Chenaye avait mis dans sa poche : Voici, dit-il, l'acquit du souper payé des deniers du brigand… ce qui est encore plus humiliant pour la magistrature. » Et après une pause, le prévôt ajouta :

« Je devrais peut-être vous faire appréhender, maître hôtelier, pour vous apprendre à percevoir de deux mains le prix du gîte et du souper, et puis, je soupçonne que vous vous entendiez avec cet homme pour narguer la justice. On aura les yeux sur vous à l'avenir, et désormais il est fait défense à tous archers de la province du Maine de loger dans cette auberge. »

Le prévôt paya de sa monnaie la dépense de ses gens et la sienne. Il prit l'argent que le bandit avait donné à l'hôtelier, se réservant de le verser dans les caisses de la prévôté, et la troupe regagna la ville du Mans.

Le reste de la vie de la Chenaye présente peu d'intérêt. C'est une suite d'attaques dirigées contre des marchands forains, jusqu'à ce qu'enfin, assailli dans une auberge du Perche avec ses trois lieutenants, il soutient un siège contre une nombreuse population armée. Une arquebusade s'engage ; un gentilhomme des environs, attiré sur les lieux, trompé par l'air noble et l'élégance de costume du chef de bande, obtient pour lui une capitulation. Il fait transférer dans sa propriété et garder à vue la Chenaye, la Fontaine, la Pointe et la Faverie, ses lieutenants ; mais la justice éclairée intervient au moment où une évasion allait leur rendre la liberté, et une escorte de deux cents hommes les conduit dans les prisons de la ville de Verneuil.

Le procès fut instruit. Grand nombre de ceux que les Rougets et les Grisons avaient dépouillés, rançonnés, au moyen de la danse, comparurent. Convaincus de vols, d'assassinats, de pilleries, la Chenaye et ses trois lieutenants furent condamnés à faire amende honorable, nus en chemise, la torche au poing, devant l'église de Verneuil, et de là être rompus vifs.

La Chenaye reconnut dans un des aides du bourreau un de ses anciens ménétriers converti.

Le chef des Rougets et des Grisons semblait, dans ses actions audacieuses et par sa vie errante, s'être proposé pour modèle, dans la carrière du brigandage, les frères Guilleri ses contemporains, et dont le nom avait acquis une grande célébrité.

Les Guilleri étaient trois frères, issus de bonne race ; ils avaient servi, au temps de la Ligue, sous le duc de Mercœur. Lorsque Henri IV fut monté sur le trône, ils levèrent une troupe de voleurs avec laquelle ils parcoururent les grandes routes du royaume, mettant à contribution les châteaux du Lyonnais, de la Guyenne, de la Saintonge. Guilleri le jeune était le commandant de la bande, c'est principalement de ses actes dont nous ferons le récit; Guilleri aîné fut le lieutenant de son frère; quant au troisième Guilleri, il parut peu avide de dignités parmi les siens, il resta sans grade, et se contenta de faire la guerre de grande route en volontaire, cependant il ne le cédait en audace à aucun de ses frères.

Guilleri, sous ce nom nous désignerons le chef de la bande, avait fait apprentissage du métier de soldat à une époque où la guerre n'était qu'une embuscade continuelle, et où il fallait souvent plus d'agilité et de ruse que de connaissances stratégiques. En ce temps-là encore, les chefs d'armée faisaient consister la grande puissance de la tactique dans l'occupation des places fortes.

Guilleri, devenu chef de brigands, suivit le système mis en pratique par les capitaines sous lesquels il avait servi comme soldat : la forêt de Machecoul, située en Bretagne, à quelque distance de Nantes, lui parut une position qu'on pouvait rendre inexpugnable. Il appelle à lui des bandouliers; chacun jette le mousquet pour prendre la pioche ou la truelle. De larges fossés se creusent, des murailles solides s'élèvent; Guilleri est à la fois architecte, terrassier, ingénieur : l'intelligence supplée en lui à l'instruction; jour et nuit le travail se poursuit, sans que l'autorité ait connaissance de ce qui se passe.

Bientôt, par toute la Bretagne, chacun s'étonne et frémit en entendant dire que dans la forêt de Machecoul s'est élevée, comme par enchantement, une citadelle, où se met à couvert une nombreuse troupe de malfaiteurs, et que le commandant est le fameux Guilleri.

Quand Guilleri se vit à l'abri de l'atteinte des archers, il fit de la citadelle son quartier général, il divisa ses bandouliers en plusieurs troupes, les envoya dans diverses directions où il y avait du butin à espérer. Ces détachements se répandirent jusque cent lieues à la ronde, ils se signalèrent autant par la témérité que par l'esprit d'astuce ; le Guilleri, car le nom du chef devint bientôt la désignation collective de toute cette association de malfaiteurs ; le Guilleri se mettait en embuscade dans un carrefour, l'arquebuse à l'épaule, et seul, demandait la bourse à une troupe de marchands qui fuyaient en jetant leur valise pour avoir la vie sauve. Tantôt le Guilleri se métamorphosait en campagnard, et, cheminant vers le marché, mettait à contribution le manant qui, trompé par le costume, faisait route dans la même direction. Une autre fois le Guilleri prenait le langage et le vêtement du gentilhomme, et rendait dupe le châtelain qui lui offrait hospitalité.

Mais le chef, celui à qui appartenait véritablement le nom de Guilleri, dépassait tous les siens, par l'audace de ses entreprises, par la hardiesse de ses coups, et souvent par l'originalité de ses moyens. Guilleri fut souvent sanguinaire, la vie d'un homme était peu dans ses comptes, quand il s'agissait d'avoir de l'or ; mais parfois cependant, par une bizarrerie qu'il serait difficile d'expliquer, et qui se retrouve dans certaines natures de malfaiteurs, le bandit sacrifia le profit d'un vol à l'excentricité d'une action hors des conditions habituelles ; c'est ce qui arriva en la circonstance que nous allons dire :

Un jour, Guilleri sortit seul de la forteresse de Machecoul, le plus grand nombre des siens était en expédition ; le chef s'acheminait vers un fourré que les piétons, bien renseignés sur la localité, prenaient d'habitude, parce qu'il abrégeait la route de Nantes. Ce lieu avait toujours été profitable à la bande Guilleri qui, en plusieurs circonstances, y avait trouvé bonne aubaine.

Le chef des brigands, vêtu en campagnard, s'étendit sur l'herbe, plaça, suivant son habitude, l'oreille près de la terre, afin d'avoir connaissance de la marche des cavaliers ou des piétons qui s'avanceraient dans cette direction. Guilleri aperçut bientôt une proie. Mais soit que le souvenir de succès faciles et de bonnes aubaines le mit en bonne humeur, soit que la victime qu'il entrevoyait ne fût pas de nature à rendre une lutte longue ni dangereuse, soit enfin que, par une cause qu'il ne s'expliquait pas lui-même, ses instincts farouches cédassent en ce moment à de douces incitations, il se prit à sourire, et cacha sous un tronc d'arbre l'arme qu'il avait coutume de porter avec lui.

Le piéton, qui s'avançait vers le sentier où Guilleri était à l'affût, avait fait, avant de passer la lisière de la forêt, un geste qui eût été incompris de tout autre que du chef de bande; le voyageur, qui appartenait à la classe des paysans, avait serré les ardillons d'une boucle qui tendait fortement une ceinture de cuir sur ses reins. Peut-être, en faisant jouer la boucle, le villageois avait-il pris une mesure de prudence ou de précaution, soit pour ne pas attirer la vue de gens malintentionnés dans les hôtelleries, soit pour être plus alerte, dans le cas où il faudrait, pendant le voyage, avoir recours à la fuite. Quoi qu'il en soit, Guilleri comprit que le voyageur n'appartenait pas à cette classe avec laquelle les détrousseurs de grand chemin n'ont rien à faire.

Le brigand aborde gaiement le voyageur, la conversation s'engage, et le villageois a bientôt mis son compagnon de route dans la confidence de ses affaires. Il va à Nantes pour un procès : « Vous allez solliciter la justice, c'est très-bien, dit Guilleri, mais vous ne me semblez pas dans de bonnes conditions pour réussir dans vos démarches : les juges de Nantes ne sont-ils donc plus du même bois dont sont faits tous les juges de France? il faut leur graisser la paume, et vous ne paraissez pas chargé d'épices... »

Le paysan jeta un regard sur son abdomen, craignant que la ceinture, quoique cachée, l'eût trahi... Il se remit de son émotion, vit qu'il avait été maladroit dans son langage, et parla de sa profonde misère; à peine aura-t-il de quoi payer son dîner à l'auberge, il n'a pour toute fortune que dix sous.

« Alors, dit Guilleri, nous pouvons, camarade, marier nos deux étoiles et nos deux fortunes ensemble; mais moi, je ne désespère jamais de la destinée, et j'ai une telle foi en Dieu, que, si je voulais lui demander avec ferveur d'emplir mon escarcelle, il exaucerait ma prière. »

En parlant ainsi, Guilleri marchait côte à côte de son compagnon. Ce dernier revenait toujours à sa pauvreté.

« Vraiment, dit le brigand, ne possédez-vous, mon maître, pour toute fortune, que la pièce de dix sous que vous dites avoir en poche ?

— C'est tout mon avoir.

— En voulez-vous davantage ? fit le brigand.

— Certes je ne suis pas de ceux qui tournent le dos à l'aubaine, quand elle vient honnêtement.

— Priez Dieu, dit Guilleri, et infailliblement il vous enverra ce que vous lui demanderez. »

En disant ces mots, le brigand tira un petit manuel de sa poche, il se mit à genoux, enjoignit à son compagnon de l'imiter. Le compagnon ne savait quel parti prendre ; le plus prudent fut d'imiter celui qui prêchait d'exemple.

Quand Guilleri eut marmotté quelques mots entre ses dents, il demanda au paysan s'il ne lui était pas arrivé d'en haut un surcroît de fortune, et lui recommanda de regarder en sa poche, et en même temps, Guilleri fouillant dans la sienne, en tira cinq sous, et manifesta sa joie. Nous ne prions pas avec assez de ferveur, compagnon, ajouta Guilleri, recommençons notre prière, et Dieu l'entendra. Après avoir dit une seconde fois ses oraisons, Guilleri trouva dix sous dans sa poche, mais le paysan n'accusa rien, sa bourse était toujours vide. Alors, Guilleri fit mine de se fâcher : « De deux choses l'une, dit-il, ou vous ne dites pas la vérité, ou vous ne priez que des lèvres. Agenouillez-vous de nouveau, et si vous priez avec ferveur, il est impossible que Dieu ne fasse pas pour vous, qui êtes un homme pieux, ce qu'il fait pour moi, qui suis un grand pécheur. »

Pour la troisième fois il fallut se remettre en oraison. Guilleri tira bientôt de sa poche un teston (quinze sous) ; le paysan assura n'avoir rien reçu. Mais Guilleri ne tint pas compte de cette parole, il voulut s'assurer par lui-même si le paysan disait la vérité, et s'il ne voulait pas faire profit tout seul des bienfaits qui, en bonne camaraderie, devaient se partager. Il fouilla donc son compagnon, et trouva sur lui quatre écus d'or.

Le voyageur fut bien penaud... il n'osait crier au voleur, car, à ce jeu, il eût couru risque de la vie ; prendre la fuite, n'était pas non plus un moyen à tenter près d'un camarade dont l'agilité eût bien vite vaincu à la course son adversaire.

Le désappointement du paysan fut bien plus grand, quand Guilleri, lui frappant sur le ventre, fit rendre à la ceinture un son métallique. Le brigand ajoutait le sarcasme à la menace, en demandant sa part du don de Dieu. « Voici, disait-il au voyageur, la moitié de ce que le ciel m'a envoyé, je m'exécute à votre égard en honnête homme ; agissez donc ainsi en ce qui me regarde, et que je ne sois pas obligé de me faire justice par moi-même. »

Le partage de la ceinture fut fait. Guilleri aurait pu prendre la totalité de l'argent, mais il voulut continuer la plaisanterie jusqu'au dénoûment de l'aventure ; il se contenta de la moitié des espèces, salua le paysan, et lui recommanda, lorsqu'il prierait désormais en commun, de mettre plus de franchise dans ses déclarations.

Guilleri avait poussé ses audacieuses excursions jusque sur le territoire de la province de Normandie ; il occupait la forêt de Morsemont.

La terreur régnait dans toute la contrée. Le prévôt de Rouen entreprit de rendre le calme à cette province, et de la délivrer du brigand qui la menaçait. Un plan d'attaque contre les Guilleri fut combiné; on résolut d'investir la forêt qui leur servait de refuge. Grand nombre d'archers reçurent ordre de se tenir sous les armes pour une expédition dont le but resta secret.

Les préparatifs d'attaque ne purent cependant s'effectuer avec assez de mystère et de précaution, pour que le chef des Guilleri n'en eût pas connaissance. Il rallie ses bandes dispersées çà et là, il choisit une position avantageuse, et quand ses éclaireurs viennent lui apprendre l'approche des troupes de la prévôté, il va lui-même, sous l'habit de paysan, reconnaître leurs forces, et inspecter les hommes d'armes avec lesquels il aura à se mesurer. De retour dans son cantonnement, il fait mettre sa troupe en bataille, la harangue à sa manière accoutumée, il appelle à lui ses deux frères, l'un son lieutenant, et l'autre, comme nous l'avons déjà dit, qui n'a d'autres distinction et supériorité que celles que lui donnait sa renommée d'audace.

« Camarades, dit à haute voix le chef de bande, les trois Guilleri sont présents, deux à votre tête, un dans vos rangs; faites comme ils feront... et en avant ! »

Dès le premier choc, les bandes commandées par les deux Guilleri entamèrent le gros des archers, les troupes de la prévôté furent mises en déroute, quelques-uns des leurs restèrent morts sur le champ de bataille, et sept prisonniers tombèrent entre les mains des bandits.

Guilleri le chef comprend l'avantage qu'il peut tirer de cette capture, il fait conduire les prisonniers dans les épaisseurs de la forêt; là ils sont dépouillés de leurs vêtements et attachés à des arbres.

Sept des compagnons de Guilleri reçoivent l'ordre de se couvrir des casaques des archers, et, travestis ainsi, ils se dirigent vers le château voisin situé sur la lisière du bois, habitation d'un gentilhomme dont on vantait la richesse et les goûts luxueux. Guilleri se met à la tête de ce détachement.

Au nombre des gens de service qui occupaient le château se trouvait le jardinier forestier du manoir; cet homme était l'oncle d'une jeune fille restée orpheline, et qu'il avait depuis peu de temps fait venir de la ville de Rouen, sous le prétexte d'être aidé dans les petits travaux par Jeanne, ainsi se nommait la jeune fille; mais le véritable motif qui avait dicté la résolution du forestier était une mesure de prudence : il savait qu'une affection réciproque existait entre sa nièce et un archer de la prévôté, nommé Giraud.

Giraud était un assez mauvais sujet : plus d'une fois il fut accusé, à tort ou à raison, de transiger avec ses consignes, et d'avoir fait des affaires avec des coupeurs de bourse et des tireurs de laine en facilitant leur évasion ; mais cet homme était courageux, et c'était, aux yeux du prévôt, un grand mérite, à une époque où cette qualité ne se développait pas au même degré dans tout le personnel de la milice de sûreté : cette considération valut à l'archer la rémission de plus d'une peccadille.

Jeanne avait écouté avec joie l'archer lui parler de mariage ; mais quand la demande fut portée à l'oncle, seul parent de la jeune fille, le forestier crut prudent d'ajourner à quelque temps la réponse définitive, et il emmena sa nièce au château.

La jeune fille prit son exil assez philosophiquement : elle espérait du temps et de la soumission le consentement de son oncle au mariage projeté entre elle et l'archer ; mais Giraud n'était pas d'une composition aussi facile. Il poursuivait par tous les moyens que son imagination pouvait lui fournir, la réalisation de son idée fixe. Plus d'une fois il s'était aventuré dans la forêt de Morsemont, s'était approché du château dans l'espoir d'apercevoir sa fiancée de quelque élévation voisine ; mais, après une longue attente, il avait fallu battre en retraite, Jeanne était restée invisible, et le sentimental archer n'avait laissé pour témoignage de sa venue, qu'un double chiffre tracé par la pointe de son sabre sur la blanche écorce d'un vieux platane.

Quelquefois l'exaltation de Giraud allait jusqu'à lui faire regarder la demeure du châtelain comme une place d'armes ennemie, il pensait en faire le siége, il menaçait du geste ses fortes murailles, ses tours massives : puis la réflexion l'amenait à sourire de l'impuissance de sa colère, et il cherchait d'autres expédients pour savoir si les difficultés élevées contre son union s'aplanissaient.

Une circonstance vint en aide à l'archer de Rouen. Un jour qu'il revenait tristement d'une excursion vers le château, il fit rencontre de bûcherons dans la forêt, et reconnut plusieurs d'entre eux. Il apprit que ces hommes, plus heureux que lui, avaient franche entrée du château, étant requis souvent par le jardinier pour les fortes corvées ; voilà le moyen trouvé de correspondre avec Jeanne.

Giraud l'archer en remontrerait à plus d'un gentilhomme de son temps ; non-seulement il sait écrire, mais à l'occasion il compose la chanson, et, dans son orgueil de poëte normand, il croit qu'il peut même inspirer du dépit à son compatriote Olivier Basselin de Vire.

Un des bûcherons se chargea de remettre à Jeanne les tendres missives de Giraud ; mais l'archer, en écrivant, n'avait vaincu que la moitié des difficultés de la position ; Jeanne ne savait pas écrire, et par conséquent ne répondait verbalement que quelques mots ; le bûcheron messager les oubliait quelquefois en route, ou dans son insouciance, il les dénaturait.

Bientôt l'archer s'exalta au point d'effrayer Jeanne par sa correspondance ; il ne parlait rien moins que de recourir au rapt, et, s'il le fallait, à l'incendie pour pénétrer dans le château, et recouvrer un bien qu'un oncle cruel n'avait pas le droit de lui refuser. Dans une de ces épîtres, Giraud, après avoir sommé Jeanne de prendre la fuite et de venir vers lui, disait que, si la jeune fille n'avait pas le courage de gagner sa liberté, il était homme à faire le siége du château avec ses camarades.

Le soir où Jeanne avait reçu cette missive, elle était remontée plus tôt que de coutume dans sa petite chambre, placée au-dessus du logis de son oncle ; elle s'était mise à sa fenêtre, qui avait vue sur une des grandes routes de la forêt, elle maudissait son ignorance : une lettre d'elle aurait peut-être porté la raison dans l'esprit de Giraud... Elle pensait, la pauvre enfant, aux paroles qu'elle aurait à confier le lendemain au bûcheron, afin de calmer l'irritation de son fiancé.

A ce moment, il sembla à la jeune fille, qu'elle entrevoyait à travers les arbres de la forêt, comme un reflet d'armes, elle crut reconnaître l'uniforme que portait Giraud, elle compta jusqu'à sept archers conduits par un homme d'une haute stature, caché sous les plis d'un manteau. Elle se demande si son imagination inquiète ne la trompait pas : Giraud viendrait-il exécuter sa menace ?

Bientôt des coups redoublés, frappés avec la crosse des arquebuses sur la porte du château, attirèrent l'attention du jardinier.

« Au nom du roi Henri quatrième, dit d'une voix forte et sonore Guilleri, car c'était lui qui venait expérimenter la puissance de la casaque d'archer, au nom du roi Henri quatrième, nous, lieutenant du prévôt de Rouen, vous enjoignons de nous laisser faire enquête de justice en ce manoir, où le chef des Guilleri et sa bande sont, dit-on, réfugiés. »

Le gentilhomme, seigneur du château, survint, et ordonna que les portes fussent ouvertes et que la justice du roi eût son cours. Cependant il dit au chef, qu'il prenait pour un officier de la prévôté, qu'aucun indice ne justifiait le soupçon de protection qu'il aurait pu donner à un chef de brigands.

« Je n'ai point à commenter les ordres que j'ai reçus, dit le faux lieutenant de prévôté, je ne sais qu'obéir. D'ailleurs, ce Guilleri que nous cherchons est homme à avoir pris ici l'hospitalité sans en demander permission à qui que ce soit. Il est d'une nature qui tient un peu de celle du diable, il se glisse en forme de furet à travers les meurtrières, se transforme d'une façon insaisissable jusqu'à pénétrer dans les arches (coffres) les mieux fermées. »

Le gentilhomme se prit à sourire de la crédulité du magistrat.

Guilleri, se tournant vers les faux archers, leur commanda de fouiller le manoir dans ses parties les plus secrètes. Il enjoignit d'un ton impérieux au châtelain, de lui remettre sans exception toutes les clefs de ses bahuts. Le chef et ses compagnons fouillèrent partout, firent main basse sur toutes les espèces monnayées ; une massive argenterie, de belles œuvres d'orfévrerie, de riches costumes de soie et de velours, des bijoux précieux par le travail et la matière, passèrent entre les mains des brigands ; le château fut mis complétement au pillage.

Quand l'ordre de la retraite eut été donné par Guilleri, la bande se retira dans la forêt, et chacun vint déposer fidèlement aux pieds du chef le butin dont il est porteur, afin que le partage se fît avec justice ; un seul parmi les faux archers se présenta les poches et les mains vides, il amenait une jeune fille, il dit à Guilleri : « Pendant que les compagnons pensaient à notre fortune, moi je songeais à notre vengeance commune. J'ai reconnu cette jeune fille, elle est la fiancée d'un des archers les plus terribles de la prévôté de Rouen. Plus de dix des nôtres ont fait déjà, grâce à lui, connaissance avec le gibet, faute d'avoir dans la gibecière de quoi payer rançon. L'archer Giraud a jusqu'ici joué de bonne chance, il n'est malheureusement pas au nombre des sept prisonniers..., mais sa fiancée le remplace. Le capitaine fera de Jeanne ce que bon lui semblera, je la dépose comme part du butin. »

Guilleri et ses compagnons revinrent, après partage fait, au lieu où ils avaient garrotté les archers ; ils les détachèrent, les firent revêtir de leurs casaques, et, choisissant autant d'arbres élevés qu'il y avait de prisonniers, ils les transformèrent en sept potences où furent attachés sans pitié les archers de la prévôté de Rouen.

Pendant que ces événements se passaient dans la forêt, le châtelain dont la demeure avait été ravagée et mise à une si dure contribution ne conçut aucun soupçon sur le travestissement des bandits qui s'étaient présentés dans son manoir. Il soupçonna les archers de Rouen d'avoir fait le coup pour leur propre compte, et de s'être servi du prétexte d'une visite domiciliaire pour commettre un acte de brigandage.

Un fait vint appuyer ses soupçons. Le jardinier, inquiet de sa nièce, ne la retrouvant pas après le départ des brigands, aperçut sur un escabeau près de son lit une feuille de papier écrite ; son ignorance ne lui permettant pas de connaître le contenu, il porta cette lettre au châtelain. Celui-ci, après avoir pris lecture de la lettre de Giraud, ne mit plus en doute la culpabilité des archers. Il pensa que le fiancé de Jeanne avait mis à exécution sa menace, et que ses camarades, tout en servant ses projets, avaient profité de l'occasion qui s'était présentée de commettre un acte de pillage.

Un bûcheron vint raconter qu'une jeune fille avait été vue, entraînée par un archer, sur la route.

Le gentilhomme porte plainte au parlement de Rouen, il accuse énergiquement les archers, et notamment le fiancé de Jeanne.

L'affaire est instruite. Giraud est arrêté avec quelques autres de ses camarades; on les met à la question, la douleur du martyre arrache à quelques-uns l'aveu d'un crime qu'ils n'ont pas commis; Giraud est condamné à être pendu, et la sentence reçoit son exécution.

Revenons à Jeanne. Nous l'avons laissée au milieu de la bande des brigands, comptant comme part de butin, et attendant que le chef prononçât sur son sort. En cette circonstance, Guilleri donna un exemple de continence qui pourrait servir de contraste à la conduite que de grands capitaines et d'illustres gens de guerre ont souvent tenue dans des temps plus civilisés. Pour sa part, le capitaine avait le choix sur tous les lots, il prit Jeanne, et lui promit, sur son sabre, qu'elle aurait la vie et l'honneur saufs.

Jeanne demeura plusieurs jours parmi les bandits, et quand Guilleri jugea que l'émotion produite dans le pays par l'attaque du château était un peu calmée, et que les voies désertes de la forêt présentaient moins de danger pour ses gens, il chargea un de ses compagnons de conduire Jeanne à Rouen, et la seule condition qu'il mit à la liberté de la jeune fille, c'est qu'elle se rendît directement chez le président du parlement, auquel elle remettrait, de sa part, une lettre.

Cette lettre portait en substance que l'archer Giraud était une victime de l'erreur des juges. Guilleri avait exécuté le plan qui, dans l'esprit de l'archer Giraud, n'était qu'à l'état de rêve. Il indiquait le lieu de la forêt où l'on pourrait retrouver les habits de la prévôté, placés de façon à sécher. Le chef des bandits ajoutait que la jeune fille, porteur du message, pourrait éclairer la justice qui, en cette circonstance, avait agi en aveugle, et il ajoutait que Jeanne était la preuve que l'innocence avait eu moins de risques à courir dans les forêts que sur la sellette du parlement.

La jeune fille remplit fidèlement la mission dont Guilleri l'avait chargée. Il faisait presque nuit quand elle arriva à Rouen. En se rendant au logis du magistrat, elle ne put éviter l'échelle patibulaire qui était dressée près de sa porte, comme symbole de sa puissance.

Au haut du gibet un cadavre, couvert d'un habit d'archer, était immobile, et un rayon solaire se projetant obliquement sur cette pâle figure, sembla la ranimer un moment, et il passa sur ses lèvres comme un sourire d'adieu qui tomba sur Jeanne.

La pauvre enfant s'évanouit.

Si le hardi coup de main tenté sur le château de la forêt, enhardit Guilleri, cependant, en homme prudent qui pèse les événements, il ne se dissimula pas le danger qu'il y avait pour lui et les siens à vivre isolés au milieu des populations qui, un jour, pouvaient se liguer et se lever en masse contre ses bandes. Guilleri résolut de faire tourner à son profit, l'esprit superstitieux des paysans de ces contrées, il inventa plusieurs fables dont il se fit le héros, et qui laissaient croire que le chef de bandits était d'une nature surhumaine et tant soit peu diabolique; il créa des récits fantastiques sur ses armes, sur leur portée presque sans terme. Son cheval avait aussi sa chronique merveilleuse: sa jument rouge avait été nourrie de sang et de feu dans une forêt d'Allemagne par une vieille sorcière qui, de sa chevelure rouge, lui avait fait une crinière. Le cheval de Guilleri reconnaissait au flair les archers, alors même qu'ils étaient le mieux déguisés; il serait mort d'inanition plutôt que de toucher à une botte de fourrage déjà présentée à un cheval des gardes de la prévôté.

D'adroits affiliés, travestis en villageois, s'en allaient de foire en foire, racontant ces récits dans les hôtelleries et les tavernes.

Guilleri donnait souvent de la force à ces fictions par des faits positifs et matériels. Un riche vassal, abusant de la protection de son seigneur, avait-il fait tort par un procès à quelque laboureur moins aisé que lui? le pauvre diable, au moment d'être dépouillé de son bien ou de sa petite fortune, entendait son chien hurler pendant la nuit à l'approche d'une flamme qui semblait errer dans le verger; le paysan approchait en entendant un doux bêlement, il trouvait un sac d'écus ou de pièces d'or pendu au cou d'une chèvre et à son adresse : le lendemain le paysan disait à ses voisins : « La chèvre de Guilleri est venue me faire visite... » Ou bien une vieille femme se présentait devant un malheureux, et lui remettait un petit paquet de baguettes d'orme ou de chêne... L'indigent connaissait la tradition; il savait qu'en comptant, dans un chemin connu, autant d'arbres qu'il avait de baguettes, il trouverait, en creusant la terre, quelques pièces d'argent; cela se nommait recevoir les baguettes de Guilleri. Guilleri ne craignait pas de se présenter dans les hameaux, chez les malades, et les médicaments arrivaient comme par enchantement.

En agissant ainsi, Guilleri exploita adroitement la crédulité et la reconnaissance; il inspira la crainte et l'affection, et il se créa une police officieuse, qui souvent le mit au courant des manœuvres dirigées contre lui. Les paysans lui servaient d'éclaireurs, et il se retirait derrière les chaumières comme derrière des avant-postes qu'on ne pouvait franchir sans qu'il en eût avis.

Guilleri eut bientôt à s'applaudir des sages précautions prises par lui. Le prévôt de Rouen conservait rancune grande au bandit, qui avait capturé et pendu ses archers, et qui, sous le costume de sa troupe, avait exercé un acte de brigandage dont la solidarité avait un moment pesé sur la milice de la prévôté. Il ne tarda pas à se mettre en campagne contre lui.

Guilleri, averti par des agents secrets de l'approche du prévôt normand, prend, suivant son habitude, le costume de paysan, il enfourche sa jument rouge, animal dont les formes sans grâce et sans vigueur apparentes sont loin de trahir le mérite et la valeur. Guilleri, monté sur cette bête sans bride ni selle, ayant seulement un sac de bure sous lui, se présente aux avant-postes ennemis; on l'interroge, on l'amène au prévôt. Celui-ci, jugeant l'homme par le costume et la monture, le laisse passer comme un rustre qui va faire sa provision au marché voisin. Plus loin, les archers font difficulté pour laisser le paysan continuer sa route. Enfin il obtient l'autorisation qu'il demande, il fait quelques pas; mais à peine a-t-il franchi les derniers rangs des archers, que, prenant de dessous son sarrau deux pistolets cachés, il les décharge par-dessus son épaule à la hauteur de poitrine des archers, en leur criant : « *Voilà le prix du passage de Guilleri!* » Aussitôt sa jument prend une nouvelle vie; ce n'est plus une haridelle essoufflée, marchant avec peine, c'est un quadrupède plein de vie, portant la tête haute, jetant le feu par les yeux, et volant comme une flèche dans l'espace.

Les archers s'élancent après le bandit; c'est alors que la jument de Guilleri semble justifier l'origine diabolique que la crédulité lui donne. Le guet de Rouen est bien monté; la brigade qui se met à la poursuite de Guilleri est renommée dans le pays par la vigueur de ses chevaux nourris dans les meilleurs herbages, dressés par des cavaliers expérimentés.

On dirait, à voir la jument rouge ralentir sa course, qu'elle ne veut pas entrer en joute avec l'avantage de l'avance prise par elle. Mais quand le plus vigoureux des coursiers qui la suivent approche, la jument de Guilleri frappe le sol, et jette entre elle et l'ennemi une distance double de celle qu'elle a perdue; puis elle ralentit encore sa marche qui reprend bientôt une nouvelle vitesse. Après une course de plusieurs heures, tantôt dans les plaines labourées, tantôt au milieu des genêts et des ajoncs, on croit qu'elle va céder à la fatigue et s'abattre, elle se ranime, distance de nouveau le guet; et, au moment où le soleil couchant jette sur la lisière du bois un voile de pourpre, elle bondit sous son cavalier, et disparaît avec lui, échappant à la vue, comme si tous deux se roulaient dans un large manteau de feu.

Le prévôt revint à Rouen, sans avoir pu réaliser son projet de capture.

Échappé aux poursuites des magistrats de la Normandie, Guilleri eut bientôt maille à partir avec la prévôté de Nantes, qui depuis longtemps voulait anéantir le repaire de bandits, dont la citadelle de la forêt de Machecoul protégeait l'impunité; le magistrat s'était mis à la tête d'une croisade, et avait appelé à lui les prévôts des provinces voisines, pour porter un coup décisif à la puissance des brigands dans cette province.

Les prévôts ligués contre le chef de bande prirent si bien leurs dispositions, et agirent avec une telle célérité et un ensemble si parfait, que Guilleri n'eut aucune connaissance des préparatifs de l'expédition dirigée contre lui, et que les archers approchèrent sans qu'il fût averti, à un moment où ses bandes étaient dispersées, et où il n'était plus temps de les réunir.

Guilleri envisagea de sang-froid sa position; il appela à lui le peu d'hommes dont il pouvait disposer, et leur montra à un horizon très-proche la potence pour tous, si le courage et le désespoir ne faisaient pas en cette circonstance des prodiges.

Les bandits se ruèrent contre les archers, en bêtes féroces qui défendent leurs tanières ; ils enfoncèrent les premiers rangs des soldats de la prévôté ; ils combattirent quelque temps avec avantage ; mais leurs efforts devaient être bientôt impuissants ; leur nombre diminuait sensiblement. Ceux qui ne périrent pas furent pris, et au nombre de ces derniers se trouva Guilleri.

La capture de Guilleri était un beau trophée dont s'enorgueillit le prévôt vainqueur. Il voulut qu'un exprès portât cette grande nouvelle à Nantes, espérant, sans doute, qu'une ovation serait décernée au chef de l'expédition, lors de son retour. Le magistrat ne voulut pas confier à une plume étrangère l'honneur d'apprendre cette glorieuse affaire au parlement de Bretagne, et sur le champ de bataille même, il rédigea le bulletin de la victoire, pendant que la lutte continuait encore entre ses archers et quelques brigands blessés étendus sur le terrain.

Guilleri était resté sous la garde d'un groupe d'archers ; la première mesure de précaution devait être de lui mettre aux mains des fers pesants, et le prévôt, après avoir écrit son bulletin, venait voir si on exécutait ses ordres. Les chaînes que les gardes du prévôt portaient d'habitude dans les bagages furent retrouvées après une assez longue recherche, pendant laquelle on avait provisoirement garrotté Guilleri avec de fortes cordes ; bientôt on procéda au changement de liens. Guilleri, résigné à son sort, tendit les mains, et, au moment où les fers touchèrent ses membres, le mouchoir qu'on lui avait laissé vint à tomber ; il pria l'archer ferreur de le lui ramasser ; l'archer posa les menottes et les chaînes sur l'avant-bras de Guilleri, et se baissa... Soudain Guilleri entasse ces fers entre ses mains, forme une lourde masse qu'il jette avec violence sur la tête de l'archer : le soldat reste mort sur la place. Guilleri a pu fouiller dans une poche secrète qui a jusqu'alors échappé à la perquisition ; il en tire un poignard et frappe au cœur le prévôt. Les archers se pressent en foule autour de leur chef qui chancelle. Guilleri s'élance sur un cheval dont le maître a mis pied à terre ; deux pistolets sont à l'arçon de la selle, il frappe de mort un de ceux qui veulent l'arrêter, et il se sauve l'arme au poing, tenant à distance qui tenterait de l'approcher.

Au moment où le chef des Guilleri recouvrait si audacieusement sa liberté, Guilleri aîné, un de ses lieutenants, qui était allé en expédition avec un détachement, apprend, par un bandit échappé au carnage, que le capitaine a été fait prisonnier. Guilleri aîné conçoit le projet de délivrer son frère et son chef des mains des archers. A peine donne-t-il à sa troupe le temps de reprendre haleine, il la conduit à la rencontre des troupes. Les archers, exaspérés de la mort du prévôt, croyant avoir une revanche à prendre de l'évasion de Guilleri, pensent que le prisonnier revient à la charge, et ils se préparent à le recevoir énergiquement.

Pour la seconde fois, dans la même journée, les archers emportèrent la victoire; pour la seconde fois, ils firent un prisonnier : le lieutenant Guilleri, combattant derrière un rempart de cadavres tombés sous ses coups, reçut une blessure qui suspendit en lui l'usage des sens... Il fut saisi, garrotté avec les mêmes chaînes dont son frère s'était fait une arme pour sa délivrance; il fut gardé de façon à ne pas pouvoir renouveler le coup hardi de Guilleri cadet, et la lettre écrite par le prévôt avant sa mort put être expédiée par le lieutenant des archers qui réalisa la promesse, faite par son chef, de livrer à la justice un Guilleri. Celui qu'on amena à Nantes n'était pas, à la vérité, le commandant de la bande; mais c'était un de ceux dont la témérité et l'intelligence servaient le mieux l'affiliation.

Le chef des Guilleri reparut bientôt avec ses bandes; il songea à s'assurer, pour les circonstances malheureuses, plusieurs retraites à l'abri d'un coup de main. Il jeta les yeux sur les forêts de Mareuil et de Sainte-Hermine; mais le seigneur de ces localités, ayant été averti de la venue des brigands, convoqua toute la noblesse de la contrée; on dressa un plan d'attaque contre les bandits; on eut recours à la ruse, et une forte embuscade, composée de deux cents hommes, fut dressée sur la route forestière où l'on prévoyait que les bandits devaient s'engager.

En effet, Guilleri prit la direction prévue; il marchait le premier, dans un ravin, à la tête de sa bande, et il n'avait plus que quelques pas à faire pour passer sous un double feu de mousqueterie ; mais un maladroit ou peut-être plutôt un pauvre diable embusqué qui avait vu dans sa misère venir à lui la chèvre de Guilleri, sauva le chef et sa troupe d'une mort certaine. Une flammèche tomba dans le bassinet de son arquebuse, et la détonation prévint Guilleri du danger qu'il courait. Aussitôt les bandits s'arrêtent et se mettent en défense, les seigneurs et leurs auxiliaires sortent des broussailles, et fondent sur la troupe de Guilleri ; les bandits battent en retraite, mais en ordre.

Le coup de main tenté par les seigneurs a manqué.

Les Guilleri ont pu s'éloigner, et dans la retraite, leur chef fait prisonnier un gentilhomme qui, sans doute, avait connaissance du complot auquel les Guilleri venaient d'échapper. Guilleri complimenta ironiquement le prisonnier sur la nouvelle manière dont la noblesse faisait la guerre, en prenant pour cuirasse les buissons : « Elle devrait, dit-il, se distinguer des bandits, et ne pas se faire affilier à la chevalerie des broussailles; il faut laisser ce champ de bataille à ceux que le gibet attend quand ils essuient une déroute. » Le captif prévoyait que tous ces sarcasmes aboutiraient à quelque acte de cruelle représaille dont il serait la victime, il attendait à chaque moment qu'un arrêt de mort sortît de la bouche du capitaine qui, cependant, le laissait marcher près de lui, sans liens, et dans toute la liberté de ses mouvements. Le gentilhomme fut bien surpris quand, à un carrefour de la forêt, Guilleri lui dit en souriant : « J'espère, mon gentilhomme, que vous voudrez bien me faire l'honneur de venir faire visite à notre maisonnette des bois de Machecoul, le soleil a encore quelques heures à rester sur notre horizon, et vous pourrez reprendre avant nuit close le chemin de votre châtellenie. Cependant, mon maître, ajouta Guilleri, je prendrai la liberté d'agir avec vous sans façon et sur le pied de guerre ; je ne sache pas qu'aucun prévôt ait une carte exacte des sentiers qui mènent à ma tanière, permettez, mon gentilhomme, que je vous mette dans l'impossibilité de la dessiner, et de servir de guide aux curieux. » Ce disant, il ordonna de bander les yeux du prisonnier avec un morceau de toile tiré du sac du brigand faisant fonction de maître chirurgien; un homme de la troupe donna le bras au gentilhomme qui, après une marche peu longue, mais assez tortueuse, entendit, au signal d'un coup de sifflet aigu, tomber lourdement le tablier d'un pont-levis...

Après quelques minutes, Guilleri ordonna que le gentilhomme fût débarrassé de son bandeau. L'étranger demeura vivement surpris quand il se vit dans la cour d'une place de guerre, au milieu des armes, des munitions et des projectiles, rangés avec symétrie comme dans un arsenal royal. Guilleri se fit le cicerone de l'étranger; il le promena dans le magasin de vivres bien garni, au four, à la panneterie où il vit fonctionner un moulin à bras qui, chaque jour, renouvelait la provision; il lui fit remarquer les faisceaux de mousquets et de piques, les monceaux de grenades; il le conduisit sur les plates-formes où quelques pièces d'artillerie étaient en batterie; il montra tous les fossés des fortifications faits à fond de cuve, et le ravelin, enclos d'une forte palissade. Guilleri jouissait de l'étonnement de son hôte. Il se plaisait à lui dire que le roi Henri quatrième avait bien des places d'armes en moins bon état que celle de Guilleri, son sujet très-peu soumis, et il demandait au gentilhomme s'il n'était pas d'avis que le prévôt de Nantes ferait mieux de traiter avec lui de la paix et de l'oubli, que de s'obstiner à guerroyer.

Après la visite de la place d'armes, le gentilhomme fut conduit dans une salle d'honneur, toute tapissée de riches cuirs d'Espagne, que les Guilleri avaient pris sur mer, près des Sables-d'Olonne; car aucun genre d'expédition ne leur était étranger. Une collation fut préparée, à laquelle assistèrent douze brigands que le sort désigna; le prisonnier y prit place; le service se fit en vaisselle d'argent, et chaque convive avait une coupe d'or dans laquelle s'épanchaient des aiguières richement ciselées.

Quand Guilleri crut avoir prolongé assez longtemps la surprise de son amphitryon, il se garda bien d'exiger de lui sa parole de gentilhomme qu'il ne dirait rien de ce qu'il avait vu. Le calcul de Guilleri reposait, au contraire, sur le récit que ferait le prisonnier. Le roi de la forêt de Machecoul espérait que la connaissance de ses moyens de défense le préserverait de l'attaque.

La pensée de Guilleri se réalisa en partie, quand le gentilhomme eut parlé. Les prévôts reculèrent devant le projet de faire cerner le château par les archers; mais les plaintes des provinces de Bretagne, du Poitou, du Maine, eurent des interprètes à la cour; bientôt toutes les garnisons des provinces circonvoisines reçurent l'ordre supérieur de s'acheminer vers la forêt de Machecoul avec le plus de prudence possible; le gouverneur de Niort dirigea ce mouvement. Dix-huit à vingt prévôts, chacun suivi d'une troupe nombreuse d'archers, grossirent la force militaire qui s'éleva à quatre mille hommes. L'accès du château est facilité par l'abatage des arbres qui cachaient et protégeaient la retraite des bandits, les factionnaires des postes avancés sont enlevés sans qu'aucun puisse échapper, et quatre pièces d'artillerie menacent la citadelle, et la foudroient avant que Guilleri ait eu le temps d'apprécier le péril. Guilleri se présente sur les remparts. Au premier coup d'œil, il comprend que sa destinée est remplie, il ne pense plus qu'à trouver la mort, et à échapper au gibet par le champ de bataille. Tous ses compagnons ont le même but, la même intention. A un signal, ils font une sortie à la désespérade, comme on disait alors; l'ennemi ouvre ses rangs, et aussitôt qu'il a saisi sa proie, il l'étreint par sa masse, il l'étouffe dans ses replis, et les Guilleri disparaissent dans cette agglomération compacte.

Guilleri le jeune succomba un des premiers, après avoir usé ses forces contre le nombre. Le capitaine Guilleri, moins heureux, tomba vivant au pouvoir des troupes royales; il fut conduit sous bonne escorte à Saintes, et le lendemain, les crieurs publics annonçaient la grande victoire de messieurs les prévôts, et la démolition de la citadelle de la forêt de Machecoul.

Le chef des Guilleri, mis en jugement et condamné à être rompu vif après question ordinaire et extraordinaire, resta calme et insensible sur le chevalet, comme si le tortureur n'eût fait qu'un vain simulacre de ses fonctions dans un drame imaginaire; il mourut comme sont morts tous ces hommes aux instincts impérieux que l'absence de direction intelligente à faits brigands; il mourut comme mourra aussi le capitaine Carrefour, dont nous allons dire la vie aventureuse.

« De par le ciel et la Vierge, voyageur, ne refusez pas de venir donner quelques soins à un pauvre anachorète qui va passer de vie à trépas, dans l'ermitage qu'il creusa de ses mains, il y a près de cent ans, dans le roc de la montagne. »

Ces paroles étaient adressées par un homme couvert de la robe d'ermite, à un voyageur qui cheminait sur la lisière d'une forêt voisine des frontières de la Lorraine. Ce voyageur était marchand et non maître en chirurgie, et, par ce motif, il se demandait avec raison de quelle utilité sa présence pouvait être près d'un agonisant, chez lequel tous les ressorts de la vie devaient être brisés par une vieillesse avancée.

L'ermite orateur ne se tenait pas pour battu par la logique de celui à qui il adressait sa demande. Il démontra d'abord au marchand, qu'il y avait œuvre pie à assister aux derniers moments d'un vieillard; puis il ajouta avec intention, que peut-être la visite ne serait-elle pas sans profit, car il semblait impossible qu'un homme eût passé plus d'un siècle sur la terre et dans la retraite, sans avoir appris bien des choses que le vulgaire, trop préoccupé des actes matériels de la vie, ne peut connaître. L'ermite semblait avoir intérêt à ce qu'un autre entendît avec lui les dernières paroles du vieillard, qui avait à révéler un grand secret; mais il ne voulait parler que lorsque deux personnes pourraient recevoir sa confidence ou sa confession. L'ermite laissait croire que le vieillard pourrait bien être possesseur de ce grand secret de la transmutation des métaux, que tous les efforts de la science humaine n'ont pu encore découvrir... « La richesse n'est pas chose qui me tente, disait l'ermite, mais elle est si puissante pour opérer les miracles de la charité, que si je savais convertir les métaux en or, je ferais des riches de tous les pauvres du monde chrétien...»

En ce moment, le voyageur hésita... Il se laissa aller à la pensée que la Providence lui envoyait peut-être une occasion surhumaine de quitter le commerce qu'il exerçait depuis vingt ans sans que sa fortune fût faite. Le moribond, qui avait vécu pendant une longue existence dans les entrailles de la terre, et presque en famille avec les métaux, ne pouvait-il pas avoir surpris les mystères de leur composition, mieux que tous les savants qui les cherchent au feu de leur réchaud, au sixième étage; et, après avoir trouvé le secret, dont il n'a pas fait son profit, par abnégation des joies terrestres, ne pouvant l'emporter avec lui dans l'autre monde, peut-être veut-il le laisser en héritage à deux êtres dont un au moins saura en tirer profit. L'ermite ayant encore renouvelé sa prière à l'étranger, celui-ci se laisse fléchir en recevant l'assurance que le voyage ne sera pas long, que la demeure de l'anachorète est à peu de distance; il se confie à son compagnon, et se met avec lui en chemin.

Le marchand eut bientôt à se repentir de son accès de cupidité. A peine eut-il fait quelques pas dans la forêt, que l'ermite se change en brigand, qu'il attaque avec toute la supériorité de sa force le voyageur, et, le poignard sur la gorge, lui demande une forte somme d'argent qu'il avait dû emporter de Paris quelques jours auparavant.

« Mon projet était en effet de me charger de cette somme, dit le marchand, étonné que le brigand fût aussi bien renseigné sur ses affaires; mais j'ai eu un pressentiment du danger que je courais en passant en ces lieux.

— Et vous avez pris, en homme de précaution, des valeurs sur des banquiers? »

Le marchand ne pouvait nier, car déjà l'ermite avait fait main basse sur les lettres de crédit. Le don forcé que le voyageur fit de ces papiers et des capitaux qu'il portait sur lui ne put le sauver du poignard. Le marchand fut assassiné et dépouillé.

Voici ce qui s'était passé. Le brigand qui venait de commettre ce meurtre était le fameux capitaine Carrefour, un des chefs les plus redoutés des nombreuses bandes de tire-laine. Il avait été averti par un *apprenti* placé chez un marchand, que le maître du jeune homme devait entreprendre un voyage. Il avait su le lieu de sa destination, le jour du départ, et il avait calculé le moment du passage dans les lieux qui devaient servir ses projets.

Carrefour devança de quelques jours le marchand sur la route de Lorraine. Il alla trouver un vieil ermite qui habitait la contrée, et le pria instamment de vouloir bien lui prêter une de ses robes, lui persuadant que c'était pour faire une bonne action, et répandre l'aumône dans la contrée sous ce saint travestissement qui lui permettrait, sans être connu, de connaître les gens véritablement nécessiteux. L'ermite prêta sa robe pour deux jours. Un matin il la retrouva à sa porte, souillée de taches de sang! Un des compagnons de Carrefour était venu, la nuit, faire la restitution par ordre de son chef.

Ce ne fut pas le seul crime que Carrefour commit sous le vêtement d'ermite; ce bandit affectionnait ce travestissement qui inspirait la confiance aux marchands et aux voyageurs; cependant, en cette circonstance, le dénoûment du vol ne fut pas sans péril pour le coupable. Carrefour, détenteur des lettres de crédit dérobées au marchand, se présenta effrontément chez les banquiers de Paris, qui les avaient délivrées, et il demanda la restitution des sommes qu'il dit avoir versées, prétextant la remise de son voyage, ce qui ne nécessitait plus un changement de lieu.

Depuis plusieurs jours, de fréquents vols par substitution de personnes avaient été commis au comptoir où se présentait Carrefour. Un doute s'éleva dans l'esprit du principal commis ; on refusa de payer entre les mains du réclamant, et la discussion amena l'arrestation du brigand par les commis du banquier, qui le reléguèrent dans une chambre en attendant l'arrivée de la justice. Malheureusement pour les agents officieux d'arrestation, le lieu où ils croyaient avoir mis en sûreté leur captif était le vestiaire où les vêtements des commis commensaux de la maison étaient en dépôt. Carrefour aperçut aussitôt un moyen de salut ; tous les habits furent mis en pièces, ou plutôt en lanières ou bandes, qui, tressées ensemble par sa main agile et habile, eurent bientôt formé une longue échelle de laine. Le détenu noua une des extrémités à la fenêtre de sa geôle, et se laissa glisser d'un cinquième étage dans la rue, où il arriva sans qu'aucun passant cherchât à mettre obstacle à sa fuite.

L'agilité et l'adresse de Carrefour étaient devenues proverbiales. Sa légèreté tenait aux habitudes et aux exercices de sa première jeunesse. Le père de Carrefour était maître boucher : il voulait exiger de son fils que celui-ci le servît dans ses travaux, et qu'il tuât les animaux destinés à l'approvisionnement, comme il était d'usage de le faire ; il trouvait le jeune homme rebelle à sa volonté. Ce n'était cependant pas la vue du sang qui inspirait à l'apprenti le dégoût de l'état paternel ; tuer n'était rien pour le jeune Carrefour, mais il se refusait à immoler un animal vaincu et sans défense. Il aurait voulu une lutte entre le bœuf et son bourreau, et cette pensée, qui le préoccupait sans cesse, lui inspira l'idée de modifier le système d'abatage.

Il transforma un jour une vaste prairie voisine de la demeure de son père, en arène; il y amena un bœuf aux cornes droites, courtes et aiguës ; il l'anima, l'excita par tous les moyens qu'il put inventer... Il lui porta dans les flancs quelques coups d'un dard dont il s'était armé, et quand le fils du boucher vit l'animal s'irriter et se préparer à la défense, alors le métier de tueur sembla digne de lui. Le jeune homme immola ainsi plusieurs victimes, mais ce ne fut pas sans emporter du combat les preuves de la résistance de ses adversaires. Le boucher, qui ne partageait pas l'enthousiasme chevaleresque de son fils, lui interdit les tournois avec la race bovine, et le jeune toréador, désespérant de convertir son père à ses idées, se livra exclusivement, dans les pâturages voisins, à l'exercice du cheval: il se fit un jeu de lutter avec les jeunes cavales qui n'avaient pas encore senti le frein. Il acquit un grand renom d'écuyer. Bientôt les gentilshommes l'accueillirent: il s'élança effrontément dans leurs salons, et nul ne fit remarquer qu'il y était entré par la porte de l'écurie. On oublia son origine, au point de lui procurer un mariage avec une demoiselle appartenant à une honorable famille de la province de Bourgogne.

Carrefour eut quelques moments la pensée de graviter par la route commune. Il obtint rang dans cette nouvelle arme d'élite dont le roi Louis XIII conserva une compagnie, comme don du roi Henri son père. Carrefour prit place dans cette gendarmerie qui alors était la plus noble partie de la milice française; il jouissait, comme tous ses camarades, du privilége d'aller prendre, de la bouche du roi même, le matin, l'ordre; le soir, le mot de ralliement. Mais Carrefour se disait: « Honneur n'est pas pécule. » Et il se regardait tristement comme une grande ombre projetée par l'éclat du monde dans lequel il était admis.

Si Carrefour jetait un regard sur l'étendard de sa compagnie, sur ses grands plis de satin blanc encadrés d'une broderie d'or, il poussait un soupir en lisant sous la devise: La foudre tombant du ciel, ces mots: *la foudre frappe au gré du courroux* de Jupiter (*quo jubet iratus Jupiter*).

« C'est beau de commander à la foudre, se disait-il; c'est beau de la diriger, suivant le caprice, en Picardie, en Saintonge, en Navarre. »

C'est beau d'être Jupiter, roi, ou chef de...

Carrefour cherche à réaliser une position difficile à conquérir, plus difficile encore à conserver; il voulut se créer une double existence, une double nature, une double individualité.

Il voulut être à la fois subordonné et chef, brave soldat, et capitaine de bandits audacieux.

Le maréchal de Luynes, en se promenant un jour dans les camps, regarda Carrefour dont la belle tenue militaire avait quelque chose d'attractif pour un officier supérieur. Plusieurs de ses camarades causaient avec lui; le maréchal s'approche, et dit : « Vous savez, messieurs, que le peuple de ces contrées est depuis quelque temps affamé, pillé, égorgé par une petite bande de brigands dont on ne peut découvrir le repaire. Nous devons protection aux campagnards qui nous nourrissent; il faudrait bien, messieurs, essayer, au premier jour, une battue, et faire main basse sur ces hommes de sac et de corde. Je fournirai volontiers le bois pour les pendre... » Le maréchal se retira.

Quand il fut parti, les gendarmes se regardèrent et eurent peine à retenir un éclat de rire. Carrefour avait une compagnie de bandits organisée dans sa propre compagnie; et tous ceux auxquels avait parlé le maréchal étaient ses compagnons.

Carrefour, qui avait été assez maître de lui-même pour garder au corps l'esprit de soumission et d'obéissance, se relâcha de ses habitudes; il trouva la règle militaire exigeante jusqu'à l'excès; il essaya de s'affranchir de certaines règles sous lesquelles la discipline naissante s'efforçait de faire ployer l'armée : il voulut exercer en petit, sous l'habit de soldat, le brigandage dont il vivait quand il prenait la casaque de bandit. Les actes de pillage qu'il commit dans la campagne, les vols hardis exécutés même parmi ses frères d'armes, donnèrent bientôt l'éveil aux officiers supérieurs, et Carrefour ne tarda pas à quitter la carrière militaire. Il partit avec les compagnons affiliés qui servaient avec lui, et ce fut alors que le meurtre et le pillage s'exercèrent en grand dans plusieurs provinces; c'est à cette époque que remonte le fait que nous avons raconté au début de l'histoire de Carrefour.

Le soldat avait levé le masque; cependant, dans la province retirée où était situé le château habité par sa femme, aucun bruit ne transpira de longtemps de la vie criminelle du fils du boucher. Carrefour aimait le luxe autant par orgueil que par affection pour sa femme; il voulait que la châtelaine eût une représentation brillante; tout le profit des expéditions, après le partage fait, tournait à l'embellissement de ce manoir dans lequel Carrefour venait de temps à autre se reposer des fatigues de sa carrière périlleuse. Il disait à la châtelaine que les objets précieux qu'il apportait provenaient de la munificence presque princière du maréchal, qui l'avait pris en affection; d'autres fois, le jeu l'avait favorisé, et il avait gagné la dépouille entière d'un château, ou tout le contenu du coffre-fort d'un gentilhomme.

Le chef de bandits sut plus d'une fois tirer profit des discordes qui armèrent les partis les uns contre les autres, et il les mit tous sans exception à contribution, quand il trouva l'occasion favorable. La guerre civile régnait avec toutes ses fureurs dans les provinces du Nivernais et de la Champagne. La duchesse de Nevers, se voyant assiégée par l'armée du roi, sous la conduite du maréchal de Montigni, dépêcha le marquis de Gallerande, qui était un des fermes soutiens de son parti, vers le comte de Nevers, qui occupait alors la Champagne, afin de lui donner avis des événements.

Le marquis de Gallerande craignait de rencontrer quelques coureurs du parti contraire, en passant par le pays d'Auxerre resté fidèle à la cause royale; il chercha sa sécurité dans une courageuse escorte, et il crut pouvoir compter sur le capitaine Carrefour, qui, malgré tous ses antécédents, avait pris du service dans le parti des princes. Carrefour est homme à garder fidélité à son opinion et à son parti, mais avant tout il est brigand, avant tout il faut qu'il pense à subvenir aux frais de son château. Il accepte la mission d'accompagner M. de Gallerande; mais, à peine tient-il en son pouvoir celui à qui il a promis protection, lui met la main sur le collet; il lui dit que par la mort, il est serviteur du roi, et qu'il le fait son prisonnier, et le regarde comme de belle et bonne prise, il menace de le mener à la reine mère.

Le marquis veut adresser quelques récriminations sur cette façon déloyale de tenir la foi jurée : « Moins de discours et plus de résignation, répond Carrefour; vous viendrez avec moi, seigneur comte, où je vous tue de ma propre main. » Le comte de Gallerande dut se résigner à son sort, et il fut amené dans le manoir de Carrefour.

Le sieur de Gallerande et toute la noblesse du pays, qui tiennent pour le parti des princes, apprenant la conduite de Carrefour, jurent d'en avoir vengeance; ils rassemblent à la hâte trois cents chevaux et viennent investir le château.

Le brigand paraît sur les murailles de son manoir, ayant à ses côtés M. de Gallerande.

Le châtelain-bandit dit, en narguant les réclamants, qu'il a regardé comme une affaire de son état l'arrestation de M. de Gallerande, et il demande pour sa rançon une somme énorme. « Ne marchandez pas, messeigneurs, dit le chef de bandits, car je double le chiffre à chaque observation, et je le triple à chaque minute de délai. » Le brigand tenait le poignard levé sur le prisonnier; et chacun, sachant qu'un crime était pour lui chose habituelle, les seigneurs s'engagèrent à envoyer le prix de la délivrance sous vingt-quatre heures. Le lendemain, l'argent entrait dans le coffre de Carrefour, et M. de Gallerande sortait de sa prison.

Carrefour, après avoir séjourné quelque temps dans son manoir, où il donna de belles fêtes dont la rançon du prisonnier paya les frais, s'éloigna de nouveau, et fit une guerre à outrance aux prévôts et archers.

Il imita Guilleri, rallia un grand nombre de gens sans aveu et d'un courage éprouvé; il tint la campagne à ses risques et profits. Il leva des impôts sur les fermes isolées, cherchant à inspirer la terreur, sans recourir aux ruses de celui qu'il se proposait pour modèle; il porta partout le carnage et la désolation sans chercher à se créer des auxiliaires parmi les paysans, ou à gagner leur sympathie par des actes de charité intéressée.

Son approche était un signal de meurtre et de pillage.

Carrefour, dans ses expéditions, prenait presque toujours un déguisement chevaleresque. D'habitude, il portait un masque représentant une tête de loup ou une figure infernale. Il n'y avait qu'un petit nombre de ses complices qui connussent son véritable nom : pour les uns, c'était le capitaine Diable; pour d'autres, le capitaine Lion, le Tigre. Quand, après une bonne capture, il faisait une absence ou congédiait ses bandes, il ramenait à son château ceux des siens sur la discrétion desquels il pouvait compter, et en formait sa société, à défaut de la noblesse qui s'éloignait de son manoir, et restait avec le mystérieux seigneur dans des termes de froide courtoisie.

Cependant la guerre des partis était terminée; chacun, pour prix de la réconciliation, demanda que le roi ou la justice vengeât les insultes ou les torts personnels qu'il avait pu éprouver pendant le temps des divisions. M. de Gallerande obtint une condamnation capitale contre Carrefour pour le guet-apens exercé contre sa personne. Carrefour fut mis au gibet en effigie. Alors seulement sa femme connut à quelle nature d'homme elle avait uni sa destinée; elle se retira dans un cloître, demandant pardon à Dieu et aux hommes d'avoir dissipé, sans en connaître la source, le produit du meurtre et du pillage.

Cette retraite frappa vivement Carrefour. La pensée de sa femme mourant au monde avec le mépris pour l'homme qui l'avait si outrageusement trompée ranima en lui quelques bons instincts; on eût dit qu'il prît à cœur de payer ses torts par des actes opposés à ceux dont on avait à lui demander compte. Cet homme, qui jusqu'alors n'avait jamais compris le besoin de la compassion, la joie du bienfait, qui avait ri des prières de ses victimes, et avait basé un système de sécurité personnelle sur l'assassinat; cet homme a dû sa perte à un retour vers ce qui est bien, à un bon mouvement du cœur, à une noble action enfin. L'échafaud s'est dressé pour lui, peut-être au moment où il allait marcher à reculons dans la vie, et effacer un à un tous ses crimes par le repentir et le bon exemple.

Carrefour, dans une de ses promenades qu'il faisait souvent seul à travers les bois, rencontre un jeune gentilhomme dont les traits respirent le plus profond désespoir; cet homme est sur le point de perdre l'honneur, il a juré sur son blason d'acquitter sous quelques heures une forte dette. Il a compté sur des amis pour lui venir en aide, aucun n'a pu le secourir; il préfère la mort à la honte, et il va cesser de vivre. Carrefour console ce seigneur; il sait quelle est la somme qu'il lui faut, le temps nécessaire au remboursement, et il prie le gentilhomme de vouloir bien accepter le montant de la dette qui le tourmente. Le débiteur, réconcilié avec la vie, jure qu'au jour dit, le remboursement sera fait au lieu où l'emprunt est contracté, et qu'il rapportera dans la forêt l'argent que l'inconnu lui prête si généreusement.

Deux mois se passent. Carrefour vient au rendez-vous. Il y trouve son débiteur. Mais le gentilhomme était un agent officieux de la police des prévôts : à un signal donné, une nuée d'archers entourent Carrefour. Celui-ci échappe, réunit quelques bandits, vole à l'habitation du seigneur qui l'a trahi; il la livre à la dévastation la plus complète, et quelques jours après, suivi en Piémont où il se réfugie, il est pris, ramené en France, et livré au bourreau.

Le capitaine Carrefour vécut sous le règne de Louis XIII ; il y a, dans sa lutte contre la société, tant de points de ressemblance avec les actes de Guilleri, que nous avons cru devoir placer ces deux physionomies en regard.

Et maintenant que nous avons fait un retour vers l'époque où toutes les provinces de France tremblaient à l'approche de Guilleri, remontons un peu dans l'ordre des temps, et nous trouverons un homme qui, par son effronterie aidée de circonstances favorables, devint un des premiers acteurs d'une longue comédie de famille qui se dénoua d'une manière tragique.

L'aventurier dont nous allons dire l'histoire, qui se résume tout entière dans une aventure riche d'épisodes romanesques, se nommait Arnauld du Thil, dit *Pansette*, et fut plus connu sous le nom populaire du faux Martin Guerre.

Dans les armées du roi de France, vers l'année 1540, se trouvait un jeune soldat âgé d'à peu près vingt et un ans, qui avait pris, depuis quelque temps, du service comme volontaire ; il se nommait Martin Guerre. Quelques-uns disaient que le nom qu'il portait avait décidé sa vocation pour l'état de soldat ; d'autres, peut-être mieux informés, racontaient que Martin Guerre, ayant commis le vol d'un sac de blé dans la grange de son père, fut découvert et dénoncé, et échappa au châtiment par la fuite et en prenant le mousquet.

Quoi qu'il en fût, Martin Guerre était brave soldat, bon camarade, et par-dessus tout rude causeur. A la halte, sous la tente, pendant la marche, il avait toujours à raconter quelque histoire ; et le récit des premiers jours de sa vie lui paraissant un sujet de causerie intéressant pour lui et pour ses auditeurs, il ne se faisait pas faute de revenir souvent sur le même thème, et, il faut le dire à l'éloge du narrateur, jamais il ne variait dans le fond, ni dans la forme, ni dans les détails du récit.

Grand nombre de ses camarades anciens ou nouveaux, vétérans ou conscrits, savaient que Martin Guerre était né en Biscaye, et que sa famille appartenait à la classe des laboureurs aisés.

A l'âge d'environ onze ans, Martin Guerre avait épousé une jolie fille de la ville d'Artigues, nommée Bertrande de Rols, et l'âge trop tendre des deux époux empêcha pendant plusieurs années la consommation du mariage.

Cet incident, qu'on devait prévoir, racontait Martin Guerre, mit de la désunion dans les familles; les parents de Bertrande voulurent recourir à la dissolution du mariage. On parla de procès... mais la volonté des parents n'était pas suffisante, et les deux enfants époux, se trouvant heureux de leur position, furent rebelles aux désirs de la famille. Bertrande résista avec énergie à toutes les sollicitations, et, au moment où la ténacité des parents allait peut-être l'emporter sur le refus des époux, qui déjà s'attristaient, la joie reparut sous le toit conjugal. Des coups d'arquebuse furent tirés dans le village, des feux de romarin furent allumés devant le portail de l'église. Bertrande était devenue mère; Martin Guerre avait un fils : l'enfant reçut le nom de Sanxi.

Quelques mois après la naissance de son fils, Martin Guerre disparut et s'enrôla. Le soldat restait toujours discret sur le motif de sa disparition, et la médisance interprétait plus ou moins malignement le fait.

Martin Guerre trouvait chaque jour, parmi ses auditeurs les plus empressés à écouter ses récits, un de ses camarades, du même âge que lui, nommé Arnauld du Thil. Ce soldat était entré plus avant que les autres dans l'intimité de Martin Guerre, et il avait reçu des confidences particulières.

Quand Martin Guerre se trouvait en société d'Arnauld du Thil, qu'il nommait familièrement Pansette, il l'initiait aux mystères de ses premières amours, dont il avait gardé un tendre souvenir, il lui racontait à quelle puissance magique il avait dû le bonheur de la paternité. Martin Guerre partageait les préjugés qui se transmettaient alors dans les familles par tradition et comme par héritage, il croyait aux pratiques superstitieuses auxquelles on recourait dans toutes les circonstances de la vie.

La stérilité de deux époux, dont le plus âgé avait onze ans lors de la célébration du mariage, avait semblé à la famille de Martin Guerre et à celle de Bertrande le résultat de maléfices; on mit tous les moyens en usage pour combattre les sortilèges.

Martin Guerre racontait à Pansette que sa femme et lui avaient vécu, pendant une semaine, de gâteaux bénits et d'hosties sur lesquelles trois prêtres nouvellement ordonnés avaient récité des prières.

Quatre messes avaient été dites, pendant dix jours, par quatre prêtres différents.

Le charme ne disparaissait pas.

Un savant homme de l'époque vint en aide à la famille désolée ; il conseilla, comme moyen suprême, de faire voyager le mari et la femme en société de deux jeunes gens, frère et sœur. Il enjoignit de faire deux lits séparés, l'un pour les deux jeunes femmes, l'autre pour les deux hommes.

Ce charme devait opérer, et le cinquième jour Bertrande devait cesser d'être stérile.

En effet, racontait Martin Guerre, le savant eut raison, et les faits justifièrent sa prédiction. Il est vrai que le jeune époux aida peut-être au miracle, car, ayant profité du sommeil de son camarade de lit, il se glissa dans la couche de son épouse.

Après ce voyage, Bertrande eut un fils qui ne jouit que peu de temps des caresses de son père.

Huit années s'étaient écoulées depuis la disparition de Martin Guerre ; Bertrande de Rols subit le veuvage sans donner aucune prise à la malveillance ; elle reporta sur son fils toute son affection.

Le père de Martin Guerre mourut. Un oncle paternel de Martin, nommé Pierre Guerre, prit en main la gestion de ses biens, et devint tuteur du jeune Sanxi.

Un jour, la famille était assemblée chez Bertrande de Rols, Pierre Guerre était venu pour régler quelques affaires d'intérêt, quatre sœurs de Martin Guerre faisaient visite à leur tante, quand des cris de joie, des éclats de voix bruyants attirèrent au dehors l'attention de la famille ; un homme était salué par les vivat de la population, on se pressait autour de lui, chacun le complimentait, on l'embrassait. La foule le portait rapidement vers la maison de Bertrande.

« C'est Martin Guerre, » s'écriait-on de toutes parts.

Celui qu'on accueillait ainsi remercia la foule de son empressement et de la réception... Chacun se retira, interprétant à sa manière le départ et le retour du mari de Bertrande.

Le soldat, qui avait quitté l'uniforme pour prendre le vêtement de son ancienne condition, se précipita vers la maison. Bertrande agitée, ne sachant si ses sens la trompaient, si elle n'était pas le jouet d'un songe, le reçut dans ses bras en prononçant le nom de son époux.

« Mon mari ! — Mon neveu ! — Mon frère ! » s'exclamèrent à la fois les parents réunis.

Bientôt les anciens amis vinrent féliciter Martin de son retour. A chacun d'eux, dont il dit le nom, il rappela un souvenir des temps anciens ; il parla des jeux de l'enfance, des lieux qui avaient marqué par des fêtes ou des incidents particuliers ; il s'informa des jeunes filles qu'il avait connues et de leur destinée.

Il parcourt le pays, qu'il revoit avec toute la joie que le cœur éprouve à retrouver les témoins d'un passé heureux. Dans la vieille église, il alla remercier Dieu d'avoir retrouvé Bertrande bonne, vertueuse et jolie ; il reconnut les deux grands siéges de bois sculpté sur lesquels il s'était assis pendant l'office du mariage, et, quand il revint au logis conjugal, quand il demeura seul avec sa femme et le jeune Sanxi... il attira Bertrande sur son sein, et lui rappela comment jadis ils avaient aidé à la recette du magicien, à la couchée d'auberge. Un baiser déroba la teinte pourpre qui couvrit alors les joues de Bertrande.

Le bonheur était rentré dans le ménage, les jours coulaient tranquilles pour tous, quand un soldat vint à passer en congé par Artigues ; il vit le mari de Bertrande, le regarda avec une longue attention, et dit hautement :

« Cet homme n'est pas Martin Guerre, celui à qui appartient ce nom est en Flandre, il a une jambe de bois à la place de celle qui lui a été emportée d'un coup de canon au siége de Saint-Laurent. »

Cette parole jeta d'abord quelque inquiétude dans l'esprit de la famille.

Le sang-froid avec lequel le mari de Bertrande entendit cette déclaration, l'adresse qu'il mit à faire tourner contre le soldat l'accusation, en faisant passer cet homme pour un mauvais sujet qui ne méritait aucune croyance, eurent bientôt dissipé les soupçons.

Si des questions d'intérêt n'étaient venues jeter le trouble dans la famille, peut-être le drame auquel nous allons assister n'eût-il pas eu son sanglant dénoûment.

L'homme que chacun reconnaissait pour Martin Guerre, le légitime époux de Bertrande, ayant demandé à Pierre Guerre, son oncle, compte de la gestion des biens qu'il avait administrés pendant son absence, des difficultés survinrent, et bientôt il fallut que la justice se mêlât des différends.

Pierre Guerre, homme violent et vindicatif, voulut se venger, sur la personne de son neveu, de quelques avantages que celui-ci avait remportés devant les tribunaux, on l'accusa d'avoir voulu tuer son neveu, projet qu'il eût mis à exécution, disait-on, si Bertrande n'était arrivée à temps pour détourner l'arme dont Pierre Guerre menaçait Martin.

De son côté, le mari de Bertrande, s'étant pris de querelle avec un habitant de la contrée, fut poursuivi criminellement et condamné à la prison, qu'il subit.

Pendant l'incarcération de Martin Guerre, son oncle met tout en œuvre pour faire revivre la déclaration du soldat de passage, et pour persuader à Bertrande que celui qu'elle croyait son mari est un imposteur. Ils la menacèrent même de la chasser de sa propre maison si elle ne le désavouait pas pour son époux.

Bertrande repoussa toutes ces attaques.

Le prisonnier fut élargi sous condition de se représenter s'il en était requis. Libre, il revint au logis où Bertrande le reçut avec transport et lui prodigua toute sa tendresse.

Après une nuit passée dans le lit conjugal, celui que Bertrande reconnaît depuis plusieurs années pour son époux, et auquel elle en accorde tous les droits, est chargé de chaînes par Pierre Guerre accompagné de ses quatre gendres, il est traîné de nouveau à la prison. Il demande par quel ordre on attente à sa liberté. On lui montre une plainte signée Bertrande de Rols, qui demande justice contre un imposteur, et une procuration qui remet à l'oncle le soin de sa vengeance.

Cette seconde arrestation de l'homme que les juges avaient rendu la veille à la liberté, donne la mesure du désordre qui régnait à cette époque dans la procédure criminelle. Des gens sans mandat, tels que Pierre Guerre et ses gendres, appréhendent au corps un accusé; la geôle s'ouvre, l'inculpé reçoit des chaînes, et l'acte dont les exécuteurs officieux se disent porteurs, et qui justifierait à peine l'usurpation de fonctions, n'existe pas. Pierre Guerre a bien entre les mains une plainte contre l'homme qui s'est introduit, dit-on, frauduleusement et criminellement dans le lit de Bertrande de Rols, il a encore à sa discrétion l'acte qui prouve que la victime de ce guet-apens remet à un tiers le soin de poursuivre cette affaire, mais ces actes sont écrits de la main de l'homme qui en est porteur, et il manque à tous deux la signature de Bertrande.

Celle qui depuis trois ans est la compagne de l'homme qu'elle a reconnu pour Martin Guerre, s'émeut de son enlèvement; elle vole à la prison, prodigue au prévenu les soins les plus touchants. Elle veille elle-même à la satisfaction de ses besoins, elle lui apporte des vêtements, prépare sa nourriture; et tout à coup, saisie par une pensée contraire à celle qui provoque les effets de sa compassion et de sa tendresse, elle se joint aux accusateurs, et donne aux pièces de l'accusation la force qui leur manquait en apposant sa signature à la plainte et au pouvoir transmis à son oncle.

Bertrande, en tenant une conduite aussi contradictoire, cédait-elle à l'ascendant tyrannique que Pierre Guerre avait su prendre sur son esprit? ou bien dans ses hésitations continuelles, dans ses doutes sur l'individualité réelle de Martin Guerre, obéissait-elle tour à tour à des sentiments de vengeance ou d'amour, suivant qu'elle croyait le captif sincère ou trompeur?

Le prisonnier se présenta devant les juges avec calme, et plusieurs d'entre eux qui avaient connu Martin Guerre à l'époque de son mariage furent surpris de retrouver sur la sellette un homme qui leur parut le même que celui qui portait alors le nom aujourd'hui disputé.

L'accusé parla avec toute l'exactitude désirable du lieu de sa naissance, de son père, de sa mère, de son mariage; il nomma ceux qui furent invités à sa noce, et désigna la forme et la couleur des vêtements qu'ils portaient. Il décrivit les visites d'usage qu'il reçut dans le lit nuptial, et donna les plus minutieux détails sur les diverses expériences des philtres qu'il avait faites pour vaincre la stérilité de Bertrande; il raconta l'épisode de la nuit d'auberge, il rapporta le motif de son départ du pays, dit qu'il servit le roi de France sept à huit années, qu'après ce temps il se mit au service de l'Espagne, et qu'enfin, fatigué de cette vie errante, il revint dans son village natal. Là, tout le monde ne l'avait-il pas reconnu! tout le monde ne lui avait-il pas tendu les bras, quoique le temps eût donné de la virilité à ses traits, et que le duvet qui, au départ, paraissait à peine à son menton, fût changé, au retour, en une barbe épaisse.

On interrogea Bertrande de Rols, et quand elle se rappelait quelques faits secrets sur lesquels l'accusé n'avait pas donné d'explication, aussitôt celui-ci prenait la parole, et répondait de façon à satisfaire Bertrande elle-même, qui était forcée d'avouer que rien de ce qu'elle avait fait dans sa vie n'était inconnu à celui à qui elle disputait le titre de son mari.

Le procès changea un moment de face. Les débats prirent une direction nouvelle. Après avoir satisfait à toutes les questions des magistrats, celui qu'on accusait devint accusateur, et Bertrande fut soupçonnée de servir d'instrument à la haine et à la cupidité de Pierre Guerre. Son consentement à la persécution dirigée contre son mari pouvait être l'effet de la subornation, et il fallait, pour que la lumière arrivât à la justice, que Bertrande fût séquestrée dans une maison où elle pût être à l'abri de la captation.

Les magistrats accordèrent unanimement la mise en arrestation de Bertrande.

L'accusé obtint encore de faire publier un monitoire, pour avoir révélation de la subornation de Bertrande de Rols, et pour vérifier les reproches qu'il opposait aux témoins que l'on voulait faire entendre contre lui. Il fut ordonné qu'il serait fait une enquête de tous les faits qui pourraient concerner l'accusé, Bertrande, et la moralité des témoins.

Les révélations occasionnées par le monitoire et les dépositions des témoins de l'enquête constatèrent la vertu de Bertrande.

Ce fait était d'un grand poids dans la cause même pour la justification de l'accusé; il en résultait que si Bertrande de Rols l'avait reconnu pour son mari, elle n'y avait été déterminée que par la vérité, et non par le désir coupable de remplacer un époux sur le retour duquel elle ne pouvait plus compter.

L'information fut composée de cent cinquante témoins. Trente à quarante déposèrent que l'accusé était véritablement Martin Guerre, qu'ils avaient eu avec lui des relations dans l'enfance, et que certaines marques et plusieurs cicatrices que le temps n'avait pu effacer constataient évidemment l'identité.

D'autres témoins dirent que l'accusé n'était autre que l'imposteur déjà dénoncé par le soldat qui avait passé dans le village d'Artigues, et qu'il se nommait Arnauld du Thil, autrement dit Pansette, et de même que ceux-ci déclaraient reconnaître dans l'accusé Martin Guerre leur compagnon d'enfance, ceux-là déclarèrent reconnaître Arnauld du Thil pour leur ancien compagnon de jeu.

Les autres témoins, au nombre de plus de soixante, retenus par leurs scrupules, n'osaient prononcer, la ressemblance étant parfaite entre Martin Guerre et Arnauld du Thil qu'ils avaient connus tous deux.

Enfin on ordonna qu'il serait fait un rapport de la ressemblance ou dissemblance entre Sanxi Guerre et les filles que l'accusé avait eues de Bertrande de Rols.

Il résulta de ces rapports que Sanxi Guerre ne ressemblait pas à l'accusé, mais que l'accusé ressemblait parfaitement aux filles de Bertrande.

Enfin le juge de Rieux rendit sa sentence, d'après laquelle Arnauld du Thil, déclaré atteint et convaincu d'être un imposteur, fut condamné à perdre la tête, et avoir ensuite son corps mis en quatre quartiers.

Le parlement de Toulouse, trouvant le jugement du juge de Rieux plus que téméraire, pensa que cette affaire devait être plus mûrement examinée. Cette cour ordonna la confrontation de Pierre Guerre et de Bertrande de Rols en pleine chambre, l'un après l'autre, avec Arnauld du Thil.

Du Thil montrait une contenance si assurée, un front si ouvert, que les juges crurent y lire qu'il était le véritable Martin Guerre.

La cour ordonna une enquête sur quelques faits, à laquelle furent appelés des témoins non encore entendus.

De nouvelles incertitudes se manifestèrent dans l'esprit des juges.

Il y avait à peu près partage entre les témoins à charge et les témoins à décharge.

Un témoin dont la déclaration importait beaucoup, était le cordonnier de la famille; il prétendait que le mari de Bertrande se chaussait à douze points avant son départ, et qu'au retour il ne se chaussait plus qu'à neuf, d'où il concluait qu'il y avait différence de personnage comme différence de pied.

Un autre témoin déposait de l'habileté de Martin Guerre à la lutte et à l'escrime, et l'individu qu'on prenait pour lui était inhabile à ces exercices.

D'un autre côté, quarante témoins, parmi lesquels les quatre sœurs de Martin Guerre, reconnaissaient du Thil pour le véritable mari de Bertrande de Rols, et par-dessus toutes ces causes de doute et de troubles, il faut compter l'aplomb de du Thil, l'exactitude des détails dans lesquels il entre sur la vie privée de Bertrande de Rols, sur celle des membres des deux familles, sur ses relations avec chacun.

L'obscurité qui cachait la vérité dans cette affaire, allait tourner au profit de du Thil, à cause de l'intérêt que les juges attachaient à l'état du mariage, lorsqu'un homme se présente avec une jambe de bois; il dit se nommer Martin Guerre, et réclame son nom, son état, sa femme et son bien.

Martin Guerre, dans sa requête à la cour, raconte comment l'imposteur est devenu maître de ses secrets, en flattant au camp sa manie de raconter. Il demande à être confronté à Arnauld du Thil, et à subir l'interrogatoire.

Martin Guerre, après avoir été confronté avec toute sa famille, est mis devant les juges en présence de son ancien camarade. Du Thil soutient son rôle avec effronterie, et il prétend que, loin de recevoir des confidences du nouveau venu, c'est au contraire lui qui a mis cet imposteur au fait des aventures et des incidents les plus secrets de sa vie; et que sur ces révélations, il a établi son système d'imposture. Enfin Pansette sait tirer un tel avantage de son intelligence et de son audace qu'il intimide Martin Guerre; celui-ci hésite dans ses réponses, sa mémoire même le trahit, et il reste court sur plusieurs faits que Pansette signale, et qui sont inconnus à son adversaire.

Interrogés séparément, Martin Guerre et Arnauld du Thil répondent avec une égale justesse aux questions qui leur sont soumises ; Martin Guerre semble alors maître de ses souvenirs, et il reprend l'avantage qu'il avait perdu sur son adversaire.

La cour, pour dissiper jusqu'au moindre nuage, décide que les quatre sœurs de Martin Guerre, les maris de celles de ces sœurs qui sont mariées, Pierre Guerre, les frères d'Arnauld du Thil et les principaux témoins qui s'étaient obstinés à reconnaître celui-ci pour Martin Guerre, comparaîtront pour choisir entre les deux le véritable. Tous se présentent, excepté les frères d'Arnauld du Thil que les injonctions de la cour et les peines dont on les menaça ne purent obliger à venir. La cour jugea qu'il y aurait de l'inhumanité à les contraindre à déposer contre leur frère : leur refus de comparaître fut une prévention défavorable qui pesa sur Arnauld du Thil.

L'aînée des sœurs de Guerre fut appelée la première à la confrontation, s'arrêta quelque temps, les yeux fixés sur le nouveau venu.

puis s'élança dans ses bras, fondant en larmes, et lui demandant pardon de l'avoir méconnu. Les trois autres sœurs reconnurent pareillement le dernier arrivé pour leur frère. Martin Guerre ne put voir sans une vive émotion le retour que sa famille faisait sur son erreur; il embrassa avec effusion ses sœurs, et versa d'abondantes larmes.

Bertrande à son tour se présenta, elle dit :

« Qu'elle avait été entraînée par ses belles-sœurs trop crédules, qui avaient déclaré que l'imposteur était son mari; que la grande joie qu'elle avait de le revoir aida à la tromper; qu'elle avait été confirmée dans son erreur par les indices que le traître lui avait donnés, et par des récits de faits si particuliers, qu'ils ne pouvaient être sus que de son véritable mari; que dès qu'elle avait ouvert les yeux, elle avait souhaité que l'horreur de la mort cachât l'horreur de sa faute, et que si la crainte de Dieu ne l'eût retenue, elle n'aurait pas hésité à se tuer elle-même; que ne pouvant soutenir l'affreuse idée d'avoir perdu son honneur et sa réputation de chasteté, elle avait eu recours à la vengeance, avait mis l'imposteur entre les mains de la justice, et l'avait poursuivi si vivement, qu'elle l'avait fait condamner par le premier juge à perdre la tête, et son corps après sa mort à être mis en quatre quartiers; que son ardeur à le poursuivre n'avait point été ralentie, après qu'il eut interjeté appel de la sentence. »

L'air touchant de Bertrande de Rols, ses larmes, sa beauté, avaient bien plus d'éloquence que son plaidoyer; l'expression de sa douleur répandue sur son visage consterné plaida merveilleusement pour elle. Le seul Martin Guerre, qui avait montré tant d'émotion aux témoignages d'amitié de ses sœurs, parut insensible à ceux de sa femme; et, après l'avoir écoutée sans l'interrompre, il la regarda d'un air farouche, puis, prenant un maintien sévère, il lui dit d'un ton de mépris :

« Cessez de pleurer, je ne puis et ne dois point me laisser émouvoir par vos larmes : c'est en vain que vous cherchez à vous excuser par l'exemple de mes sœurs et de mon oncle. Une femme a plus de discernement pour connaître un mari, qu'un père, une mère et tous ses parents les plus proches, et elle ne se trompe que parce qu'elle aime son erreur. Vous êtes la seule cause du désastre de ma maison; je ne l'imputerai jamais qu'à vous. »

Ce ne fut qu'avec le temps que Bertrande put obtenir le pardon de son mari.

Après une délibération fort longue, la cour prononça l'arrêt suivant :

« Vu le procès fait par le juge de Rieux à Arnauld du Thil, dit Pansette, soi-disant Martin Guerre, prisonnier à la Conciergerie, appelant dudit jugement a été dit que la cour a mis et met l'appellation dudit du Thil et ce dont a été appelé au néant. Et pour punition et réparation de l'imposture, fausseté, supposition de nom et de personne, adultère, rapt, sacrilége, plagiat, larcin, et autres cas par ledit du Thil commis, résultant dudit procès, la cour l'a condamné et condamne à faire amende honorable au devant de l'église du lieu d'Artigues, et illec à genoux, en chemise, tête et pieds nus, ayant la hart au col et tenant en ses mains une torche de cire ardente, demandant pardon à Dieu, au roi et à la justice, auxdits Martin Guerre et Bertrande de Rols mariés : et ce fait, sera ledit du Thil délivré ès mains de l'exécuteur de la haute justice, qui lui fera faire les tours par les rues et carrefours accoutumés dudit lieu d'Artigues, et la hart au col, l'amener au devant de la maison dudit Martin Guerre pour illec en une potence qui, à ces fins, y sera dressée, être pendu et étranglé, et, après, son corps brûlé. »

Ramené à Artigues, le condamné demanda à faire des révélations. Il fit appeler le juge de Rieux, lui raconta, et dans tous ses détails, l'histoire de son imposture, et se déclara coupable de plusieurs autres crimes dont la justice avait depuis longtemps perdu la trace. Les confidences que l'ancien compagnon d'armes de du Thil lui avait faites, n'étaient pas les seuls moyens dont il s'était servi pour usurper sa qualité. Reconnu par tout le monde pour Martin Guerre, Arnauld du Thil s'était fait une étude constante de rechercher les plus simples incidents de la vie de celui dont il prenait le nom, et sa conversation et ses promenades de chaque jour avec les hommes de son âge n'étaient souvent qu'un piège où il attirait les dupes pour avoir adroitement des renseignements sur le passé. Bertrande de Rols elle-même avait servi souvent, de bonne foi, le besoin que l'imposteur avait de s'initier dans les secrets du passé, et elle lui apprit bien des particularités qu'elle crut seulement lui rappeler.

L'arrêt prononcé reçut sa pleine et entière exécution.

Quand le jour fatal fut venu, et que le condamné eut satisfait à l'amende honorable, il fut amené devant la maison de Martin Guerre, près de laquelle la potence était dressée. Le bourreau le laissa faire quelques pas vers cette demeure, dont il avait fait criminellement la sienne pendant quelques années. Martin Guerre et Bertrande étaient debout sur le seuil du logis, Arnauld du Thil s'agenouille devant

eux et demanda son pardon. Bertrande était visiblement émue en voyant au pied de l'échafaud cet homme, dont la pâle figure était cependant encore le reflet des traits de son époux. Martin Guerre regarde de sang-froid son ancien camarade.

Quelques moments après, l'arrêt avait reçu sa pleine et entière exécution. Le corps du faux Martin Guerre n'était plus qu'un peu de cendre.

Dans ce drame bizarre, il ne fallut rien moins que les aveux du condamné, pour faire sanctionner par l'opinion l'arrêt des juges. Si Arnauld du Thil n'eût pas confessé son imposture, grand nombre des habitants d'Artigues auraient eu croyance qu'un innocent avait été victime de l'erreur humaine : en vain les nombreux témoignages se seraient-ils élevés pour donner raison à la sentence, n'avait-on pas vu alors, ce qui de nos jours s'est plus d'une fois renouvelé, l'illusion de témoins de bonne foi ne se dissipant que lorsque l'échafaud s'est élevé comme une barrière infranchissable entre l'erreur et la réparation.

De notre temps, toute une honorable famille de cultivateurs n'a-t-elle pas dit, en voyant l'innocent Lesurques… « Voilà l'assassin du courrier de Lyon, nous le reconnaissons, nous l'affirmons sur serment. »

L'échafaud se dressa pour le martyr.

Quelques années s'écoulent, le forçat Dubosc est confronté avec les accusateurs de Lesurques, et toute la famille de se rétracter, le remords au cœur, les larmes aux yeux, et de s'écrier :

« Voilà l'assassin du courrier de Lyon, nous le reconnaissons, nous l'affirmons sur serment. »

Dans le drame de Martin Guerre, après la mort de celui que l'arrêt déclare imposteur, sacrilège, infâme, si on avait eu la preuve que le coupable était celui qui avait gagné juridiquement sa cause, les parlements se seraient émus de cette fatale méprise, la catastrophe aurait eu de l'écho à la cour, l'Église aurait dit des prières solennelles, des lettres royales auraient réhabilité le nom de la victime.

Nous sommes bien plus avancés dans la civilisation. Il y a à peine un demi-siècle que Lesurques n'est plus. On s'est contenté de laver avec le sang du coupable l'échafaud sur lequel l'innocent a perdu la vie. Voilà le seul acte de satisfaction que le martyr ait obtenu.

Rentrons dans notre cadre, et nous trouverons la justice humaine souvent cruelle dans ses moyens punitifs, du moins n'aurons-nous pas occasion de la présenter dans ses jours d'erreur. Les individualités dont nous exquissons les physionomies marchent enseigne déployée dans leur lutte avec la société, leur nom est presque toujours écrit sur leurs poignards, et quand ils succombent, leur identité n'est pas contestable. Leur tête est un enjeu, ils le livrent au vainqueur.

La ressemblance de traits entre une victime et le complice d'un crime faillit, à une autre époque, donner l'impunité à un grand coupable. L'homme dont nous allons dire la vie appartenait à cette classe privilégiée qui tenait du roi le droit de pressurer le peuple, par la répartition arbitraire de l'impôt sur les objets de première nécessité. Chaque intendant de province était alors un tyran avare et cruel n'ayant en vue que l'agrandissement de sa fortune privée; mais de tous les intendants, celui qui se nommait d'Arvel, et administrait dans la Picardie la grande intendance sur le sel et sur les grains, fut sans contredit le plus audacieux, le plus cupide et le plus barbare.

Pour donner une idée de l'effroi que cet homme terrible inspirait, il suffit de dire que les écrivains ses contemporains n'osèrent écrire dans leur chronique son nom véritable, alors même que ses brigandages eurent été réprimés, et qu'ils désignèrent sous le pseudonyme d'*Adreste* cet homme qu'ils comparèrent à une fatale comète qui plane sur une contrée en signe de désastre et de famine, ou bien encore à la foudre qui met en fusion l'argent près duquel elle passe, et frappe de mort le possesseur. Somme toute, on ne vit jamais en ce pays-là un monstre plus épouvantable, et dont la puissance fût autant à redouter.

D'Arvel était seigneur de plusieurs villages et châteaux. De sombres cachots avaient été creusés dans ses domaines, et quand les paysans refusaient d'acheter à un prix fixé par l'intendant la quantité de sel que celui-ci même imposait, le récalcitrant était mis à la gêne, et sa vie s'éteignait sous de lourdes chaînes et dans les affreuses tortures de la faim.

Le peuple des campagnes osait à peine se plaindre, beaucoup ignoraient l'existence d'un pouvoir suprême qui avait le droit de contrôle sur les actes de l'intendant, et ceux qui connaissaient de nom la cour des aides, n'auraient osé élever la voix, de crainte de représailles.

Cependant d'Arvel eut à se défendre contre la dénonciation de quelques ennemis puissants. Il fut cité à la cour des aides; on lui demanda compte de ses actes de férocité, il les justifia en les rejetant sur l'excès de son zèle pour les intérêts du roi; il fut renvoyé et absous dans sa province, avec injonction cependant d'être à l'avenir moins exigeant et plus humain.

D'Arvel revint en Picardie, nourrissant des projets de vengeance contre ceux qu'il soupçonna d'avoir été ses dénonciateurs. Au nombre de ceux qu'il accuse est son principal commis. L'intendant cache sa pensée et ses intentions, il laisse marcher le temps; et quand il juge le moment venu d'accomplir, sans risques, ses projets, il présente une requête au bailliage de ***, dans laquelle il accuse son commis de vol, et demande qu'il soit emprisonné jusqu'à ce que vérification du délit soit faite.

Le bailli n'eut garde de réfléchir sur cet incident; il signa l'arrestation du prévenu, et trouva convenable d'autoriser l'intendant à détenir le commis dans une des geôles de ses domaines.

Deux sergents ont ordre d'appréhender au corps le commis. Cet incident fut marqué par un quiproquo qui aurait pu donner au prévenu le moyen de chercher son salut dans la fuite, si celui-ci n'avait espéré une facile justification.

Un des sergents avait vu plusieurs fois le commis, il se présenta au château de l'intendant, et certain de ne pas se tromper, il met la main sur le jardinier du manoir, croyant saisir l'inculpé; le second sergent, entendant son camarade affirmer que cet homme est celui que l'ordre du bailli désigne, reconnaît sur parole son identité. Le jardinier réclame, et demande lecture de l'ordre du bailli. Alors le mystère s'éclaircit, le commis vint lui-même lever le doute qui était motivé par une ressemblance de traits, d'âge et de stature entre le jardinier et lui.

L'intendant, maître de sa victime, songe à se mettre à l'abri, pour l'avenir, des dénonciations du commis; il sait qu'il existe entre le prévenu et le jardinier une étroite intimité qui pouvait nuire à ses plans; il ordonne à son jardinier de se tenir prêt à porter un message au point du jour, et lui recommande de venir prendre ses instructions avant son départ.

L'habitation du jardinier était à l'une des extrémités du manoir;

ce jour-là cet homme se retira de bonne heure dans sa demeure.

D'autres serviteurs furent éloignés sous divers prétextes. Un seul valet était resté au château; et quand la nuit fut venue, il se rendit près de son maître. D'Arvel lui demanda s'il sentait son dévouement à la cause de son maître assez fort pour le venger d'un traître, en un mot l'intendant interrogea le valet pour savoir s'il voulait être l'exécuteur de sa justice. D'Arvel crut voir la crainte passer dans le cœur du valet. Il s'arma seul du poignard, et dit à son aide qu'il n'exigeait de lui qu'un appui secondaire, et que ses fonctions se réduiraient à celles de porteur de provisions.

Les portes du cachot s'ouvrirent; le patient, que la faim tourmentait, jeta un regard sur les vivres que le valet lui présenta, et son premier mouvement fut de porter la main sur les aliments. Pendant ce temps, d'Arvel, qui se tenait à l'écart, réfléchissait. S'il frappait du poignard le prisonnier, il y aurait trace de crime, le soupçon pèserait sur lui. Un autre moyen se présente : entre la pensée et l'exécution, l'intendant ne laisse pas d'intervalle. Le captif a aperçu d'Arvel, il implore sa justice, se précipite à ses pieds; à ce moment, le prévenu sent comme un lacet qu'on lui jette et qui le serre fortement à la gorge; l'intendant avait défait ses jarretières, et elles étaient devenues entre ses mains un instrument de supplice.

« Voilà le prix de la délation, » s'écria l'intendant, en pesant de tout le poids de son corps sur le patient qui se débat.

Le valet prêta main-forte à son maître, et de ses larges mains il serra le cou du martyr comme dans un collier de fer.

La résistance du prisonnier fut vaine. La victoire resta au bourreau.

L'assassin avait eu soin de faire apporter par son complice un panier recouvert; il y prit un marteau, des tenailles, une courte et lourde pince, et se mettant à l'œuvre comme un simple artisan, voilà que l'intendant ébranle un barreau de la fenêtre de la prison, de façon à laisser passage à un corps. La geôle est en saillie sur les fossés du château, d'Arvel prend une longue corde dans le panier, il l'attache aux barreaux, et en laisse tomber l'extrémité au dehors.

« J'ai promis que tes fonctions seraient secondaires, dit l'intendant au valet, charge-toi de ce cadavre, et jette-le dans la fosse couverte où s'écoulent toutes les immondices du manoir. »

D'Arvel ferma la porte de la prison, et se retira après s'être assuré que son valet avait exécuté ponctuellement ses ordres.

Le valet, après avoir obéi, vint coucher dans une chambre voisine de l'appartement de son maître.

Aux premiers rayons du jour, l'intendant passa près de l'égout voisin de la geôle, il venait voir si aucune trace ne révélait un double meurtre; d'Arvel n'était pas homme à laisser un complice maître d'un secret, et pendant le sommeil de celui qui l'avait aidé de ses mains dans un assassinat, il l'avait étouffé, et porté là où le premier cadavre gisait.

Bientôt après, d'Arvel était assis à une table, et devant lui se tenait respectueusement le jardinier qui venait prendre les ordres de son maître. Ce jour-là, d'Arvel parut de meilleure humeur que de coutume; il accueillit le jardinier et le plaisanta sur cette malheureuse ressemblance qu'il avait de commun avec le criminel mis en prison, puis le seigneur eut la fantaisie de manger des œufs

frais, il voulut qu'avant son départ le jardinier les lui préparât, et quand ils furent apportés, l'intendant éloigna sous un prétexte quelconque le jardinier, puis il ouvrit un œuf, y jeta quelques parcelles de poison, rappela le jardinier, lui présenta l'œuf, l'invita à le humer en disant que l'autre œuf suffirait à la satisfaction de son caprice.

D'Arvel remit au jardinier un message adressé à un seigneur dont la châtellenie était distante, disait-il, d'une grande journée de marche, et dont le nom était inconnu à celui qui remplissait la commission.

Le jardinier partit, mais à peine eut-il parcouru quelques lieues, qu'un grand malaise le mit dans l'impossibilité de continuer sa route. Il fut obligé de prendre gîte dans une hôtellerie. On crut le pauvre diable attaqué du mal de peste, et on allait l'abandonner sans secours à son malheureux sort en le jetant, suivant l'usage, hors de la maison, quand le hasard amena à l'auberge un étranger versé dans l'art de la médecine; il reconnaît les symptômes du mal, et dit que le voyageur a été piqué par un reptile ou qu'il est empoisonné. Le jardinier répondit négativement aux questions que l'homme de l'art lui fit à ce sujet, le malade se serait aperçu de l'attaque d'une vipère; quant au poison, il n'avait pris aucun aliment, à l'exception d'un œuf frais que son gracieux maître lui avait servi de sa propre main.

Le médecin persistant dans son opinion, le jardinier commença à être ébranlé dans sa conviction; il se demanda avec inquiétude pourquoi l'intendant, d'habitude si orgueilleux, avait tout à coup perdu sa dignité, jusqu'à servir son serviteur et partager avec lui ses œufs frais, dont il se montrait d'ordinaire fort avide. Les soupçons vinrent dans l'esprit du malade, et ce qui les confirma, c'est que de toutes les personnes près lesquelles il se renseigna au sujet du seigneur auquel il portait son message, aucune ne put dire connaître son nom ni la position de son château. La curiosité poussa le jardinier à briser le sceau de la lettre, et il trouva une carte blanche, sans aucune écriture ni signature. Il comprit alors le stratagème dont son maître s'était servi pour se défaire de lui, et, quoiqu'il ne se rendît pas compte du motif de sa haine ou de sa méfiance, il se promit de ne pas retourner chez l'intendant, et de lui laisser croire que son crime était accompli.

Le jardinier, rétabli, alla se mettre au service d'un gentilhomme dont le château était dans une autre province.

Revenons au manoir de l'intendant. A peine le jardinier fut-il éloigné, que d'Arvel feignit de pourvoir aux besoins du prisonnier, il donna des ordres pour qu'on lui apportât des vivres, et voulut lui-même assister à la visite.

Quand les portes furent ouvertes, qu'il trouva la prison vide, et aperçut les barres de fer brisées et la corde qui pendait jusqu'au bas des fossés, il entra dans un accès de colère factice qui trompa toute la domesticité. L'intendant accusa ses gens de complicité, il reconnut les outils qui avaient servi à l'évasion, nuls autres que les valets n'avaient pu les procurer. Tous les témoins de cette scène se regardaient étonnés et muets. Le bailli est averti, il dresse un long procès-verbal; d'Arvel insiste pour que les moindres circonstances et les plus faibles preuves matérielles soient relatées, afin que la calomnie ne vienne pas l'accuser d'avoir lui-même puni le coupable, en le faisant mourir. Toute satisfaction fut donnée à l'intendant.

Ce crime resta longtemps enseveli dans l'oubli. L'intendant recommença de plus belle ses exactions et ses cruautés. La malédiction publique lui était acquise, et les rigueurs qu'il faisait peser sur le peuple firent naître à un tel point l'exaspération dans tous les esprits, que la crainte des châtiments ne put arrêter les plaintes; elles parvinrent à la cour des aides, qui ordonna une nouvelle enquête sur l'administration de l'intendant, et des voix courageuses s'élevèrent pour lui reprocher l'assassinat dont on ne connaissait pas l'auteur. On lui demandait compte aussi de la singulière disparition du jardinier et du domestique. Des présomptions dangereuses commençaient à s'élever contre l'intendant, quand son audace vint à son aide dans les circonstances difficiles où il se trouvait.

D'Arvel connut, on ne sait comment, la retraite du jardinier qui avait échappé à la mort; il se promit de tirer parti de la ressemblance qui existait entre cet homme et le commis qui avait été sa victime. Des affidés furent dépêchés près du jardinier, et, à prix d'or, ils le décidèrent à oublier le crime de son maître, et à se charger d'un rôle dans le drame judiciaire commencé.

L'ancien jardinier se laisse aller à la séduction; l'ambition avait depuis quelque temps pris de l'empire sur lui; avec le fruit de ses économies, il s'était lancé dans le négoce, et avait dépouillé l'écorce un peu grossière du campagnard; il s'examina, il sonda son effronterie, et se trouva toutes les conditions nécessaires pour tromper les magistrats et gagner la somme énorme qui devait être le prix de son dévouement.

L'imposteur se rend à Paris, où le procès de l'intendant faisait grand bruit; il se présente devant les juges, disant qu'il peut jeter une grande lumière sur les débats, et faire tomber l'accusation d'assassinat qui pèse sur l'intendant. Il se fait passer pour le commis dont on reproche la mort à d'Arvel. Servi par des renseignements, il raconte comment, après son accusation, il a eu la pensée de prévenir par la fuite les lenteurs de l'instruction, et d'échapper aux chances du jugement. Il avait gagné, dit-il, l'affection du jardinier, instruit à l'avance de la localité dans laquelle il allait être emprisonné. Cet homme avait enfoui dans la geôle des instruments et des outils propres à l'évasion, et quand la nuit fut venue, à l'aide d'une lanterne sourde que le concierge hissa du côté des fossés, le commis fut averti de la protection qu'on lui offrait et des moyens qu'on avait mis à sa disposition.

Interrogé sur les vols dont son ancien maître l'accusait, le faux commis répondit qu'il avait été victime d'une mensongère délation ou d'une erreur, et qu'il était prêt, malgré dix années d'absence, à rendre des comptes exacts. Sans doute, disait-il, il aurait pu user de représailles envers l'intendant, et, pour satisfaire sa vengeance, le laisser succomber dans le procès criminel qui lui était intenté, mais la conscience a parlé dans le cœur du commis plus haut que la rancune, et il a regardé comme un devoir de venir mettre la magistrature sur la voie de la vérité.

Une circonstance servit l'imposture. L'ancien jardinier, qui était devenu marchand depuis quelques années, n'avait pas été entraîné vers cet état par vocation; dans ses travaux du jardinage il s'était fait une grave blessure à la main droite, et le mal ayant empiré, l'amputation de deux doigts fut nécessaire.

Les deux doigts dont le prétendu commis se trouvait privé, étaient précisément ceux qui sont d'un secours indispensable pour écrire, de sorte qu'il fut impossible aux juges de confronter l'écriture du témoin avec les pièces manuscrites rédigées par le commis et saisies à la demeure de l'intendant.

Les magistrats hésitèrent longtemps. Enfin une nouvelle enquête intelligente leva le voile de cette intrigue. L'intendant eut la tête tranchée en place de Grève à Paris, après avoir fait amende honorable. Le jardinier, aux termes de l'arrêt, accompagna son maître devant l'église et sur l'échafaud, nu en chemise et la corde au cou, et fut envoyé à Marseille ramer sur les galères du roi.

Sous le règne de Louis XIII, où nous revenons, l'historien trouve une si grande quantité de hauts et de bas malfaiteurs, de brigands, de tire-laines, de coupe-bourses de tous genres, qu'il est embarrassé dans le choix des personnages et des actes d'hostilité commis contre la société à peine défendue par ses prévôts, ses archers et ses lois cruelles. C'est à cette époque qu'on trouve le fameux Maillard, un des plus grands coquins, dit une vieille chronique, qui fut jamais en France : comédien subtil, coupeur de bourses hardi, employant au mal, à la rapine, l'esprit naturel qui aurait pu le conduire honorablement à la fortune, si dès l'enfance on eût donné une bonne direction à son intelligence. Il était gueux de cour, suivait la noblesse et les armées, et trouvait ce métier si productif, qu'il ne l'eût voulu quitter pour tous les biens du monde ; quelquefois il se barbouillait le visage de sang de bœuf, feignant d'être malade du haut mal, et il se campait sur les avenues du Louvre, se faisait tenir à quatre par des compères. Les prières et les aumônes ne manquaient pas au démoniaque, et quand le soir venait, on le portait dans une retraite qu'il avait au faubourg Montmartre, et dans cette demeure élégante, où tout ce que le luxe pouvait offrir était réuni, il se remettait des fatigues de sa laborieuse journée.

Laissant au logis ses haillons, quelquefois Maillard sortait en élégant gentilhomme, portant fièrement la tête haute et l'épée au flanc ; il se rendait au Louvre, et se promenait dans la galerie des peintres. S'il avisait alors quelque homme de cour dont il soupçonnât la bourse chargée de pistoles, voici comment il manœuvrait pour mettre la main à sa bougette.

Un complice transformé en homme de bonne lignée avait ordre de se promener dans la galerie, en sens inverse de Maillard, qui suivait de près le gentilhomme qu'il voulait dépouiller; ce suppôt venait à la rencontre du gentilhomme; étant près de lui, il feignait de s'embarrasser le pied dans ses propres éperons, et il tombait lourdement face à face sur le promeneur. Celui-ci, cédant à ce choc imprévu, tombait en arrière, et Maillard le recevait courtoisement dans ses bras; d'une main il le soutenait, et glissait doucement l'autre dans sa pochette, enlevait sa bourse et se retirait, après avoir accepté les remercîments de la victime qui se confondait en excuses, croyant avoir reçu bon et loyal secours d'un homme de condition.

Les tours les plus aventureux étaient ceux que Maillard avait en prédilection. Personne n'était à l'abri de ses ruses. Aucun rang ne lui imposait, aucune condition ne le faisait reculer devant une action audacieuse et profitable. Malheur au gentilhomme, au marchand ou au bourgeois sur la demeure duquel il jetait un regard de curiosité ou de convoitise.

Un matin, on le vit entrer dans le couvent des cordeliers de Paris. Il s'inclina respectueusement devant le prieur, et le supplia de vouloir bien le servir dans une circonstance fort pénible.

« Mon père, lui dit-il, j'ai un frère dont la sensibilité exquise a été tellement excitée par la perte récente de sa femme, que sa raison en a reçu un coup fatal. Ce pauvre ami, quoique conservant un calme apparent, a dans sa conversation une telle incohérence, qu'il reconnaît à peine ses proches, et, s'il leur adresse la parole, c'est pour les traiter comme des débiteurs et réclamer de l'argent qui jamais ne lui a été dû.

— Pauvre raison humaine dont nous nous enorgueillissons tant! murmura le prieur, qu'êtes-vous? une force qu'un souffle divin détruit.

— C'est précisément pour cela, mon père, que je crois la médecine sainte plus puissante dans cette triste circonstance que l'art mondain de nos maîtres en chirurgie, et c'est entre vos mains que je remets la cure de mon malade. Peut-être est-ce un corps où Satan a élu domicile... »

Le prieur engagea le visiteur à lui amener le malade, et promit de faire tout ce qui serait en son pouvoir pour lui rendre la santé.

La présentation est remise au lendemain, un peu avant l'heure à laquelle le prieur dit sa messe.

Maillard se rend au quartier général où ses affiliés attendaient chaque matin ses ordres. Il choisit un affidé ayant le physique du rôle dont il va le charger, il le revêt d'une robe de moine, dont il a fait acquisition, et lui donne rendez-vous sur le pont au Change, devant la boutique d'un orfévre ayant pour enseigne l'*Agneau pascal*.

L'Agneau pascal était un relief en bois assez grossièrement sculpté que l'artiste avait trempé dans un bain de plomb fondu, ce qui donnait à l'enseigne un brillant métallique qu'un campagnard aurait pris pour un reflet d'argent. Maillard n'était pas si novice. Aussi n'était-ce pas l'agneau qui avait attiré son attention, mais dans la boutique de l'orfévre un superbe calice était en montre, et, abstraction faite du travail que Maillard comptait pour zéro, la matière condamnée au feu de la fonte devait laisser au fond du creuset un lingot de six marcs.

C'était donc au calice que Maillard en voulait; et pour en prendre possession, voici comment il opéra.

Le compagnon de Maillard fut présenté à l'orfévre comme un révérend père cordelier, chargé de faire l'acquisition du calice pour le couvent de ses frères de Compiègne.

On débattit le prix, bientôt on tomba d'accord, et il fallut que le marchand portât lui-même le calice au couvent.

L'orfévre, joyeux qu'une si bonne aubaine se présentât à une heure à laquelle il était rare que ses confrères étrennassent, se hâta de se couvrir de son manteau, prit le calice, et partit en compagnie du moine et de Maillard.

Chemin faisant, le faux religieux, pour inspirer plus de confiance encore au marchand, se reprochait le prix élevé auquel il avait adhéré. Les supérieurs, moins faciles que lui en matière d'acquisition, ne manqueront pas de le réprimander. Enfin la parole est engagée, et il faut bien prendre son parti, si la conscience du vendeur ne lui fait pas une obligation de diminuer le prix consenti.

L'orfévre est comme tous les marchands d'alors et d'aujourd'hui. En vendant il recouvre à peine ses déboursés; il compte presque pour rien le travail, il vend au prix de la matière première, et si quelqu'un pouvait être trompé par lui, il ne choisirait pas un religieux pour sa dupe, il s'en ferait un cas de conscience.

On arrive à la porte du couvent; Maillard a pris le devant, il a mis la cloche en branle, le frère convers se présente. Maillard dit qu'il a rendez-vous ainsi que la personne qui le suit et le moine avec le prieur du couvent; puis se tournant vers l'orfévre, il dit à mi-voix :

« Le prieur est en ce moment à l'office, nous ne pouvons mieux faire que d'y assister, laissez entre les mains du portier votre calice, nous le reprendrons en sortant de la chapelle. »

Le moine de la fabrique de Maillard saisit le vase des mains du marchand, et, cédant le pas à l'orfévre, avertit le frère portier qu'il reviendra dans quelques instants reprendre le calice, quand il aura reçu l'autorisation qu'il vient solliciter, d'officier à une chapelle privilégiée.

Le prieur était encore dans la sacristie quand Maillard et l'orfévre entrèrent dans l'église. Maillard eut le temps de présenter le marchand au prêtre, et pendant que celui-ci s'inclinait devant le pasteur, Maillard disait au prieur que cet homme était son frère, et l'individu qu'il lui avait recommandé la veille. L'acolyte de Maillard s'était éclipsé.

« Messieurs, dit le prieur, venez unir vos prières aux miennes, et après cela nous causerons du sujet qui vous amène en ces lieux. »

L'orfévre traduisit ainsi les paroles du cordelier : Après l'office il me donnera l'argent. Il prend place au chœur; Maillard resta quelques moments aux côtés de l'orfévre, puis il vint lui dire qu'il allait commander à déjeuner dans un cabaret voisin, où il lui donna rendez-vous, après son compte réglé avec le prieur.

L'orfévre ne voit dans toute la conduite de Maillard que les pratiques habituelles entre vendeurs et acheteurs, il ne s'étonnera même pas de trouver au nombre des convives le moine qui a fait l'acquisition, il sait qu'on rencontre quelquefois le capuchon en plus mauvais lieux que le cabaret, les registres de Saint-Lazare en témoignent du reste. L'orfévre, trouvant donc en règle tout ce qui s'était passé jusque-là, attendit avec quelque impatience la fin de l'office.

Quand le prieur fut rentré à la sacristie, le marchand vint le trouver, faisant force révérences. Le cordelier le reconnaît, s'approche de lui, et entamant une thèse générale, pour arriver par une transition insensible aux émotions profondes ressenties par l'homme qu'il croyait un malade, il lui parla des malheurs qui subitement frappent les familles, et dont aucune n'est exempte.

Le marchand crut que le prêtre faisait allusion à l'état malheureux des affaires commerciales, dont on se plaignait traditionnellement de père en fils, dans sa famille, quoiqu'à chaque génération le fonds héréditaire doublât de valeur intrinsèque. Cependant le marchand avait en réalité été victime d'un vol commis par un de ses commis.

« Vous avez fait, je le sais, une perte cruelle... qui vous a été bien sensible, dit le prieur qui avait en mémoire la mort prétendue de la femme du bijoutier.

— Oh! oui, mon père, répondit le marchand... c'est une perte d'autant plus sensible que tout le monde me doit de l'argent, et que...

— Personne ne paye, continua le moine. Et il se dit à part : Voilà les symptômes du mal qui m'ont été indiqués.

— Oui, mon révérend père, tout le monde me doit de l'argent. Et pensant à son calice, il ajouta, en riant : Et vous-même aussi. »

Le prieur ne releva pas ce mot... et continuant sur le ton de la douceur... voulant parler de la guérison morale qui vient lentement, il ajouta : « Il nous faudra un peu de temps... mais nous en viendrons à bout. »

L'orfévre, qui avait mis pour condition de la vente du calice que le payement se ferait expressément au comptant, s'imagina que le prieur demandait crédit.

« Non, non, révérend père, s'écria-t-il, je serais certes honoré de vous avoir pour débiteur, mais il a été convenu que vous me donneriez de l'argent. »

Le prieur, le voyant retomber dans ce qu'il prenait pour une idée fixe... passa outre; et, sans répondre, s'informa du temps qui s'était déjà écoulé depuis la perte qu'il accusait.

« Il y a sept mois, monsieur, que mon commis m'a enlevé pour sept mille livres de marchandises.

— Je ne parle que de votre femme, mon ami. C'est un malheur bien plus affligeant.

— L'enlèvement de ma femme?

— Enlèvement, si vous voulez appeler ainsi, la mort subite de celle que ses vertus vous faisaient chérir.

— Mon révérend père, dit l'orfèvre qui ne comprenait rien au discours du moine, je vous jure sur le confessionnal que je ne comprends pas un mot de ce que vous me dites... j'ai toujours adoré Dieu, honoré l'Eglise, et payé mes impôts au roi, en qualité de célibataire; je n'ai d'autres liens que ceux qui m'attachent à mes débiteurs, je vous ai vendu un calice en argent.

— A moi.

— Non pas précisément à vous, mais à deux honnêtes gens dont un porte la robe de votre ordre, et il a fait cette acquisition pour votre *couvent de Saint-Germain en Laye.*

— Nous n'avons pas de couvent en ce lieu.

— Et le calice a été déposé entre les mains de votre portier qui justifiera de ma demande. »

Le prieur commença à croire qu'il y avait quelque fourberie sous jeu. Le portier, appelé, déclara qu'en effet il avait reçu, l'orfèvre présent, un calice des mains d'un étranger et couvert d'un froc; mais que bientôt ce moine, accompagné d'un élégant gentilhomme, était venu reprendre le calice en disant qu'il allait dire la messe dans un couvent voisin.

L'orfèvre ne se donna pas la peine inutile d'aller au rendez-vous indiqué pour le déjeuner, mais il chercha dans les tavernes où on ne l'attendait pas, espérant y rencontrer les larrons dont il venait d'être victime; mais ceux-ci n'eurent garde de l'attendre. Il rentra tristement au logis, où il put ajouter le calice à son compte de profits et pertes que le vol du commis avait déjà chargé d'un chiffre élevé.

Pendant que l'orfévre nourrissait encore l'espoir de retrouver à Paris celui qui l'avait fait dupe, Maillard courait la Picardie, faisant de la chevalerie errante à sa façon, et redressant les torts des archers de la prévôté, et même ceux de cette classe de fonctionnaires que les coupeurs de bourse et les tire-laine rencontraient presque toujours au dénoûment du drame de leur vie.

Nous avons dit que des chroniqueurs avaient attribué à Forestier le Bandit l'épisode de la flagellation d'un exécuteur des hautes œuvres. C'est à l'histoire de Maillard que le souvenir de ce fait doit se rattacher. Des compagnons de brigandage affiliés à la bande dont Maillard était chef ayant été pris, ils furent fouettés et marqués du fer chaud, et quoiqu'il arrivât souvent alors que larrons, archers et exécuteurs s'accordassent ensemble soit pour arracher au gibet un pendard, soit pour tiédir le fer rouge, de façon à ce qu'il n'entrât pas profondément dans les chairs que la justice humaine avait coutume de marquer au chiffre du roi et aux armes de France ; quoiqu'il y eût alors une sorte de fraternité entre le brigand et le bourreau, le chargé de la potence picarde fit défaut à ce pacte secret consenti par quelques-uns de ses confrères, il trompa l'espoir des compagnons de Maillard trahis par leur mauvaise étoile, et, malgré prières et pots-de-vin offerts, il resta inflexible, et mit d'une main insensible le stigmate brûlant sur l'épaule de chaque condamné.

« Ne faut demander, dit un vieil historien dans son naïf langage, comment ils furent étrillés, car, quelques prières qu'ils fissent au bourreau de les traiter doucement, et quelques promesses qu'ils pussent inventer pour tâcher de rendre les corps moins sensibles, il les étrilla en enfants de bonne maison, et chassa si bien les mouches de leurs épaules, que la marque des verges y demeura plus de deux mois. Enfin, ayant été honorablement conduits de carrefours en carrefours, et de rues en rues, au milieu d'un tas de petits enfants qui leur crachaient au nez et leur jetaient de la boue ; après avoir reçu leurs cinq sols à la porte de la ville, et chassés comme condamnés à un bannissement perpétuel de Montdidier, ils vinrent trouver leurs associés dans la forêt de Pont, et les avertirent de l'infortune qui leur était arrivée, comme ils étaient frustrés et marqués au coing du roi. »

Maillard prit sur lui le soin de la vengeance collective; il se déguise en laboureur, et suivi de trois de ses acolytes, il vient au marché de Montdidier.

A cette époque, l'exécuteur des hautes œuvres jouissait de nombreux priviléges, la société avait pensé qu'elle devait au moins une large part de profit à celui qui, pour la servir plus ou moins efficacement, acceptait l'immense part d'opprobre que le préjugé laissait tomber sur lui. Dans quelques villes, tous les porcs trouvés errants appartenaient au bourreau; ailleurs cet homme percevait dans les marchés autant de graines, de légumes de tous genres qu'il pouvait entenir dans sa main. Ce privilége, qu'on nommait droit d'avage, consistait en Picardie dans une certaine mesure de blé que chaque

marchand devait verser dans le sac de l'exécuteur à certain jour de l'année: c'est ainsi que cet impôt se payait à Montdidier.

Maillard ayant donc acheté plusieurs setiers de blé, se place au marché parmi les laboureurs; il a donné l'ordre à ses compagnons de couper avec adresse la première bourse qu'ils apercevront.

Les affidés jouent de bonheur; la première personne qui se présente à eux, est la femme même du lieutenant criminel qui vient faire ses provisions. Sa bourse, suivant la mode, pendait à une chaîne dont une des extrémités se rattachait à la ceinture : elle fut coupée lestement et avec tant d'audace, qu'on l'apporta à Maillard au bout des ciseaux qui l'avaient conquise.

Qui eût vu Maillard, au milieu de tous les campagnards, saisissant leurs façons, parlant leur patois, l'eût pris pour le plus franc Picard de tout le Santerre.

A peine avait-il reçu la bourse de la lieutenante, que le bourreau vint à lui réclamer le payement de sa dîme; Maillard s'exécute de bonne grâce, disant à ses voisins que « c'est bien juste que le laboureur nourrisse celui qui est chargé d'exterminer une espèce bien plus nuisible à la société que le charançon ne l'est au blé. L'exécuteur remercie le contribuable de cette parole flatteuse. Maillard plonge la sébile de bois qui lui sert de mesure, dans un de ses sacs, il loge dans le grain, la bourse de la lieutenante, et, plaçant la main sur son vaisseau, comme s'il eût voulu empêcher le grain de s'échapper, il verse ce qu'il contient dans le sac de l'exécuteur.

Le bourreau poursuit son chemin et continue sa récolte; mais, comme tous les villageois n'étaient pas, en matière d'impôt, d'humeur aussi accommodante que Maillard, il arriva qu'un paysan ayant fait quelque résistance à la loi, l'exécuteur peu patient le poussa, le vilain tomba et faillit entraîner dans sa chute la lieutenante criminelle, qu'il heurta violemment.

Maillard tressaillit d'aise, espérant que le petit mouvement d'humeur, dont aucun n'est exempt quand il est menacé dans son équilibre, ferait fermenter quelque peu de levain dans l'âme de la lieutenante, et qu'elle seconderait, sans le savoir, ses projets de vengeance.

Au même moment, le hasard voulut que la lieutenante achetât des fruits, et, quand elle se disposa à payer, son étonnement fut grand de ne plus trouver sa bourse à sa ceinture. Elle aurait pu manifester sa surprise de s'être trouvée en rencontre avec un coupeur assez osé pour porter la main sur la femme du magistrat plus redoutable peut-être que la loi même, à laquelle il substituait son caprice; elle eût pu s'exclamer, en pensant qu'on avait exercé le vol à quelques pas même du bourreau, qui n'avait été qu'un puéril épouvantail. Mais la lieutenante n'était pas femme à s'émouvoir si facilement, elle savait, par les traditions de la lieutenance, que souvent on avait vu des brigands ôter officieusement eux-mêmes, après un grand repas, le couvert chez le lieutenant criminel, et mettre en sûreté la vaisselle d'argent ailleurs que chez le magistrat. Elle avait entendu raconter à quelque archer vétéran que, dans la ville de Domfront, on n'avait pu pendre un meurtrier, parce que sa bande avait volé toutes les cordes à vingt lieues à la ronde, et que celles apportées par le bourreau sur le lieu de l'exécution étaient disparues comme par enchantement.

La lieutenante criminelle ne proféra aucun cri, elle ne fit aucune menace, elle se contenta de retourner philosophiquement sur ses pas et de chercher à terre son escarcelle, comme si la chaîne se fût brisée sous le poids de l'argent.

Cependant Maillard ne voyait pas avec satisfaction le calme de la femme du magistrat. Il se mit à raconter, à qui voulut l'entendre, qu'il avait vu l'exécuteur des hautes œuvres, un moment avant de commencer sa perception, tenir des ciseaux fraîchement émoulés, et mettre la main sur la chaîne de la damoiselle. Ce bruit courut de bouche en bouche, et parvint jusqu'à la lieutenante, et, soit que la somme de philosophie et de patience se trouvât dépensée, soit qu'elle eût des motifs de suspecter la probité de l'accusé, soit enfin que, par un caprice qu'il ne faut pas chercher à expliquer, elle aimât à accuser, pour se procurer la joie d'absoudre, elle ordonna que l'exécuteur fût fouillé.

L'inculpé jetait les hauts cris, en prenant à témoin de son innocence les criminels convertis à leur dernière heure, et qui, pour lui, assez bon logicien, avaient la valeur morale des martyrs; il demandait que Dieu fît un miracle à son profit, et qu'il empêchât les hommes de tomber dans l'erreur...

Quelques paroles furent dites en sa faveur; mais bientôt elles furent étouffées par un concours de voix fortement accentuées qui demandèrent la perquisition de son sac, car il y avait là place pour un grand nombre de bourses, et il ne fallait en trouver qu'une pour prouver que celui qui châtiait les larrons était, plus qu'eux, gibier à châtiment, et qu'il méritait plus qu'aucun d'être fouetté de verges ou de la *bourrée*, d'où provenait l'étymologie de sa qualification de bourreau.

L'exécuteur approuva la motion, et demanda que son sac fût ouvert, fouillé, vidé sur le sol; et il ajouta que, s'il était trouvé coupable, il offrait d'exercer sur lui-même son ministère.

Toute la recette en nature perçue par l'accusé fut jetée sur le carreau du marché, et quand, au milieu des herbages, des céréales et des légumes, on vit briller la bourse cherchée, des imprécations partirent de toutes parts, des jurements se mêlèrent aux sifflets, des huées aux sarcasmes. Au-dessus de toutes les voix s'élève celle du faux paysan picard. Maillard est le plus impitoyable, il ne peut surtout pardonner à ce coupeur de bourses, de s'être adressé à la femme du magistrat qui veille sur la propriété et la vie de tous : dix supplices n'expieraient pas aux yeux du faux paysan ce forfait infernal. L'exécuteur est anéanti. Peut-être en ce moment fit-il un triste retour sur ses actes passés, et s'il régla, à part lui, ses comptes comme justicier, il dut voir, par ce qui lui advint, ce que vaut quelquefois la conviction humaine.

Le prétendu coupable est porté par la foule jusqu'au logis du lieutenant criminel, et, séance tenante, il est condamné à être fouetté aux principaux carrefours et marqué, sur l'épaule, au fer rouge. On dit même, dans le temps, que ce qui empêcha le magistrat de le faire pendre, ce fut la crainte de ne pas lui trouver un remplaçant dans ses fonctions.

Une difficulté grande se présenta pour l'exécution, il manquait un exécuteur; il eût fallu requérir celui de Compiègne ou de Noyon.

A ce propos, chacun devisait sur le marché en s'entretenant de l'audace de l'homme qui avait pris la bourse de la lieutenante. On se disait qu'on ne savait comment exécuter l'arrêt du magistrat. Un paysan fend la foule, se présente au lieutenant criminel. Il est habitué, dit-il, à battre ses chevaux quand ils sont paresseux, il est habitué à brûler au vif les membres de ses voisins, quand par hasard la malerage les saisit. Il croit sans vanité pouvoir promettre au magistrat de flageller de bonne main le pendard qui a volé la présidente. Quant au reste, il fera de son mieux. Ce paysan, c'est le faux Picard, plutôt c'est Maillard, le bandit. Les offres de service sont acceptées. L'exécuteur est garrotté, attaché à une charrette, et Maillard, en attendant que ce qu'il donne lui soit rendu, accomplit l'arrêt dans sa plus large interprétation.

Les compagnons de Maillard ne gardèrent pas longtemps le secret de l'aventure de la flagellation, ils tirèrent hautement et partout vanité de la malignité de leur chef, et firent gorges chaudes aux dépens de la classe dont un des membres avait été leur dupe. Mais tôt ou tard les aides de la justice devaient prendre leur revanche, et bientôt le prévôt des maréchaux de Senlis fournit aux exécuteurs l'occasion d'user de représailles envers le faux Picard du marché de Montdidier.

Maillard ayant tenté d'arrêter à main armée la voiture publique d'Amiens, qu'il croyait entièrement chargée de paisibles bourgeois et de riches marchands, trouva parmi les voyageurs des archers déguisés qui le reçurent le pistolet au poing. Le brigand voulut battre en retraite ; mais il était trop tard ; les soldats de la prévôté avertis avaient cerné la voiture et ceux qui l'attaquaient. Maillard fit une vigoureuse résistance ; l'arquebusade des siens tua quelques voyageurs ; mais le courage ni le meurtre ne purent le tirer de ce pas périlleux, il fut pris et, bientôt après, livré au bras séculier. A ce moment suprême, il afficha une énergie qui se soutint quelque temps ; il regarda la mort ignominieuse qu'il allait subir, avec une sorte de résignation ironique ; faisant allusion aux fonctions qu'il avait usurpées à Montdidier, on le vit catéchiser l'exécuteur, comme avait fait, en 1418, le bourreau Capeluche, condamné à mort, qui, avant de monter sur l'échafaud, donna à son successeur une leçon sur le grand art de couper une tête.

Prenons au hasard parmi les brigands de cette époque féconde. Le roi Louis XIII était un jour à son château de Fontainebleau ; un jeune seigneur partit de Paris pour se rendre à la cour, à une heure assez avancée dans la journée. Quand il atteignit la ceinture de hautes futaies au milieu de laquelle se trouvait alors la résidence royale, le gentilhomme s'écarta de sa suite, et bientôt s'égara dans le dédale des chemins à demi tracés.

Le voyageur a bientôt perdu l'espoir d'arriver cette nuit à sa destination, il se résigne et n'a qu'une pensée, celle de découvrir quelque hutte de bûcheron, quelque pauvre cabaret de forestier où il puisse trouver gîte. A force de battre le bois dans toutes les directions, il découvre une maison de chétive apparence, un rayon lunaire guide le voyageur dans la direction de cet asile; il est introduit, et se trouve au milieu d'une famille composée de six personnes : le chef de la maison, vieillard d'une physionomie sauvage; sa femme, dont les vêtements sont faits en partie de la dépouille de bêtes fauves, et qui semble à peine donner attention à la venue du visiteur; un jeune homme vigoureux, portant le costume des forestiers, assis sur un escabeau, qui achève de prendre sa nourriture, et passe sa gamelle presque vide à une jeune femme sur laquelle il semble avoir les droits de maître ou de mari; à terre sont couchés deux hommes qui semblent remplir les plus bas emplois de la domesticité, et qui se jettent avidement sur l'écuelle de bois qu'ils ont obtenue au refus de la jeune femme.

Un de ces valets est venu prendre le cheval du gentilhomme, et l'a conduit dans une sorte de grange voisine construite en branchage et couverte en fougère.

Le vieillard a ordonné à sa bru d'offrir une tranche de lard et un pot de vin du cru de l'Auxerrois à l'étranger. Celui-ci accepte; son appétit est promptement satisfait, et la curiosité de son hôte n'allant pas jusqu'à lui adresser ces questions d'usage que les aubergistes ne manquent jamais de faire aux voyageurs égarés, la conversation cessa bientôt, et chacun, sans excepter le gentilhomme, parut avoir besoin de repos.

La jeune femme, après avoir servi le jeune homme, s'était éloignée; elle rentra bientôt, tenant une clef d'une main et une lampe de l'autre. Elle s'offrit pour conduire l'officier à sa chambre.

Le gentilhomme se leva de table sans soupçon sur l'habitation dans laquelle il venait de trouver un gîte; il n'aurait tenu qu'à lui de se forger des terreurs en interrogeant les bizarres physionomies de ses hôtes ; mais il n'était pas homme à céder à de puériles paniques, et il trouvait dans l'ordre naturel des choses, que les habitants solitaires des bois eussent quelque ressemblance dans les traits et dans les mœurs avec les animaux sauvages dont ils étaient presque les compagnons. Ce n'était pas au milieu de la forêt de Fontainebleau qu'il fallait chercher des façons courtoises, des êtres policés et des costumes à la mode, aussi le voyageur fit-il peu d'attention aux regards obliques du vieillard, aux gestes d'impatience de sa compagne et à la curiosité farouche du gendre, qui portait tour à tour les yeux sur son riche baudrier et sur la garde de son épée enchâssée de pierres précieuses.

Le voyageur, indifférent à tout ce qui se passait autour de lui, ne fut cependant pas tout à fait insensible à l'intérêt muet que la bru du maître de la maison semblait lui témoigner. Les yeux de la jeune femme interrogeaient incessamment ceux de l'étranger ; le gentilhomme y démêlait une expression de sensibilité qui contrastait étrangement avec la dureté dont le type était empreint sur les traits de cette créature. Quand la jeune femme demanda au voyageur s'il voulait monter à sa chambre, celui-ci se leva, salua ses hôtes, suivit son cicerone, qui gravit légèrement un petit escalier tournant ; et quand le voyageur eut atteint le premier palier :

« Bonsoir, monsieur le voyageur, » dit la bru, de manière à être entendue des gens qui étaient restés dans la salle du rez-de-chaussée.

Et tout bas elle ajouta : « Monseigneur, tenez-vous sur vos gardes : vous êtes tombé dans une caverne de brigands. »

Un tremblement convulsif saisit la jeune femme et révéla la sympathie subite que l'officier lui avait inspirée. La bru du faux hôtelier s'éloigna en élevant de nouveau la voix, et, feignant de prendre un accent moqueur et cruel, elle répéta à haute voix : « Bonsoir, monsieur le voyageur. » Et elle descendit.

L'avis qui venait d'être donné au gentilhomme n'était pas trompeur, celle qui avait trahi le secret des gens de l'hôtellerie était elle-même affiliée aux mystères de cette association, qui avait pour but le pillage et l'assassinat. Cette femme s'était laissé maîtriser dès l'enfance par un homme qui avait préludé par la désertion à la vie de brigandage. Il se nommait Lavigne. Il avait acquis une telle influence sur les volontés de son esclave, qu'il avait contraint cette femme à s'unir avec lui par le mariage. Et quand le prêtre eut dit à Marguerite, — c'est le nom de l'épousée : « Marguerite. Dieu vous ordonne d'être soumise à votre mari, » le déserteur ajouta : « Nous n'habiterons plus ville.

— Que la volonté de Dieu et de mon mari soit faite, » avait répondu Marguerite. Et le lendemain Lavigne avait conduit sa femme dans une caverne où son père, qui avait vieilli dans le crime, l'attendait pour lui laisser sa survivance et son horrible héritage. Quand Marguerite eut demandé à Lavigne à quel métier il allait se livrer dans la solitude, Lavigne avait répondu : « Je continuerai la profession de mon père. » Et il avait laissé tomber sur Marguerite un regard qui enchaînait pour la vie cette âme à lui par la terreur.

Depuis ce jour, Marguerite s'était familiarisée avec le crime; dans le sang, elle avait puisé la soif du sang, et la seule trahison qu'elle ait eu à se reprocher, pendant l'espace de cinq années, fut la parole dite au gentilhomme.

Le jeune seigneur se repentit de s'être aventuré dans les profondeurs de la forêt. Il était là hors de portée de tout secours. Il ne pouvait compter que sur son courage et sa bonne épée. Il fit d'abord l'inspection des lieux, trouva les cloisons mal jointes, inspecta la fenêtre donnant sur une cour étroite et close de toutes parts. La porte qui séparait sa chambre du palier n'était pas de nature à seconder une défense. Cependant ce fut de ce côté qu'il pensa à se fortifier : il poussa, entre autres vieux meubles, un coffre dont il fit une sorte d'épaulement; il tira son épée, et, debout et résolu, attendit l'événement.

Une heure s'écoule... L'étranger croit entendre un mouvement sourd dans l'escalier; ce n'est point une erreur; on monte à pas de voleur; une main se promène sur la porte, et cherche le loqueteau, comme s'il suffisait de le faire mouvoir pour avoir entrée. Le mari de Marguerite, Lavigne, car c'était lui, avait sans doute pensé que le voyageur ne prendrait aucune précaution, et qu'il laisserait libre accès de sa chambre. Désappointé, il employa la ruse, éleva la voix, et pria le voyageur de vouloir bien le laisser entrer pour prendre plusieurs objets de literie dont il avait besoin. Refus du gentilhomme. Lavigne change de ton, et menace. L'étranger ne se laisse point intimider.

Le faux aubergiste, soutenu pas ses auxiliaires, menace de faire tomber la porte.

Le gentilhomme, secondé par son épée et sa carabine, jure de percer le cœur au premier qui entrera et violera son domicile.

L'attaque commence, les coups redoublés ébranlent la porte; un

des valets tente l'escalade par la fenêtre. Le voyageur donne de l'épée dans la poitrine de l'assaillant, et le jette au pied de son échelle: il commence l'arquebusade à travers la porte, et étend mort le vieil aubergiste, qui a pris part à l'action. Le rugissement des assaillants annonce au gentilhomme que la vengeance ranime le courage de ceux qui peuvent combattre encore. Le bruit de la mousqueterie éveille quelques bergers voisins; on voit des torches briller à travers les arbres de la forêt. Lavigne et tous ceux de la bande qui purent prendre la fuite s'esquivèrent, et le résultat de la victoire du gentilhomme fut la démolition complète de cette demeure dont bientôt il ne resta plus de trace. Le cadavre du vieux bandit fut placé en travers du chemin, dans un carrefour voisin, une corde au cou. Chaque pâtre s'appropria, comme palme de combat, celui-ci un vieux meuble, celui-là un pan de boiserie ou une poutre pour agrandir ou étayer sa cabane.

On parla pendant quelque temps de ce repaire de bandits, puis on oublia Lavigne et ses complices. Marguerite, qui s'était mise sous la protection du gentilhomme, retourna dans sa famille, où chacun, la regardant comme une victime, plaignit sincèrement son sort; les hauts seigneurs lui vinrent en aide, afin que la justice ne la chargeât pas des crimes de son mari. Le jeune seigneur sauvé par elle du guet-apens de la forêt de Fontainebleau fut un de ses plus chaleureux protecteurs, et sa reconnaissance alla jusqu'à lui donner une partie de son riche patrimoine.

Quant à Lavigne, il errait de province en province, tantôt retiré dans les forêts, tantôt se hasardant dans les villes quand il y avait quelque coup hardi et profitable à tenter.

On prétendit qu'il avait conservé de mystérieuses relations avec Marguerite, et que celle-ci mettait par des avis secrets le brigand sur la voie des bonnes aubaines favorisées par les circonstances qu'elle était à même de faire connaître.

Qu'il y eût ou qu'il n'y eût pas complicité entre Marguerite et Lavigne, il est notoire que la femme se regarda comme veuve de droit et de fait par l'absence du brigand auquel elle avait été unie, et par les condamnations dont le contumax était chargé. Et recherchée en mariage par un vieux et riche gentilhomme, elle accepta sa main.

Ce nouvel hymen ne fut pas sans troubles ni scandale. Marguerite ne put s'habituer à l'air pur de la nouvelle sphère où elle vivait. Il y avait dans cette âme-là un germe de vice qui se sentait toujours de la culture exercée par Lavigne. Les désordres de la femme du vieux gentilhomme ne furent pas même voilés par le mystère. Une circonstance vint jeter cette femme tout à fait en dehors de la voie du bien.

Avertie sous main de l'apparition de son premier mari dans la contrée qu'elle habitait, instruite de sa retraite qui avoisinait sa demeure, Marguerite alla trouver secrètement Lavigne ; une réconciliation suivit, et il fut convenu que, dans les moments d'absence de son mari, Marguerite recevrait le bandit dans le domicile conjugal, et que ses femmes de chambre l'introduiraient.

Les rendez-vous furent fréquents, et la vigilance des agents de Marguerite ne fut pas mise en défaut. Par mesure de précaution, l'adultère avait placé près de sa couche nuptiale un vaste coffre de bois contenant une partie de sa fortune ; la prudence justifiait cette mesure aux yeux du mari gentilhomme. Il ignorait un fait, c'est que ce coffre servait à deux fins, et qu'en outre des espèces monnayées et des bijoux qu'il renfermait, il recélait, dans les moments de danger, le mari amant de Marguerite. Lavigne était familiarisé avec le coffre comme la souris avec son trou ; au moindre bruit, à la première alerte, il allait s'y blottir, et les femmes de chambre venaient en toute hâte baisser le couvercle sur le réfugié.

Il arriva souvent que Lavigne resta plusieurs jours entiers enfermé dans cette oubliette.

Une circonstance suspendit ces entrevues ; Marguerite tomba dangereusement malade : le vieux gentilhomme lui prodigua les marques de la plus vive tendresse, et sa douleur révéla bientôt à la malade qu'elle n'avait plus rien à espérer de la science des médecins.

La pensée de la mort arracha un cri d'effroi à Marguerite. Quand elle connut qu'elle allait bientôt rendre compte à Dieu de sa vie criminelle, Lavigne était dans le coffre ; il avait profité d'un moment d'absence du gentilhomme pour s'introduire auprès de la moribonde ; il songeait sans doute à s'approprier le trésor sur lequel il s'était souvent couché.

Alors il passa une horrible pensée dans l'esprit de cette femme. Le remords lui inspira une résolution infernale ; elle devait à Dieu, à son époux, au monde, une amende honorable en expiation de sa vie passée, elle crut pouvoir racheter ses fautes par un crime, et éteindre le souvenir de l'adultère, en se faisant suivre dans la tombe par celui qui avait été son complice. Marguerite confessa au gentilhomme une grande partie des actes de sa vie ; il frémit à ce récit ; mais la contrition de la coupable remua, dans son âme, des sentiments de pitié pour elle; et quand cette femme, à laquelle il avait donné son nom, vint à lui demander, les mains jointes et les yeux tournés vers le ciel, s'il voulait l'aider dans un acte d'expiation, le gentilhomme promit qu'il exécuterait religieusement les dernières volontés de Marguerite.

« Vous ne m'interrogerez pas sur le motif qui me fait agir. Seule je suis juge de cet acte; vous ne chercherez pas à commenter le mystère de mes dernières intentions.

— Non, Marguerite, dit le gentilhomme, et puisse mon obéissance à vos désirs vous être comptée pour quelque chose au tribunal de Dieu.

— Eh bien, dit Marguerite, se redressant sur sa couche comme si elle eût retrouvé une nouvelle vie, et désignant du doigt le coffre où Lavigne était réfugié, ce meuble contient les vêtements dont mon corps plein de souillures s'est revêtu; là sont les dons impurs dont je me suis parée dans mes désordres et qui ont séduit mon orgueil; là aussi ces correspondances criminelles qui ont égaré ma raison, et que je me suis plu à conserver comme on garde le poison auquel le corps s'accoutume. Il faut que toutes les traces de ma dégradation disparaissent avec moi. Je veux que le même sépulcre nous recouvre, et que jamais aucune main humaine n'aille y chercher les preuves de ma honte.

Vous ferez placer ce coffre, tel qu'il est, dans le caveau de la chapelle où vos soins religieux ont préparé ma place, n'est-ce pas, monseigneur?

— Je le jure, Marguerite, dit le gentilhomme.

— Il sera scellé dans la terre, et une couche de ciment fermera l'ouverture qui aura servi de passage au coffre.

— Il sera fait comme vous le dites.

— Tenez, monseigneur, dit Marguerite en étendant le bras vers le gentilhomme, prenez cette clef, et fermez vous-même le meuble. »

A ce moment le coffre rendit un son plaintif. Le gentilhomme, absorbé par les idées qui se passaient en lui, n'entendit rien. Marguerite seule comprit, et un sourire plissa ses lèvres que la mort avait déjà décolorées.

Lavigne, prisonnier dans le coffre, avait tout entendu, et, tout en maudissant l'infâme action de sa complice, il cherchait les moyens d'éluder l'inhumation ; il comprit qu'il fallait agir de prudence et compter un peu sur sa bonne étoile pour sa délivrance.

En donnant signe de présence, il compromettait sa vie, car Marguerite pouvait obtenir du gentilhomme qu'on le noyât dans un fossé du château, ou bien qu'on précipitât l'inhumation. Il garda le silence et attendit l'événement, se réservant de faire acte de vie quand il serait réduit à la dernière extrémité.

Quelques heures après cet incident, la position de la malade empira. Lavigne entendit les prières que le chapelain récitait à voix basse près du lit de Marguerite, il compta les râlements de l'agonie, espérant toujours en un retour que son ancienne compagne ferait sur elle-même à la dernière heure ; le besoin de pardon qu'elle éprouverait peut-être pouvait faire tomber sur lui l'amnistie : il n'en fut rien. Marguerite rendit le dernier soupir, et le prisonnier perdit tout espoir de délivrance.

Le gentilhomme fut fidèle à la promesse qu'il avait faite à sa femme, et, après les obsèques de la défunte, il fit porter le coffre dans la chapelle du château. La pierre du caveau avait été levée d'avance, ce qui trompa Lavigne ; le coffre fut descendu par cette ouverture, et après quelques moments de silence, il sembla au prisonnier qu'une dalle fortement ébranlée retombait sur la voûte et refermait la tombe. Alors il fit entendre sa voix, il demanda secours et pitié ; mais, à ce moment, le chant des prêtres qui célébraient l'office de la défunte étouffa sa plainte, et Lavigne commença à craindre sérieusement de partager la sépulture de celle qu'il avait jadis instruite aux actes de brigandage, et qui, à son dernier jour, lui donnait la terrible preuve qu'elle avait surpassé son maître.

Il restait encore une faible lueur d'espérance au prisonnier. Dans un moment où le châtelain avait quitté le lit de mort sur lequel était exposée la défunte, des valets étaient venus s'asseoir sur le coffre, et avaient regretté hautement que le gentilhomme exécutât religieusement les dernières volontés de la châtelaine. Tous savaient que le coffre contenait des bijoux et de l'argent, et ils avaient espéré que, suivant l'usage, il y aurait une distribution, au profit des domestiques, d'une partie de la garde-robe et de l'épargne de la défunte.

Lavigne argumentait ainsi de cet incident : valet qui regrette une aubaine, et qui peut, avec un peu de courage, se l'approprier sans éveiller les soupçons, peut passer pour valet qui tient déjà aux trois-quarts ce qu'il désire. Et continuant son raisonnement dans cette hypothèse un peu hasardée, que les domestiques du château étaient d'une trempe comme la sienne, il concluait qu'il devait y avoir, parmi ceux qui convoitaient le butin, un ou deux individus assez audacieux pour en poursuivre la conquête jusque dans le caveau sépulcral.

Le prisonnier cherchait encore une espérance dans le souvenir d'un fait qui n'avait pas échappé à son esprit observateur. Il avait entendu la moribonde prescrire un mode de fermeture pour le caveau, et elle avait voulu qu'on scellât l'entrée par une forte couche de ciment. Cette opération n'avait pas été faite; c'était, sans doute, un retard, car le gentilhomme était trop scrupuleux exécuteur des dernières volontés de Marguerite, pour ne pas les accomplir dans leurs plus minutieux détails. « On viendra encore vers cette tombe, se disait Lavigne; j'ai une chance de salut; mais que ma bonne étoile me protége jusqu'à ce moment, car déjà les aiguillons de la faim se font sentir. »

Lavigne ne fut pas trompé dans son raisonnement.

Le captif était livré à ses réflexions dans l'étoile prison où il était couché, sans être certain de pouvoir jamais en sortir; là il avait le loisir de scruter les voies mystérieuses par lesquelles la Providence accomplit sa volonté souveraine. Il y avait, dans cette série d'incidents bizarres, un enseignement pour l'homme dont toute l'existence avait été vouée au crime, et il commençait à croire que le ciel avait marqué ce lieu solitaire pour sa tombe, et que les tortures de la faim devaient remplacer pour lui l'échafaud… Cependant il en avait été décidé autrement par la puissance surhumaine. Au moment où le captif désespérait de sa vie, la pierre du caveau de l'église est soulevée. Il entend la marche de plusieurs individus, et une conversation suivie à voix basse. Bientôt un instrument de fer pénètre dans la serrure du coffre et l'ébranle… Aux discours qui se tiennent, à l'empressement que les individus mettent à accomplir l'œuvre, il n'y a plus de doute pour le captif, ce sont les domestiques qui viennent violer le dépôt de la châtelaine, et faire main basse sur les trésors du coffre. Bientôt une vive clarté succède à l'obscurité profonde, le coffre a cédé, il est ouvert, et une torche ardente envoie son reflet au prisonnier... Il se lève comme un spectre et se jette au-devant de l'air et de la vie. Les domestiques, épouvantés de cette apparition inattendue, reculent d'effroi, et prennent la fuite.

Lavigne est resté seul. Il profite des moments, s'empare d'une torche qu'un des fugitifs a laissée près du sépulcre, il fouille d'abord le coffre, et fait main basse sur l'or et les bijoux qu'il avait regardés un moment comme sa couche funéraire; et quand il est suffisamment chargé, il gagne la chapelle, s'esquive par une des fenêtres et gagne la campagne.

Voilà de nouveau la liberté conquise pour le brigand. Averti, par la triste expérience qu'il avait faite, des périls de sa carrière aventureuse, il eût pu profiter de l'occasion qui lui était donnée de racheter le passé par une nouvelle vie: l'or qu'il avait trouvé dans le coffre lui offrait des ressources pour longtemps; mais l'ancien précepteur de Marguerite ne voulut pas reculer dans la route qu'il s'était frayée. Après avoir dissipé rapidement le produit de son vol, il gagne la province du Lyonnais, et se met au service d'un jeune gentilhomme dont la mauvaise renommée le séduisit. Dans cette condition, il devint bientôt l'instrument des basses passions de son maître.

Le jeune gentilhomme résidait à un château non loin duquel se trouvait la modeste habitation d'un cultivateur de vignes; le vigneron était resté veuf. Pendant qu'il se livrait aux soins de sa culture, sa fille, âgée de quinze ans et d'une beauté remarquable, restait chargée de tous les travaux du ménage. Souvent le gentilhomme, au retour de la chasse, avait prétexté de la fatigue ou du besoin de se rafraîchir, pour pénétrer dans la demeure du vigneron. Il avait employé inutilement tous les moyens de séduction qu'il pouvait tirer de ses avantages personnels et de sa haute position. La jeune fille était sans orgueil, sans ambition. L'amour pour son père remplissait toute son âme; elle écouta indifféremment le poursuivant comme s'il eût parlé une langue étrangère.

Le châtelain, ne trouvant point en cette enfant la soumission qu'il avait coutume de rencontrer chez les pauvres filles qu'il convoitait, recourut à la violence, et, aidé de son valet dont il avait fait son confident, il fit tomber la jeune fille dans un piége ; et un soir qu'elle allait, sur un faux avis, au-devant de son père qu'elle croyait blessé, Lavigne, transformé en vieux berger, et qui disait avoir été témoin de l'événement arrivé au vigneron, entoura la pauvre enfant de ses bras vigoureux, la réduisit au silence avec un bâillon, et la plaça devant lui, sur un cheval qui gagna au galop le manoir où le gentilhomme attendait sa proie.

La fille du vigneron eut le courage de son affreuse position, le désespoir lui donna la force de se soustraire aux brutalités du gentilhomme. Celui-ci forme le projet de vaincre sa résistance opiniâtre par la captivité et les privations ; un sombre caveau, creusé dans une des galeries du château, devient pour la pauvre enfant une tombe anticipée. Lavigne s'était fait le geôlier officieux de cette pauvre victime ; en se chargeant de cet emploi, il n'agissait pas seulement dans l'intérêt des mauvais instincts de son maître, il avait lui-même ses vues sur la captive. La nature féroce de cet homme se révélait par les tortures que chaque jour il inventait pour vaincre les chastes résistances de la jeune fille.

Un jour cependant la fille du vigneron parut résignée, et quand elle vit entrer Lavigne pour lui donner ses aliments, elle ne manifesta pas le sentiment d'horreur que lui inspirait sa présence. Le valet geôlier crut avoir fait des progrès dans l'esprit de la recluse. La veille, il lui avait proposé la liberté comme prix de sa soumission, ce jour-là il renouvelle son offre, promettant de faciliter l'évasion. La captive répondit à Lavigne qu'elle n'élevait pas ses souhaits si haut. Elle demandait moins à la pitié de son gardien, et une seule chose, dans la circonstance où elle se trouvait, pourrait adoucir la tristesse de sa solitude. Elle aurait voulu la société d'un chien fidèle qu'elle avait élevé et dont elle vivait séparée, et c'était le compagnon de ses jeux d'enfance : « Il vous serait bien facile de l'amener, en vous rendant le soir près de la demeure de mon père, dit la jeune fille au valet ; l'animal n'est pas farouche, il se nomme Barco, nom qui lui vient d'une petite barque d'où il s'élança un jour qu'il me sauva du Rhône où j'allais périr... Sous votre costume de vieux berger, vous attireriez facilement Barco, en lui présentant du pain trempé dans du laitage... Si j'avais Barco près de moi, ajoutait la jeune fille, je serais moins malheureuse ici. »

En disant ces paroles, la fille du vigneron laissa tomber sur Lavigne un de ces regards qui changent en un instant toutes les résolutions, et modifient brusquement leur nature. Ce jour-là, le guichetier dit en se retirant, assez haut pour être entendu de la prisonnière : « Barco sera ici demain. »

Le lendemain, Barco partageait la prison de sa maîtresse. Il serait difficile de dire de quel côté la joie semblait la plus vive. Lavigne avait éprouvé peu de difficultés pour emmener la pauvre bête. Depuis la disparition de sa maîtresse, on eût dit qu'elle ne tenait plus au logis ; assise devant la demeure du vigneron, l'expression de son regard semblait dire à chaque passant : « Si vous allez où elle est, je vous suivrai. »

Après quelques jours, l'humeur de Lavigne était devenue moins farouche, il avait pris le chien en affection, et de temps à autre il le conduisait dans les allées du parc et quelquefois au dehors. La jeune fille avait fait à Barco un collier de ses blonds cheveux, et Barco semblait fier de ce don de sa maîtresse.

Un jour, Lavigne ouvrit la porte de la prison, et Barco ne parut pas. Le valet dit à la recluse que le chien s'était égaré. La fille du vigneron réprime un sourire, l'espérance venait de passer dans son cœur ; elle comprit que son projet avait réussi. Barco était retourné chez le vieux vigneron ; doué d'un instinct que l'intelligence humaine pourrait envier, le chien porteur du blond collier montrera ce signe certain d'existence de la victime. Le père de la captive est honoré dans le pays, il intéressera des gens puissants à l'infortune de son enfant ; on se mettra sur la trace, Barco fera les fonctions de guide... et peut-être bientôt la liberté luira-t-elle pour la prisonnière.

A peu près à la même époque où ces faits se passaient, le gouverneur de la ville de Lyon poussa une de ses promenades jusqu'à la châtellenie du gentilhomme au service duquel était Lavigne. Il s'arrêta avec sa suite dans un site des plus pittoresques, et mit pied à terre. Le propriétaire du château, apprenant la présence du magistrat sur ses terres, va au-devant de lui, il sollicite la faveur de le voir accepter son château pour son lieu de halte. Le gouverneur se rend aux désirs du gentilhomme, et manifeste même le désir de connaître dans toutes ses parties cette demeure presque princière dont on vante au loin la magnificence.

Le châtelain fait avec grâce les honneurs de son domaine, et, après une collation recherchée, il promène le gouverneur dans le parc, puis il lui montre sa belle galerie de tableaux de l'école vénitienne, ses richesses mobilières auxquelles ont travaillé les meilleurs sculpteurs de la France et de l'étranger, ses tentures en cuir de Cordoue.

Le gouverneur a témoigné le désir de parcourir une longue galerie basse le long de laquelle règne une rangée de portes ogivales simulées ou réelles, et quand il a atteint le terme de la galerie, feignant d'admirer les détails de ciselure du dernier portique, il dit au châtelain qu'il aurait la curiosité de connaître à quelle localité pouvaient conduire toutes ces portes. Le gentilhomme, voulant faire prendre le change au gouverneur, offre de lui ouvrir plusieurs issues voisines de la porte qu'il désigne. Le magistrat, voyant s'éloigner le châtelain, insiste pour voir cette partie qu'on semble vouloir soustraire à sa vue.

« C'est cette porte que je désigne, dit le visiteur. » Le châtelain feint de ne pas avoir compris.

« C'est cette porte que je demande qu'on ouvre, reprend d'un ton impératif l'hôte du gentilhomme ; et, si vous ne satisfaites pas à ce caprice d'un voyageur, vous obéirez, je pense, à l'ordre d'un magistrat. »

Le gentilhomme fut troublé à cette parole ; il chercha à masquer, sous le prétexte d'une galante aventure, le refus qu'il avait fait, et dit au gouverneur qu'il avait là un petit colombier dans lequel une tourterelle un peu timide vivait loin du monde et du bruit. « Après cette confidence, si monseigneur le gouverneur insiste, dit le gentilhomme, j'obéirai.

— Obéissez, » dit sévèrement, le magistrat.

La porte s'ouvrit : une jeune fille, flétrie par le désespoir et les privations, paraît et se prosterne aux pieds du gouverneur.

« Je sais qui vous êtes, mon enfant, » dit le magistrat avec bonté.

Et se tournant vers le séducteur : « Je connais le crime du châtelain. Il n'échappera que par une grande et solennelle réparation à la loi dont je ferai appliquer, en cas de refus, toute la sévérité. Il faut que son nom devienne le vôtre et couvre sa faute, ou l'échafaud expiera le crime. »

Le gentilhomme consentit au mariage, et la fille du vigneron devint une grande dame. Ce qu'avait prévu la captive s'était réalisé ; c'est à Barco, à son chien fidèle, qu'elle dut le terme de sa captivité. Le chien, de retour à la demeure du vigneron, avait porté le collier, preuve de l'existence de sa maîtresse. Le père de la jeune fille soupçonnait le jeune châtelain du rapt de son enfant ; et, quand Barco l'eut mis, par ses jappements, sur la trace du ravisseur, il alla porter sa plainte au gouverneur de Lyon, homme de bonnes mœurs et d'une sévérité à l'épreuve de la captation et des intrigues des grandes familles.

On a vu ce qui résulta de son intervention dans cette affaire.

La châtelaine pardonna au valet geôlier les barbares traitements dont elle avait été victime, et, en souvenir de quelques adoucissements qu'il avait apportés à son sort, dans les derniers temps de sa captivité, elle garda le silence sur les pensées et les actes de cet homme.

Six mois venaient de s'écouler; la châtelaine, rejetant les torts de son ravisseur sur l'excès d'une passion irréfléchie dans ses actes, commençait à jouir d'un bonheur qui paraissait devoir être durable.

Le gentilhomme fit un voyage à Lyon, pour des affaires; il resta quelques jours absent. Il revenait de nuit à sa châtellenie; il lui sembla voir à l'horizon, du côté où sa demeure était située, des lueurs rougeâtres comme celles d'un incendie lointain; il hâta la marche de son cheval. Bientôt il ne peut douter de la catastrophe : son château est la proie des flammes... Il vole au secours des victimes que le feu doit menacer... Il appelle la châtelaine, et aucune voix ne lui répond... Il nomme, d'une voix forte, les femmes de chambre... les valets, et Lavigne, son fidèle... son dévoué.

Il gravit à l'appartement de sa femme... Horreur! il voit un cadavre, sur lequel le poignard a laissé de nombreuses traces. Ce cadavre de femme présente les plaies les plus horribles et les signes des derniers outrages. Deux femmes, frappées mortellement près de leur maîtresse, indiquent qu'elles ont voulu vainement lui porter secours.

Est-il besoin de nommer l'auteur de tant de crimes et de tant de désastres : on a reconnu l'homme qui a appris le meurtre à Marguerite, le bandit qui s'est sauvé du sépulcre, le valet geôlier, et la bête féroce qui a satisfait ses affreux instincts sur la châtelaine, dont il avait juré de faire sa proie, quand elle était sa prisonnière. Il n'avait pas pardonné à la recluse sa ruse pour amener Barco près d'elle. Profitant de l'absence de son maître, il donne choix à la châtelaine entre l'honneur et la vie; elle lui répond : « Tuez-moi! » Le brigand frappe, puis il insulte au cadavre, et la torche incendiaire en main, il jette sur cette scène un vaste foyer de lumière, comme s'il eût voulu détruire par l'incendie les traces de cet horrible spectacle.

La justice divine et humaine atteignit en même temps ce grand misérable. Lavigne était parvenu à fuir au milieu de l'incendie, un paysan le reconnut, et découvrit sa retraite. Il y eut une levée générale des hommes de la contrée pour traquer cette bête fauve. Deux fois pris et enchaîné, deux fois Lavigne rompit ses fers et s'évada; mais, saisi de nouveau, il fut amené à Lyon, et les supplices ordinaires paraissant insuffisants pour l'expiation de tant de crimes et de cruautés, il fut plongé vivant dans une chaudière remplie d'huile bouillante. Il expira au milieu d'affreuses tortures.

Un tire-laine contemporain de Carrefour qui ne le céda en adresse et en effronterie à aucun de ses compagnons, est le fameux Mutio du pays de Chartres. Venu de bonne heure à Paris, et élevé à l'école de la Samaritaine et de la Cour des miracles, il montra toujours une préférence bien marquée pour les bourses, fauconnières et manteaux de ses compatriotes qu'il rencontrait à Paris; quand il y avait disette des indigènes de sa province natale, Mutio mettait à profit la connaissance qu'il avait acquise des localités de la Beauce, et il trouvait toujours dans son esprit fécond le plan d'une aventure plus ou moins hasardeuse à tenter dans les lieux où il avait reçu le jour.

Mutio savait qu'un de ses compatriotes, nommé Charles Destampes, était établi marchand drapier à Paris, au quartier de l'Université, et qu'il faisait un gros et profitable commerce. Charles Destampes était marié et sans enfants, il affectionnait sincèrement un frère qui habitait Chartres, lequel allait prochainement contracter une alliance avantageuse.

Mutio fut séduit par la pensée de rendre dupes les deux frères en même temps, et voici quelle bizarre intrigue il noua.

Le marchand drapier est un jour interrompu dans ses occupations par l'arrivée d'un individu qu'il ne tarde pas à reconnaître pour un compatriote; il l'a autrefois vu dans sa ville natale, et il a gardé un souvenir assez exact de ses traits pour le saluer de son nom. Mutio, car c'est lui qui se présente chez le marchand, est dans une tenue qui est bien loin d'annoncer une position brillante. Il raconte qu'il vient de Chartres, que chemin faisant il a été dépouillé de son argent par des malfaiteurs, et qu'arrivé à Paris, il s'est vu dans l'obligation de mettre en gage chez des juifs un vêtement neuf, et il s'est couvert à la hâte de quelques haillons achetés à bas prix, pressé qu'il était de venir remettre au marchand une lettre dont il est porteur.

En disant cela, Mutio fouille à sa poche, mais il s'aperçoit que dans sa précipitation il a oublié dans ses vêtements, laissés chez le juif, la lettre dont il est chargé.

La nouvelle que je vous apportais, dit Mutio d'un air contrit, est profondément triste, mais cependant elle porte avec elle sa consolation. Il faut toujours avoir à la pensée la fragilité physique de l'humanité, aucun de nous n'est exempt d'une fin.

« Que voulez-vous dire? s'écria avec inquiétude le drapier.

— Quand la première impression d'une légitime douleur a blessé le cœur, continue Mutio, la raison nous donne la force de faire profit des avantages matériels et pécuniaires que l'extinction d'un des nôtres rejette sur nous, afin que nous continuïons les œuvres d'utilité ou de bienfaisance commencés par ceux que Dieu rappelle à lui… »

Mutio couronna cette homélie par l'annonce de la mort du frère de Destampes, qui avait fait le drapier son légataire universel.

Le marchand fut sincèrement affecté de cette catastrophe imprévue. Il questionna Mutio sur les détails de la maladie et de la mort de son frère. Mutio répondit à toutes les demandes en narrateur qui paraissait bien instruit.

Quand l'héritier eut donné quelques moments à sa douleur, il pensa à la lettre que le pauvre diable de messager avait laissée chez le juif, il regarda comme un devoir de la recouvrer, et il crut céder à un juste sentiment de pitié et de gratitude en donnant à Mutio l'argent nécessaire au dégagement de ses effets. Il ne s'en tint pas là, et il voulut que son compatriote prît gîte chez lui jusqu'à ce qu'il jugeât à propos de retourner au pays de Chartres.

Mutio, qui n'avait eu affaire avec aucun juif et n'était porteur d'aucun message, mit à profit la bienveillance de son compatriote pour réparer le délabrement de sa toilette, signe d'une misère que le vol avait souvent soulagée, mais que le vice faisait incessamment renaître. Il courut à la friperie, choisit les vêtements les plus frais et les mieux coupés à sa taille ; en passant près du cimetière des Saints-Innocents, il entra dans l'échoppe à roues d'un écrivain public, et fit écrire une lettre ainsi conçue :

« Mon neveu,

« C'est avec une douleur extrême que je vous mande la nouvelle de la mort de votre frère qui est arrivée subitement, car il n'a été que trois heures malade. Ma sœur, votre mère, étant allée à Notre-Dame des Ardillières faire un pèlerinage pour le défunt qu'elle croit encore malade, n'a pu vous écrire pour vous entretenir de notre douleur et de vos affaires, car votre frère vous a fait héritier de tous ses biens, j'ai été obligé, ne sachant pas me servir de la plume, de charger un de nos amis de vous donner connaissance de ces faits, et de vous prier de venir au plus tôt en nos quartiers.

« Votre oncle, Destampes. »

Par post-scriptum, on recommandait au drapier d'avoir les plus grands égards pour le porteur de la lettre auquel l'oncle donnait la qualification d'un de ses meilleurs amis, et du plus honnête homme du pays Beauceron.

Mutio revint triomphant chez le drapier. Il lui remit la lettre de contrebande. Le marchand en prit connaissance, en donna communication à sa femme ; celle-ci, dont la sensibilité se trouvait quelque peu tempérée en cette circonstance par la joie d'un héritage inattendu, fit un moment distraction à sa douleur, pour accueillir courtoisement le porteur de la lettre. Mutio fut bientôt installé chez le drapier, et il fut au comble de son espoir, quand il vit qu'il devenait non-seulement un commensal du jour, mais encore un hôte de nuit, et qu'il aurait un lit près des piles énormes de pièces de draps et de velours qu'il saurait faire passer entre les mains de ses acolytes.

Aussitôt le couvre-feu, les confrères de Mutio firent le blocus de la maison du drapier. Sous prétexte d'insomnie, mal héréditaire, qui, au dire de Mutio, s'était introduit dans sa famille depuis neuf générations, il trouva le moyen de rester debout la nuit, sans éveiller les soupçons.

Les pièces d'étoffe disparaissaient, enlevées de main en main, en sens contraire de ces pierres que les maçons se passent de bas en haut de l'échelle dans les constructions nouvelles ; comme Mutio renversait au lieu d'édifier, c'était du haut en bas que le transport s'opérait. Le chef de l'entreprise était placé à une fenêtre sur le premier degré de l'échelle ; on assure que, pour plus de sécurité dans la manœuvre, Mutio avait confié l'échelon extrême à un archer affilié à sa bande.

Le magasin de Charles Destampes était si bien achalandé, que les vols de Mutio ne laissaient aucune trace. Cependant celui-ci pensait déjà à battre en retraite et à aller butiner ailleurs. Il avait bien regret de quitter le champ de sa facile moisson, mais il craignait qu'il n'y eût péril pour lui à séjourner plus longtemps. Il cherchait dans son esprit un nouveau terrain à exploiter, quand la maladie subite de la femme du drapier lui ouvrit une pensée à laquelle il sourit.

Le drapier, que ses intérêts d'héritier appelaient à Chartres, différait de jour en jour son départ, et quand il fut au moment de se rendre à l'appel de son oncle, signataire de la lettre de faire part remise par Mutio, la position de sa femme ne lui permit plus de s'absenter et de laisser sa boutique sans chef pour conduire les affaires.

Quand Mutio fut certain de la prolongation de séjour à Paris de Destampes aîné, il pensa qu'il lui serait facile de tenter chez Destampes jeune le même coup qui lui avait si bien réussi sur son frère. Comme on doit le penser, Destampes de Chartres était en aussi bonne santé que Destampes de Paris, il n'y avait pas encore pour lui urgence de faire ses dispositions testamentaires. Il croyait son frère de Paris aussi bien portant que lui, il avait reçu de ses nouvelles quelques jours avant que Mutio s'introduisît chez le marchand du quartier de l'Université ; quel fut le douloureux étonnement de Destampes jeune, quand un matin il reçut des mains d'un voyageur une lettre ainsi conçue :

« Mon frère,

« Depuis les dernières nouvelles que je vous ai données, Dieu nous a éprouvés d'une manière bien cruelle. La douleur est dans notre maison, et ce n'est qu'aujourd'hui que je retrouve assez de force pour vous dire que la mort vient de me séparer du meilleur des époux, et de vous enlever le plus tendre des frères. Une pleurésie l'a saisi mercredi, et vendredi, Charles avait cessé d'exister. Mon époux vous a choisi pour l'exécuteur de ses dernières volontés, et vous a légué une partie de ses meubles et de ses marchandises, afin que vous preniez intérêt des affaires de sa veuve comme des vôtres. Venez au plus tôt, mon frère, votre présence me donnera du courage.

« Votre affectionnée sœur et servante,

« Jeanne la Brosse. »

A cette lettre se trouvait joint le post-scriptum suivant, copie textuelle de la lettre que Mutio avait remise précédemment au drapier de Paris.

« Le porteur de cette lettre est un jeune homme que vous avez peut-être connu dans le pays Beauceron, dont il est originaire; ayez pour lui les plus grands égards, il était un des meilleurs amis de défunt votre frère. »

Mutio ajoute au récit laconique de la lettre. Il peint la douleur de la veuve, le deuil des amis, la mort chrétienne du drapier. L'hypocrite émissaire n'a pas voulu, dit-il, laisser à d'autres l'accomplissement d'un pieux et triste devoir, il a enseveli le corps de ses propres mains, puis il s'est mis en route pour Chartres afin d'accomplir la volonté du drapier, en apportant lui-même à sa famille la nouvelle de sa mort.

Dans ces circonstances, on fit à Mutio le meilleur accueil qui fût possible. La vieille mère de Destampes le prit en affection pour avoir accompli à l'égard de son fils aîné les saintes obligations que la religion impose. Elle veut que le nouveau venu regarde la maison de Destampes jeune comme celle de son malheureux frère. Les domestiques ont ordre d'être aux petits soins pour l'étranger, et voilà Mutio installé à Chartres comme précédemment à Paris.

Mutio habitait depuis trois jours cette demeure, quand il vit qu'on se préoccupait des préparatifs de départ. La vieille mère devait accompagner son fils à Paris.

Un matin, les maîtres et domestiques étaient allés à la messe. Mutio mit à profit leur absence ; à l'aide d'instruments dont il connaît depuis longtemps l'usage, et dont il est toujours porteur, il ouvre les portes des appartements et les serrures des meubles, et découvrant quelques diamants d'une assez forte valeur, appartenant à la vieille mère des Destampes, il pense qu'elle se préoccupera peu de ces joyaux, à une époque de deuil, et fait main basse sur le butin ; il referma avec habileté les coffres, et ne laissa aucune trace d'effraction.

Quand le fripon vit Destampes et sa mère prêts à partir, il prit congé d'eux, sous prétexte d'aller voir dans la contrée quelques parents dont il était éloigné depuis plusieurs années, et la famille le remercia par des paroles affectueuses des preuves d'intérêt qu'il lui avait données, n'osant pas lui offrir une récompense pécuniaire dans la crainte d'humilier un jeune homme si honnête et si dévoué.

Pendant que ces faits se passaient dans le pays de Beauce, la femme de Charles Destampes avait recouvré la santé, et elle insistait pour que son mari partît et allât régler dans la famille de son frère les comptes de la succession. Le drapier fit ses préparatifs, et annonça qu'il se mettrait en route au premier samedi.

Au même jour et à peu près à la même heure où Destampes cadet partait de Chartres pour venir à Paris recueillir la succession de Destampes aîné, ce dernier quittait la ville de Paris pour aller recevoir à Chartres l'héritage de Destampes cadet.

« Je vous prie de considérer cette drôlerie, dit le vieux chroniqueur qui le premier a écrit cet épisode de la vie des larrons au dix-septième siècle, voilà deux hommes partis à même sujet, tous deux jouissant d'une pleine vie, chacun croit l'autre mort, et chacun, à part soi, bâtit des châteaux en Espagne, et forme des projets sur la succession et le testament de son frère, et pas un ne s'est aperçu des vols de Mutio ; mais ce qui arriva depuis est bien plus étrange, car il advint que Destampes cadet, ou mieux monté, ou ayant hâté davantage la marche en route, advint avec sa mère à une hôtellerie qui est environ à mi-chemin, et que leurs chevaux étant harassés, ils demandèrent une chambre. Enfin ils fermèrent la porte et se couchèrent en deux divers lits. »

Le hasard voulut que Destampes aîné descendît à la même hôtellerie quelques instants après que son frère et sa mère eurent soupé. Il se met à table dans la salle commune, puis on le conduit au gîte qu'il doit occuper, en le faisant passer par une chambre où reposaient déjà deux voyageurs. Destampes aîné se met au lit ; mais, préoccupé qu'il est de la mort de son frère et des affaires qui sont le résultat de cet événement, il ne peut trouver de sommeil. Une grande partie de la nuit passe, et tout à coup le marchand drapier est tiré de ses réflexions : il croit entendre une voix bien connue dans la pièce voisine ; sa surprise et son émotion redoublent quand à cette voix s'en joint une autre sur laquelle il ne peut se méprendre. C'est celle de sa vieille mère. Une conversation s'est engagée entre elle et son fils cadet.

Le drapier, quoique bien éveillé, se demande s'il est sous l'influence d'un rêve. Cependant la conversation cessant dans la chambre voisine dont il n'est séparé que par une faible cloison, Destampes aîné croit avoir été le jouet d'une hallucination ; son esprit revient à la triste réalité de la perte qu'il a faite.

L'intention de Destampes aîné était d'arriver le lendemain de bonne heure à Chartres ; il avait donné l'ordre à la domestique de l'auberge de venir l'éveiller avant le jour. Celle-ci obéit, et apporta de la lumière au voyageur.

Destampes aîné s'habille et se dispose à partir. En passant par la chambre qui fait suite à la sienne, il ne peut résister à un mouvement de curiosité, et il désire voir de près la figure des voyageurs qui lui ont causé tant d'émotion. Il porte son flambeau sous le nez de celui qui est couché le plus près de la cloison... il reconnaît les traits de son frère... pousse un cri. Destampes jeune se lève sur son séant et regarde avec terreur... Nul doute, c'est une apparition. Le flambeau qui tremble dans la main de Destampes aîné lui échappe, et il gagne l'escalier et se réfugie dans une salle basse de l'auberge.

De son côté, Destampes jeune n'est pas plus rassuré ; réveillé en sursaut par un fantôme, il a vu la figure de son frère défunt, et le spectre vient de disparaître en rendant la chambre à son obscurité.

La vieille mère a été témoin de cette scène, elle ne sait que penser... et croit que son pauvre fils aîné est sorti de la tombe pour reprocher à son frère d'avoir tardé de quelques jours à remplir ses volontés. Elle parle de faire dire une messe et d'accomplir une neuvaine pour l'apaiser.

Aux cris du drapier, l'aubergiste et tous ses gens se sont levés. Aux questions qu'il fait sur les voyageurs couchés dans le voisinage de la chambre qu'il occupait, on répond que c'est un habitant de Chartres qui se rend à Paris avec sa vieille mère, et qui, dans la conversation, a dit se nommer Pierre Destampes. « Pierre Destampes est mort, dit en faisant le signe de la croix le voyageur, et vous me voyez portant son deuil. »

Destampes cadet s'était habillé à la hâte, avait appelé la domestique pour avoir de la lumière, et demandant à son tour quel était l'homme qui avait couché près de lui, il avait reçu cette réponse :

« Le voyageur qui a couché près de vous vient de dire à mon maître qu'il est marchand drapier à Paris, et qu'il se nomme Charles Destampes.

— Charles Destampes est mort, dit le voyageur avec un profond soupir, et vous me voyez portant son deuil. Cet homme ne peut être qu'une fausse image... un spectre... un fantôme... »

À ces mots de spectre, de fantôme, la fille d'auberge pousse un cri aigu, comme si elle eût en sa présence Satan en personne... Et dans le désordre de ses idées, elle se met à crier au secours, de façon à laisser croire que le feu de l'enfer est en contact avec l'hôtellerie.

L'aubergiste, sa femme, son fils, ses domestiques et même Destampes aîné accoururent à ce cri, et montèrent à la chambre de Destampes jeune.

Là, les deux frères, un peu remis de leurs terreurs, se trouvèrent en vis-à-vis, tous deux sains et saufs et couverts de leurs vêtements de deuil... Rien dans leurs traits n'annonçait qu'ils fissent partie des habitants d'un autre monde, seulement la douleur avait laissé sur leur visage la trace de son passage. On ne tarda pas de part et d'autre à se comprendre. Le mystère de ce double voyage s'éclaircit, et chacun des frères fut obligé d'avouer qu'il avait été dupe d'une mystification cruelle, dont le but restait cependant encore incompréhensible.

Pourquoi ce jeune homme, porteur des fausses lettres, avait-il pris un tel moyen? Était-ce pour obtenir par la ruse quelques vêtements, ou quelques jours d'hospitalité? Cette supposition était peu acceptable.

Le véritable but que s'était proposé Mutio ne fut révélé que lorsque le marchand drapier fit son inventaire annuel, à l'époque de la Saint-Martin; il trouva un énorme déficit dans ses valeurs d'emmagasinage, et, à peu près au même temps, il eut avis qu'un de ses confrères vendait depuis quelques mois des étoffes bien au-dessous du prix de fabrication. Grâce aux recherches actives de l'archer que nous avons vu placé par Mutio sur le bas degré de l'échelle au moyen de laquelle les draps de Destampes circulaient, le marchand parvint à découvrir qu'un larron était le fournisseur de son confrère, et que la manufacture dont on tirait les produits n'était autre que son magasin. L'honnête archer fut généreusement récompensé. Il avait reçu la prime du vol des mains de Mutio, il reçut la prime de révélation des mains du marchand, et son nom eut une mention d'honneur sur les contrôles du corps utile et honorable auquel il appartenait.

La vieille mère de Destampes, qui rejeta bien vite ses vêtements de deuil, eut hâte, à son retour à Chartres, d'inviter sa famille et ses amis à un grand gala ; en témoignage de sa joie, elle voulut se parer, et ouvrit l'armoire où elle croyait ses diamants au repos. Mais la pauvre vieille fut cruellement désappointée, en ne retrouvant plus le petit coffret où étaient les bagues et les pierreries. C'est alors que les deux frères comprirent l'opération commerciale qu'un larron avait faite à leurs dépens.

Après avoir mené pendant quelques mois une vie de débauche et de vol dans la ville de Rouen, Mutio voulut renouveler sur deux frères normands l'épreuve des lettres mortuaires ; mais quoique les marchands et bourgeois ne fussent pas, à cette époque, avertis, comme de nos jours, par les gazettes, des mille et une ruses journalières des tire-laines et coupeurs de bourses, un bourgeois de Normandie fut assez bien avisé pour déjouer le plan de Mutio. Ce chef de bande fut condamné au fouet et à la marque, et on l'envoya tirer la rame sur les galères de Marseille.

Le moyen des fausses correspondances employé par Mutio pour duper les deux frères Destampes a souvent été mis depuis en pratique. Ce genre de faux, qui consiste à adresser, dans un but de spoliation, une lettre de la fabrique des malfaiteurs à quelque personne confiante, a reçu dans les temps reculés le nom de *Lettres de Jérusalem*, et leur usage date de loin. D'ailleurs il y a une remarque assez curieuse à faire, c'est que les malfaiteurs et les larrons du dix-neuvième siècle, que les publicistes nous montrent comme des êtres qui, par leur audace et leur criminelle intelligence, reculent chaque jour les limites de la science du mal, ne sont véritablement que les imitateurs des brigands et des larrons qui les ont précédés dans la carrière. Il n'est pas un tour de filou, un mode de duperie, une ruse pour s'approprier le bien d'autrui, qui n'ait été mis en pratique bien avant l'époque où nous vivons.

Nous venons de voir que les *Lettres de Jérusalem* remontent à une ancienne origine, et que sous Louis XIII on en connaissait l'usage. Il en est de même du *vol à l'américaine* qui consiste à substituer des espèces monnayées fausses ou même toute autre chose que des espèces, à l'or ou l'argent de bon aloi qu'un homme confiant consent à échanger. Dans les vieilles chroniques du vol, on retrouve à chaque page de ces faits qui, par l'effronterie de leur auteur, dépassent tout ce que les journaux judiciaires racontent des méfaits des filous contemporains.

« C'est une chose étrange et prodigieuse, dit un historien du seizième siècle, de voir les piperies et artifices que les voleurs ont inventés pour parvenir à leurs pernicieux desseins, et de considérer avec quelles industries ils se sont glissés même dans les maisons les plus renommées de Paris (et de ma part il faut que je confesse que d'escroquer l'argent d'un lourdaud qui sera nouveau venu, il ne faut pas grande finesse), mais attraper les plus fins du métier, c'est là où est la difficulté, et où je trouve que l'esprit des hommes de ce dernier siècle est grandement fécond en toutes sortes de malices. »

Dans la grande division de la famille des malfaiteurs, on rencontre aujourd'hui les bonjouriers ou voleurs qui pénètrent avec adresse le matin dans les logis, les cambrioleurs ordinaires, et les cambrioleurs à la flan (au petit bonheur, au hasard) qui dévalisent les chambres ou cambrioles, les rouletiers qui font main basse sur quelque partie du chargement des voitures qui stationnent sur la voie publique ou marchent de nuit sur les grandes routes.

Les siècles précédents ont eu des larrons qui ont exploité toutes ces spécialités, et Langevin, coupeur de bourses facétieux et hardi, a laissé le souvenir d'un coup de maître dans lequel nous ne sachions pas qu'on l'ait encore égalé.

Nous empruntons le récit de l'aventure à l'historien contemporain qui a écrit le fait, sous l'impression de l'étonnement général que cette piperie excita dans l'esprit de tous.

Il n'y a, dit-il, personne qui ne sache le grand concours de peuple qui se trouve à la place de Grève la veille de la Saint-Jean-Baptiste, à cause du feu d'artifice qui s'y joue, des boîtes, des canons et autres raretés que l'on y voit.

Or un bon vieux villageois, qui était venu apporter ses fermages à un gros rentier de Paris, ce jour-là, voulut demeurer ce soir pour voir cette solennité, et ne voulant ni se tenir debout sur ses jambes, ni louer une chaise, il prit son âne, monta sur son bât, et prit place ainsi au milieu de la foule. Langevin, qui sortait de la taverne en bonne humeur, proposa à plusieurs de ses acolytes qui l'entouraient de faire un acte de haute pratique, et de voler l'âne du villageois sans que celui-ci ni aucun de ceux qui l'entouraient s'en aperçussent.

Au nombre des compagnons auxquels Langevin s'adressa, quelques-uns objectèrent que mieux valait profiter de la fête de la Saint-Jean pour couper des bourses bien garnies, que de perdre du temps et de l'intelligence pour emmener un baudet. Mais Langevin tint bon, il garda près de lui ceux de ses auxiliaires qui voulurent partager l'honneur de l'expédition.

Langevin fend la presse, s'approche du paysan ; celui-ci était attentif à regarder les divers personnages, les gardes, les archers qui faisaient montre (la parade) par la Grève, selon leur ordinaire. Quatre compagnons ont suivi leur chef. A un signal de Langevin, chacun d'eux prend un coin du bât de l'âne, et, soulevant le villageois doucement, ils allègent l'animal du poids qu'il porte, et soutiennent en l'air le rustre, trop attentif à ce qui se passe en face de lui pour regarder ce qui se fait au-dessous; une femme de la bande des larrons saisit à ce moment le baudet par la bride, et Langevin, qui se tient derrière l'animal, enfonce la pointe d'un poinçon dans la croupe de la bête ; l'âne fait un mouvement en avant, suit la main qui le tient par le bridon... la foule s'ouvre pour lui donner passage.

Les larrons continuèrent à servir de support au paysan, tant que le baudet ne fut pas hors de la vue, mais quand ils jugèrent que l'animal devait être en lieu de sûreté, ils laissèrent tomber le bât de l'âne, et avec lui l'ânier, qui poussa un cri perçant, supposant que la terre s'entr'ouvrait et qu'elle venait d'engloutir sa monture. Le villageois reprend ses sens, se relève, regarde de tous côtés, et ne peut se rendre compte de ce qui lui est advenu. Il ne sait de qui ni à qui se plaindre, et fait une si piteuse mine, que chacun se prend à rire, et cet incident devient une des choses les plus curieuses et les plus amusantes de la fête publique.

Langevin, dont la physionomie n'était pas inconnue aux prévôts ni aux archers, ne se soucia pas d'être rencontré près du lieu de la scène, de peur qu'on ne lui fît l'honneur de lui attribuer le mérite du tour dont le paysan était dupe, il se perdit dans la foule où il fit bonne récolte de grosses et petites bourses qu'il coupait avec une dextérité peu commune, poussant l'habileté jusqu'à les renouer à la ceinture de leurs possesseurs quand il avait pris le métal précieux, restituant avec le sac la basse monnaie de cuivre.

L'affiliation des malfaiteurs avait alors ses règles, ses statuts, ses moyens stratégiques, que souvent on retrouve dans les bandes d'une époque plus avancée. Les éclaireurs avaient le mandat d'épier, de donner le signal; il y avait le corps d'armée, puis la réserve. Un coupeur de bourses était-il pris sur le fait, en un clin d'œil, grâce à cette stratégie, les choses volées passaient de ses mains dans d'autres. Impossible d'en découvrir les traces. Voici comment ils s'y prenaient pour se rallier soit dans les halles, soit dans les églises, soit dans d'autres lieux publics, en évitant de donner l'éveil :

Dans un trou de muraille, derrière un pilier ou tout autre endroit fort caché, et connu seulement d'eux, le premier arrivé posait un dé qu'il tournait sur le côté marqué d'un point. Celui qui venait après retournait le dé sur la face marquée de deux points, le troisième arrivé le plaçait sur le chiffre trois, et ainsi de suite, jusqu'au sixième qui le retournait sur le six ; alors s'ils devaient être plus, le septième apportait un autre dé qu'il mettait sur le un, que le huitième posait sur le deux, et que le reste changeait de la même sorte que le premier, jusqu'à ce que le nombre nécessaire des coupeurs de bourses fût complet.

On n'était reconnu coupeur de bourses qu'après beaucoup d'épreuves. Ces sortes d'épreuves s'appelaient les chefs-d'œuvre.

Premier chef d'œuvre. — Dans une chambre traversée de haut en bas par une corde bien bandée et au milieu de tous les maîtres convoqués pour la réception, on introduisait l'aspirant : à la corde ainsi fixée était attachée une bourse où pendillaient des grelots. Le pied droit sur une assiette posée au bas de la corde, tournant à l'entour le pied gauche, et le corps en l'air, il fallait couper la bourse sans balancer le corps et sans faire sonner les grelots ; la moindre infraction au règlement faisait tomber sur le délinquant une nuée de coups. En cas de pleine réussite, les coups tombaient encore, non plus alors par forme de punition, mais par mesure d'hygiène, afin que le corps s'endurcît, et les coups ne s'arrêtaient qu'au moment où le novice n'y était plus sensible.

Deuxième chef-d'œuvre. — Dans quelque lieu public et espacé comme était alors, par exemple, le cimetière des Innocents, l'apprenti arrivait en compagnie des maîtres, on avisait un passant ayant sa bourse au côté. A l'œuvre, commandaient les maîtres; et l'apprenti se disposait à faire œuvre de ses doigts sur la bourse désignée. Mais à peine parti, les maîtres, restés en arrière, disaient aux passants en le montrant au doigt : « Voilà un coupeur de bourse qui va voler cette personne. » Chacun aussitôt de s'arrêter et de regarder : le vol était à peine fait, que tous, passants et complices, avaient déjà pris, injurié, battu le voleur sans qu'il osât, ni déclarer ses complices, ni même faire semblant de les connaître.

Mais pendant que force gens se groupent, s'avancent pour voir ou pour apprendre ce qui se passe, le voleur et ses camarades font plus de bruit que tous les autres; ils pressent, ils fouillent, ils coupent les bourses, vident les poches, se tirent tous enfin d'affaire et se sauvent avec leur butin, laissant chacun se plaindre d'être volé sans savoir à qui s'en prendre.

A cette époque le langage mystérieux dont l'origine date, dit-on, du règne de Louis XI, et dont on attribue l'invention au poëte Villon, qui en dehors de ses rapports avec les Muses en avait encore de plus intimes avec les coupeurs de bourses et les tailleurs de faux coins (faux monnayeurs), le langage mystérieux connu sous le nom d'argot, s'enrichit, et se développa à l'académie de la cour des Miracles.

Il en coûte de penser que des gens lettrés aient contribué à la création de ce langage; mais on est bien forcé, a dit un écrivain anonyme, de se familiariser avec cette pensée, dès que l'on réfléchit sur la valeur de certains mots qui ont une signification telle, qu'il serait déraisonnable de leur donner l'ignorance pour paternité.

De nombreux écoliers de l'université, affiliés aux bandes, mirent leur érudition au service de la corporation des malfaiteurs : on pouvait tenir à honneur d'enrichir la langue des gueux, dans un temps où le plus joyeux passe-temps du frère du roi Louis XIII était de s'embusquer sur le Pont-Neuf pour voler des manteaux.

V

LADY GUILFORT. — CARDILLAC.

1672 — 1680.

A l'époque où se passèrent les faits que nous allons raconter, le jardin des Tuileries était la promenade de la haute bourgeoisie parisienne ; elle venait s'y pavaner les jours fériés sous les ombrages délaissés par les gens de cour et les gentilshommes qui foulaient avec orgueil les gazons de Versailles.

Ceux des habitués des Tuileries qui préféraient l'isolement à la cohue, recherchaient le labyrinthe solitaire situé à l'extrémité du jardin faisant face aux Champs-Élysées.

Des bancs de bois étaient ménagés de distance en distance, dans les sinuosités du labyrinthe. Un matin, on vit se diriger de ce côté un jeune homme d'une mise assez recherché, qui vint s'asseoir sur un banc dans une attitude songeuse.

Ce promeneur semblait avoir à peine vingt ans. Sa taille élancée était prise dans un élégant justaucorps de soie, aux couleurs tendres et chatoyantes ; sa cravate, brodée dans les magasins en vogue de Fayette, descendait, en forme de rabat, jusqu'à sa ceinture, en passant coquettement par les ganses de son justaucorps ; sa blonde chevelure tombait en boucles sous les larges bords d'un chapeau de feutre, autour duquel tournait un cordonnet d'or, ornement que la mode venait de substituer aux rubans de soie. C'était encore pour obéir à l'étiquette régnante, que le jeune homme tenait entre ses doigts un petit sachet à la royale, rempli d'herbes odoriférantes.

Nul n'aurait pu reconnaître, sous cet extérieur séduisant, Julien Lecoq, fils du principal agent secret du lieutenant général de police de la Reynie.

En ce moment, il importait beaucoup au jeune homme qu'aucun regard indiscret ne trahît son individualité. Il aurait même voulu pouvoir s'oublier lui-même, se tromper sur sa position sociale. Lecoq père était logicien : il savait bien qu'aucune loi ne forçait son fils à accepter un jour sa survivance ; mais il se disait qu'il y avait une puissance plus exigeante que la loi qui peut-être le contraindrait : c'était la position. L'institution de la police était encore trop nouvelle pour qu'un agent actif et intelligent y fît fortune ; et, si l'exempt ne pouvait pas laisser un héritage qui donnât l'indépendance à son enfant, toutes les carrières se fermant à la fois pour le fils de l'espion, il y aurait nécessité, pour celui-ci, à s'engager dans la voie suivie par son père.

En attendant ce moment décisif de la vie du jeune Lecoq, le père le laissait vivre à sa fantaisie. Le jeune homme obtenait de la tendresse et de la libéralité de son père tout ce qui était nécessaire à ses caprices. Jamais Lecoq n'avait songé à mettre une limite aux désirs de son fils, qui, depuis deux années, débutait presque incognito dans le monde, et, comme indemnité de l'avenir, il lui rendait le présent joyeux, par la liberté qu'il lui accordait et l'argent qu'il prodiguait pour la satisfaction de ses fantaisies.

21

Souvent le fils de l'exempt avait porté son regard sur l'avenir : le bon sens lui avait révélé sa destinée, et il voyait avec effroi l'heure prochaine où il devait s'isoler de ce monde dans lequel il vivait incognito, pour avoir part à ses affections et à ses plaisirs. On ne connaissait guère le fils de l'exempt que par le nom de Julien. Il avait bâti un petit roman de famille ; il s'était dit orphelin, élevé par un oncle misanthrope, qui lui continuait ses soins, tout en lui défendant d'introduire dans sa demeure aucun des jeunes gens avec lesquels il aurait lié connaissance.

Le jour où le fils de l'exempt s'était assis sur un des bancs du labyrinthe des Tuileries, une amère pensée était venue faire diversion aux rêves de bonheur dont, un moment auparavant, il se berçait. Une femme, à laquelle l'imagination du jeune homme prêta les formes idéales, la perfection la plus enivrante, avait paru, la veille, dans le parc. A son passage, Julien avait osé lever les yeux ; les yeux de l'inconnue jetèrent un éclair : l'imprudent fut atteint ; toutes les fibres de son être éprouvèrent la *commotion*.

Le jeune homme laissa tomber un regard sur lui-même ; et, encouragé par l'opinion avantageuse que lui inspirait l'inspection de sa personnalité, il rêva le triomphe ; mais un nuage noir vint couvrir les douces teintes de cet horizon.

« Faudra-t-il donc, se demanda Julien, que ma première parole d'amour soit suivie d'un mensonge ? Qui suis-je ? et quel nom emprunterai-je pour déguiser celui du fils de l'exempt de police de M. de la Reynie ?

« Déjà deux fois l'étrangère s'est promenée, deux fois le feu de son regard s'est croisé avec le mien. Il y a, dans l'expression de cette figure, une bonté angélique qui donne espoir à celui qui souffre, qui promet le pardon à celui qui ose. Ce n'est ni la souffrance ni le courage qui me manquent ; mais, je le répète encore avec terreur, quel nom déclinera l'esclave quand on lui dira : Qui es-tu ? »

Lecoq fils eût peut-être été longtemps à résoudre la difficulté ; mais le cours de ses pensées fut coupé par l'apparition d'une vieille femme, qui, par sa mise, semblait appartenir à un degré élevé de la domesticité. Le jeune homme la reconnut. Cette femme accompagnait d'habitude l'étrangère, et portait son aumônière et son riche missel à fermoir en or.

La nouvelle venue, feignant de ne pas apercevoir le jeune homme, prit place sur le banc; et quand elle tourna la tête, elle laissa tomber sur lui un sourire qui fut un encouragement pour Julien à entamer la causerie.

Le fils de Lecoq se rapprocha de la vieille femme; il apprit qu'elle était au service de l'inconnue, en qualité de femme de chambre.

La curiosité du jeune homme ne pouvait trouver une meilleure occasion de se satisfaire, il questionna la gouvernante : celle-ci ne demandait pas mieux que de parler, et elle se mit à raconter l'histoire romanesque de sa maîtresse.

L'inconnue, au dire de la gouvernante, n'était rien moins que la fille d'un prince polonais. Ce prince, dans un séjour qu'il avait fait à Paris, s'était laissé aller, un jour, à son penchant pour l'intempérance, et, dans un repas où sa raison l'avait momentanément quitté, il avait fait la gageure avec ses officiers, qu'il enlèverait une vertueuse et jolie marchande de la rue Saint-Denis, qu'aucune offre et aucune séduction n'avaient jamais pu détourner de la ligne de ses devoirs. Le prince polonais, ayant repris ses sens, au lieu de laisser sur le compte de l'ivresse la bravade qu'il avait faite en public, tira vanité de la persévérance dans ses coupables projets ; il séduisit la marchande ; la victime devint mère : une jeune fille naquit... Cette enfant, devenue un ange de beauté et de bonté, est l'inconnue que Julien a vue deux fois se promener aux Tuileries.

Le fils de Lecoq laissa échapper une exclamation de surprise.

La vieille gouvernante continua : « Le prince polonais, ramené à de meilleurs sentiments à la vue de son enfant, éprouva le repentir le plus amer; il fondit en larmes aux pieds de celle qu'il avait séduite, il forma une noble résolution, et voulut partir pour aller solliciter de son souverain, le roi de Pologne, la permission de donner son nom à sa victime. Il s'éloigna ; et depuis, jamais on ne l'a revu. On a tout lieu de croire qu'il est tombé sous les coups de quelques brigands. »

Le jeune homme écoutait la gouvernante avec un intérêt marqué... Il releva la tête au récit de la catastrophe.

La vieille femme ne laissa pas l'aventure sans suite ; elle raconta que le roi de Pologne lui-même se substitua au ravisseur pour la réparation de la faute. Ayant connu tous les détails, il envoya des courriers à Paris, pour retrouver la jeune fille de la rue Saint-Denis. Malheureusement la mort l'avait enlevée. Alors le roi de Pologne nomma la fille de la marchande, unique héritière des biens du prince, son père.

« Voilà, dit en souriant la gouvernante, comment ma maîtresse est devenue la plus riche demoiselle de Paris.

— Quelle aventure romanesque ! s'écria Lecoq fils.

— C'est cependant la vérité toute simple, dit la gouvernante, telle que peuvent la savoir de la bouche même de ma maîtresse les personnes qu'elle reçoit dans son intimité.

— Heureux qui peut être un des élus ! dit le jeune homme.

— Il suffit pour cela, monsieur, dit la gouvernante, d'avoir des façons de galant homme, comme les vôtres, et d'appartenir à une famille honorable... »

Julien Lecoq pâlit quand il fut question de la famille, il vit la pointe de la dague sur sa poitrine ; il para le coup en maître, et, comme inspiré par le merveilleux récit de la gouvernante, il s'improvisa une race, une famille tout autre que la sienne, et une position qui lui permît de se mettre au rang des heureux qui approchaient de son idole. Il se dit fils d'un médecin en grande renommée dans les provinces du Maine et de l'Anjou : arrivé depuis quelques mois à Paris, il suit les cours de l'université... Puis le novice avisa que la vieille gouvernante pouvait bien être accessible à quelque don métallique, comme prime du secours qu'elle aurait prêté au solliciteur ; et le fils de l'exempt glisse adroitement dans la conversation, que, secondé par la fortune de ses aïeux, il fait tout à la fois vie d'étude et vie d'agrément, et que tour à tour il s'assied sur les bancs de l'école et aux banquets où la folie vient prendre place, il dévore joyeusement et par anticipation son héritage, grâce aux usuriers qui lui viennent en aide.

Entendant cela, la vieille gouvernante ne put retenir un mouvement de satisfaction; elle parla à voix basse au jeune homme, l'assurant qu'elle était assez physionomiste pour juger que sa maîtresse ne l'avait pas vu d'un œil indifférent... et la vieille prit sur elle de brusquer la présentation. Cependant elle ne laisse pas ignorer à son protégé que sa maîtresse a une petite faiblesse d'esprit, c'est d'aimer le luxe des habillements dans ceux qui lui font visite. « Elle pardonne de ne pas être gentilhomme, dit la vieille, à la condition qu'on se rehausse par l'habit et la bourse, ajouta-t-elle en riant.

« Ce soir, à sept heures, trouvez-vous, dit la duègne au fils de l'exempt, devant la grande porte de l'église de Saint-Germain l'Auxerrois. Là, je vous rencontrerai, et, selon toute apparence, je vous apporterai de bonnes nouvelles. »

Le fils de l'exempt est au comble de la joie : son orgueil ne lui permet pas d'analyser les détails de cette singulière aventure; il ne doute pas que la vieille gouvernante ne soit un galant émissaire envoyé par la jeune princesse, qui a été, comme lui, frappée d'une subite sympathie.

Julien avait encore quelques heures à attendre avant le moment du rendez-vous avec la vieille; il regagna en hâte la demeure paternelle. Il pense à rehausser encore sa toilette par quelques diamants qui appartiennent à son père, mais dont il se pare dans les grandes occasions.

Il avait été précédé par deux inconnus, qu'il trouva, à son arrivée, en conférence mystérieuse avec l'exempt.

A peine le jeune homme avait-il franchi les degrés de l'escalier qui mène à sa chambre, que son père survient. Son émotion ne put échapper à Julien.

« Mon fils, dit Lecoq, il est un vieux proverbe qui dit : Bon chien chasse de race. Aujourd'hui, pardieu! il s'est démenti à tes risques et périls.

— Que voulez-vous dire, mon père? Jamais, au contraire, vérité proverbiale ne s'est mieux affermie, s'il faut en croire les vieux contes qui passent par la bouche de ceux qui ont commencé la vie avec vous; jamais plus adroit braconnier que vous ne se montra à la chasse des jeunes filles; et, sauf votre respect, mon père, je crois avoir fait aujourd'hui un coup de maître.

— Je sais tout, dit l'exempt. Et la teinte de sa figure se rembrunit.

— Tu as un rendez-vous pour ce soir après le couvre-feu?

— Je vois, mon père, que vos aides ont l'oreille fine, mais ne pourraient-ils mieux gagner l'argent de M. de la Reynie, en battant d'autre terrain que celui où je me promène.

— A sept heures précises, continua Lecoq, sans se préoccuper des objections de son fils, une vieille femme te conduira là où l'on t'attend.

— Je l'espère, à moins que la vieille ne se soit fait un jeu de ma foi.

— Elle sera exacte, je t'en donne l'assurance; mais il faut qu'un autre qu'elle manque à l'appel.

— Ce ne sera pas moi, » murmura en souriant le jeune homme, qui ne voyait dans l'intervention de son père que le zèle craintif de l'affection. Et quand Lecoq eut demandé au jeune homme s'il savait de quelle femme il avait fait subitement son idole, Julien s'était inspiré de tout son amour pour tracer un poétique portrait de l'étrangère; il avait raconté sommairement la vie accidentée de la fille du prince polonais...

A chaque fait, un sourire d'incrédulité plissait les lèvres de l'exempt.

« Sais-tu son nom? » demanda Lecoq. Julien garda le silence, et l'agent de police continua : « Je vais te le dire, ou plutôt je vais te les dire, on nomme ton inconnue, tantôt lady Guilfort, tantôt Olympia la Sirène, tantôt la comtesse Jabouriska... C'est le chef d'une bande redoutable de brigands, elle a passé un traité secret avec les maîtres en dissection, et chaque jour elle leur livre les têtes sanglantes de ceux qu'elle a attirés dans ses piéges. Depuis un mois, vingt jeunes imprudents des plus hautes familles, ont disparu, et sont devenus victimes de cette femme infernale.

— Grâce! grâce du récit! mon père, pit Julien, il me ferait dresser les cheveux sur la tête, si je n'étais rassuré par cette simple question : Pourquoi ce monstre féminin, qui a tant de crimes à se reprocher, se promène-t-il librement près du labyrinthe des Tuileries?... pourquoi l'exempt Lecoq ne l'a-t-il pas encore fait mettre dans les cachots du Châtelet, en attendant que le tourmenteur reçoive ses confidences... »

L'exempt garda le silence. Le jeune homme resta convaincu que son père avait voulu l'effrayer, de peur qu'il n'allât trop loin dans les voies orageuses des passions.

Le couvre-feu avait sonné. Julien, exact au rendez-vous, était venu trouver la vieille qui l'attendait; il eut peine à la reconnaître sous le travestissement bizarre qu'elle avait pris.

La vieille voulut obtenir du jeune homme qu'il couvrît ses yeux d'un bandeau, pour cheminer avec elle vers la demeure de sa belle maîtresse; « C'était, disait-elle, obéir aux désirs de l'étrangère, dont l'esprit romanesque recherchait tout ce qui tenait au mystère. » Le fils de l'exempt se prononça énergiquement contre cette mesure, dont il ne comprenait pas la portée poétique.

« Eh bien, qu'il soit fait comme vous le voulez, » dit la vieille après avoir inutilement insisté. Et elle marcha devant le jeune homme.

Ils traversèrent les rues de l'Arbre-Sec, de la Monnaie, parcoururent les nombreux détours des rues Bethisy, des Lavandières, des Mauvaises-Paroles, des Deux-Boules, de Jean-Lambert, et s'arrêtèrent enfin dans la rue des Orfévres, près de l'encoignure où s'élève la chapelle Saint-Éloi.

La vieille fit halte devant une maison d'assez chétive apparence. « Ce n'est point en ces quartiers, dit-elle, que mademoiselle a sa résidence habituelle, mais comme ici est située une de ses nombreuses propriétés, elle a fait disposer ce séjour paisible, pour vous recevoir. Venez... je vais vous guider. »

La gouvernante a fait quelques pas en avant... un homme couvert d'un manteau, le chapeau enfoncé sur la tête, passe entre la vieille et le jeune homme.

« De la prudence et du courage, » lui dit-on à voix basse. Et le fils de l'exempt se sent presser le bras par un inconnu, qui lui glisse dans la main un poignard et disparaît.

Le fils de Lecoq croit avoir reconnu cette voix; il hésite dans sa marche... la vieille fait quelques pas vers lui... elle n'a rien vu, rien entendu, elle s'applaudit de l'obscurité qui protége le galant pèlerinage. Julien reprend ses esprits, il est homme de cœur, il presse son arme sur sa poitrine, et entre dans la maison du rendez-vous.

Julien s'avance dans de profondes ténèbres, redoutant quelque soudaine attaque; cependant aucun ennemi ne se présente; une porte s'ouvre, une vive lumière, lancée par des bougies, se reflète dans toute l'étendue d'un magnifique salon richement meublé.

Sur un sofa recouvert en damas cramoisi, et dont les bras et le dossier sont chargés de brillants cristaux taillés en pots de fleurs et en guirlandes de roses, est étendue dans le négligé le plus galant

la belle étrangère des Tuileries; à la vue du jeune homme, elle a retourné entre ses doigts une riche montre carrée, pour donner un coup d'œil au petit miroir qui se trouve derrière ce joli bijou; ses mains, couvertes de diamants, ont ramené les plis de sa robe à la Psyché; d'un sourire elle a salué le jeune homme, d'un geste elle a congédié la duègne.

Le fils de l'exempt est fasciné par les charmes de l'étrangère, il rit des terreurs de son père, à qui il doit, sans doute, la remise de l'arme dont il est porteur.

L'étrangère a tendu la main à Julien, elle a ramené ensuite son bras vers le sofa, et le jeune homme s'est trouvé assis près de cette femme qu'il aima soudain d'une passion brûlante, exaltée jusqu'à la folie.

Le personnage mystérieux qui avait remis une arme à Julien, à son entrée dans la maison du rendez-vous, était Lecoq père.

L'exempt était confident d'une grave inquiétude qui, depuis quelque temps, préoccupait le magistrat chargé de veiller à la sûreté générale.

M. de la Reynie avait reçu avec effroi la déclaration de plusieurs familles, nobles ou bourgeoises, qui déploraient la disparition de quelques-uns de leurs membres, et presque tous signalaient les mêmes circonstances; ainsi les personnes réclamées étaient des jeunes gens à la fleur de l'âge, sortis le soir de chez leurs parents, en tenue élégante, et ayant en bourse des valeurs assez considérables. Toutes les recherches des agents de la lieutenance avaient été inutiles pour découvrir la trace de ces citoyens, et s'il y avait crime, on n'en trouvait aucune preuve.

Un avis secret, parvenu au magistrat chargé de la sûreté publique, dénonça une certaine dame étrangère comme chef d'une association de malfaiteurs!... On disait qu'elle changeait chaque jour de noms et de qualités, et que c'était par la séduction qu'elle amenait les victimes dans un repaire qui devenait leur tombeau.

Lecoq ayant reçu communication de cet avis, mit sous sa surveillance sévère toutes les dames étrangères vivant isolées qu'il put découvrir à Paris, et le hasard ayant amené un des ses sous-agents aux Tuileries au moment où son fils s'éprit d'une jolie promeneuse, sa tendresse paternelle s'émut, et, sans chercher à appuyer sur des preuves satisfaisantes son accusation, il vint raconter l'aventure au magistrat, et demanda carte blanche pour procéder à l'arrestation de l'inconnue.

M. de la Reynie n'était que depuis peu de temps à la tête de cette magistrature de nouvelle création, qui devait protection à tous les citoyens. Le temps n'était pas encore venu où la police n'aurait pour règle que l'arbitraire, et où ce pouvoir deviendrait, entre les mains du même fonctionnaire, une arme sanglante servant la cause de l'intolérance religieuse, et une clef complaisante ouvrant ou fermant les portes de la Bastille aux passions ou aux haines des hommes de cour. Le magistrat était encore à son début, il respectait la liberté des citoyens, et aurait craint de commettre un attentat, en justifiant une arrestation par un soupçon. Aussi la veille du jour où le fils Lecoq avait obtenu un rendez-vous, Lecoq père avait-il vainement supplié le magistrat de lui permettre de faire main basse avec les archers sur la personne qu'il suspectait.

« Ayez des preuves suffisantes pour justifier la prévention, » avait dit le magistrat. Et Lecoq s'était mis en quête, sans cependant rien découvrir.

Mais quand il sut que son fils, malgré ses avis, se jetait en insensé au-devant du danger, l'amour paternel sembla inspirer son zèle, et le soir même où nous avons vu Julien s'acheminer vers Saint-Germain l'Auxerrois, Lecoq, avant l'heure fixée pour le rendez-vous par la duègne, courut chez M. de la Reynie, eut une longue conférence avec le lieutenant de police, et il sortit de son cabinet, portant sur le visage l'expression du contentement.

C'est après cette audience que Lecoq père se précipita sur les pas de son fils, et lui remit un poignard. S'il déguisa sa voix et s'il se cacha sous un large manteau, c'est que le mystère était nécessaire pour l'exécution de ses projets.

Le fils de l'exempt oubliait près de la belle étrangère l'impression de terreur dont il n'avait pu un moment se défendre. La fille du prince polonais est devenue le trésor, le bien du fils de l'exempt de police. Peu lui importe qu'il soit chez une grande dame ou chez une courtisane ; il est sourd au coup de sifflet prolongé qui se fait entendre dans la rue, il est insensible à certain mouvement que la main de la Polonaise a exécuté avec agilité, pour saisir sa bourse. S'il eût entendu le coup de sifflet, il l'eût peut-être reconnu pour un des signaux usuels dont son père se servait ; s'il eût porté la main à son justaucorps, il eût senti que, par distraction sans doute, la princesse Jabirouska le dépouillait.

L'étrangère parut s'inquiéter de ce signal qui ne lui était pas familier... Elle se retire avec précipitation dans un cabinet : quelques moments s'écoulent.

Un second coup de sifflet se fait entendre. Le fils Lecoq est tiré de l'extase presque léthargique dans lequel il est plongé. Il tressaillit... et, soit que la solitude dans laquelle il se trouve lui donnât à réfléchir, soit que la violence de son enthousiasme se fût un peu calmée, il regarde d'un œil inquiet ces lieux sur lesquels naguère il jetait des regards d'admiration... Ses mains se portent sur chaque meuble avec méfiance, comme s'il craignait de trouver un piége ou un instrument de mort... Il s'arrête devant un paravent à larges feuilles, dont l'épaisseur semble indiquer une cachette mystérieuse... il veut déplier ce meuble, les feuilles sont clouées; il les secoue fortement, une d'elles s'abaisse et démasque une profonde armoire, où sur vingt-six plats d'argent reposent vingt-six têtes d'hommes coupées et conservées par un procédé aussi admirable qu'ingénieux.

Les détails que nous donnons ici sont authentiques, ils ont été livrés à la publicité par un *administrateur-écrivain, qui a eu sous les yeux toutes les archives secrètes de la police* (M. Peuchet), et nous lui emprunterons, pour ne pas être accusé de mêler la fiction et le merveilleux à l'histoire, le récit des scènes qui vont suivre.

Certes, c'est un étrange réveil pour la volupté qu'un pareil tableau, et le jeune Lecoq, les lèvres encore chaudes des baisers de son inconnue, les ouvrit pour jeter un cri d'horreur et d'effroi. Mais que ne devint-il pas, lorsque, s'étant approché d'une fenêtre, il croit voir derrière les vitres d'autres têtes de cadavres fixer sur lui des yeux flamboyants... Les mains cramponnées à un fauteuil, la chevelure éparse, plus pâle que les figures des morts dont la hideuse galerie l'entoure, les vêtements en désordre, sans regard, sans voix, sans souffle, il tombe à genoux et joint les mains.

En ce moment la fenêtre s'ouvre avec fracas, et son père, suivi de toute sa brigade, entre dans l'appartement.

Effrayé du danger que courait son fils, le croyant peut-être assassiné, Lecoq était bravement monté à l'assaut de cette maison maudite : un des agents avait été requérir une échelle dans le voisinage.

L'inconnue, entendant du bruit et soupçonnant une trahison, se présente le poignard à la main ; mais c'est en vain, les archers la saisissent, et elle est conduite à la Bastille.

M. le chevalier de Lorraine, le marquis de Louvois et le chancelier de France étaient un jour chez madame de Montespan, lorsque Louis XIV raconta l'aventure du fils de l'exempt, à qui on avait donné une forte somme d'argent et je ne sais quelle place lucrative à la halle de Paris.

La marquise de Montespan s'indigna contre lady Guilfort (c'était, comme celui de *Jabirouska* un des mille noms empruntés par l'Anglaise, son véritable nom n'ayant jamais été connu) ; de plus, madame de Montespan demanda au roi si l'on tarderait fort à faire mourir une aussi indigne créature. Louis XIV répondit que la justice aurait son cours, et changea de propos. Bientôt après, Monsieur et le chevalier de Lorraine sortirent. Ce dernier tira le prince à l'écart. « Cette Anglaise, dit-il, me semble une maîtresse femme ; si nous l'invitions à souper ? » Le prince se récrie, mais la folie d'un tel projet ne laisse pas de le faire sourire. Le favori insiste, le prince consent à la partie.

L'Anglaise était détenue à la Bastille par ordre de M. de la Reynie. On se procura une lettre de cachet demeurée entre les mains d'un exempt, qui la vendit au chevalier ; la lettre était en blanc. Dans les lignes destinées à contenir les pouvoirs conférés à l'exempt, on transmet un ordre de remettre au porteur la dame Guilfort, *qui doit être conduite à Pignerol.*

Le gouverneur de la Bastille, trompé par cette ruse, livre la détenue ; mais à peine s'en est-il dessaisi, qu'on vient en grand secret lui apprendre comment il est joué. Il jette feu et flamme, va, dit-il, se plaindre au roi ; mais on lui nomme Monsieur, il se tait, et un bon procès-verbal de mort subite et d'inhumation met sa responsabilité à couvert. Et la trace de cette infamie est à jamais perdue.

Lady Guilfort s'attendait au dernier supplice ; elle croit d'abord qu'on va la transférer à la Conciergerie, mais bientôt elle reconnaît qu'on sort de Paris ; alors, elle se figure qu'on la conduit dans quelque oubliette ignorée.

Après deux heures de marche, la voiture s'arrête, on ouvre la portière, une façon d'écuyer se présente ; il offre la main à l'étrangère, et la fait entrer dans un salon brillant et éclairé. Un grand feu brûle dans la cheminée. Rien en ces lieux ne trahit la prison d'État.

Trois hommes entrent dans le salon, ils sont simplement vêtus ; mais, à leurs manières, on devine de grands seigneurs. Un d'eux lorgne assez impertinemment l'Anglaise ; les deux autres se sont jetés dans des fauteuils. L'Anglaise a reconnu le frère du roi, le chevalier de Lorraine et le marquis d'Effiat.

Alors elle comprend comment et dans quel but elle se trouve là. Dans une autre circonstance et en telle compagnie, une orgie lui conviendrait assez ; mais, maintenant, c'est à sa liberté qu'elle songe, et, en présence de ces trois débauchés, venus pour lui demander sans doute le secret de quelque volupté inconnue, elle, la débauchée et la voluptueuse, a oublié Vénus sensuelle, et ne se souvient que de la Bastille. Terrible souvenir !

Mais son plan est fait.

Elle feint d'ignorer avec qui elle se trouve, déploie peu à peu comme un beau serpent ses plus ravissantes désinvoltures de femme, et, avant que dix minutes se soient écoulées, tient sous le charme, non Monsieur, si souvent injuste envers le beau sexe, mais les deux favoris qui, par leurs regards enflammés, font comprendre à lady Guilfort et leur espoir et leur passion.

La soirée fut longue ; les courtisans avaient espéré que leur maître la transformerait en nuit. Mais Monsieur, ne pouvant vaincre au fond l'horreur que lui inspira l'Anglaise, se contenta de la faire jaser ; il trouva même que, certes, la chose ne valait pas le mécontentement du roi, si le roi venait à le savoir, et proposa de renvoyer la prisonnière à la Bastille. On lui fit honte d'un sentiment aussi peu généreux, et il fut convenu que lady Guilfort serait dirigée vers Bruxelles ou l'Angleterre à son choix.

On la quitta donc pour ramener le prince dans son appartement, car on se trouvait au château de Versailles, chez le marquis de la Fare, qui avait prêté son logement pour vingt-quatre heures. Mais le prince parti, le marquis et le chevalier revinrent, avec l'empressement le plus galant, auprès de l'objet de leurs feux.

La conversation se tenait entre le tendre et l'égrillard. Le souper était servi : souper fin et délicat, comme on les faisait à cette époque ; on se mit à table. Le marquis et le chevalier n'avaient jamais été de meilleure et plus belle humeur. L'Anglaise aussi était d'un abandon charmant ; sous la table, d'Effiat lui pétrissait amoureusement le genou ; derrière la table, le chevalier de Lorraine lui faisait un corset de ses doigts ; enfin ils étaient ou paraissaient être tous trois de la meilleure intelligence du monde. Tout à coup l'Anglaise, prenant un flambeau et se levant, fit sa plus gracieuse révérence, et dit : « Bon soir, messieurs ! » D'Effiat et le chevalier se levèrent en même temps. Elle dit au premier, sans que le second en entendît un mot :

« Allez m'attendre dans ma chambre ; » et au second, sans que le premier en entendît une parole : « Allez m'attendre dans ma chambre. » De satisfaction, ils se dandinèrent tous deux comme de vrais marquis et de vrais chevaliers qu'ils étaient.

C'était le moment critique pour lady Guilfort ; chacun d'eux, la main dans le jabot, les dents souriantes et les articulations moelleuses, s'avança d'un même pas vers la porte de la chambre. Mais, sur le seuil de l'asile fortuné, chacun s'arrêta. Pourquoi tous deux s'y dirigeaient-ils à la fois? Chacun se le demande. Ils se saluèrent. Ce jeu muet leur valut une explication, sans doute, et les satisfit; ils entrèrent de front, et lady Guilfort donna un tour de clef : ils étaient ses prisonniers.

Sans perdre une minute, et au moyen des serviettes de la table, attachées l'une à l'autre et fixées au balcon d'une fenêtre, lady Guilfort put, sans risque, descendre dans les jardins. Tapie entre des caisses d'oranger, elle attendit le jour, et aussitôt que les grilles du château furent ouvertes, elle courut chercher un abri dans la ville naissante de Versailles. Mais dès qu'elle fut sur la place d'armes, elle pensa que le plus prudent était de gagner Paris.

En conséquence, elle se jeta dans le premier carrosse public qui passa, en paya toutes les places pour y être seule, et elle était déjà sur le quai Saint-Nicolas, avant qu'au château MM. de Lorraine et d'Effiat eussent été délivrés de leur retraite. Ils avaient passé la nuit à s'offrir de mutuelles consolations sur leur mésaventure.

Dans la rue du Plat-d'Étain, derrière celle de la Ferronnerie et des Fourreurs, logeait, dans une maison d'aspect assez misérable au dehors, mais d'excellente ressource au dedans, un des anciens affiliés à la bande de malfaiteurs que le jeune l'Éveillé avait fait découvrir.

Ce fut chez cet homme que se rendit lady Guilfort. En peu de mots elle lui explique comment elle est libre, et ce qu'elle veut de lui. Dans cette maison elle trouve un sûr refuge.

Lady Guilfort eut bientôt une nouvelle troupe de gens sur lesquels elle put compter, comme on dit, à *pendre et à dépendre*. Elle était le chef de l'association, organisait les coups de main, distribuait les rôles, faisait les parts du butin, et s'aventurait souvent même personnellement en tête des bandits quand une expédition était résolue. L'individu chez lequel elle s'était retirée était le lieutenant de la troupe. Seulement, maintenant, la galanterie n'était plus un des moyens d'exploitation : on se bornait à voler à domicile, et si l'on égorgeait, c'était d'urgence.

Une pensée seule occupait lady Guilfort. Elle avait résolu de se venger du jeune Lecoq qu'elle croyait avoir servi volontairement d'instrument à l'exempt de police, elle ne pouvait se pardonner d'avoir eu pour lui quelque pitié. Elle aurait pu, en effet, dès l'entrée du jeune homme dans la maison de la rue des Orfévres, le frapper de mort et placer sa tête dans son affreuse collection.

Le jeune Lecoq, échappé miraculeusement au guet-apens, dans lequel tant de victimes étaient tombées, renonça aux conquêtes romanesques, ses idées subirent une soudaine réaction, à laquelle ne fut pas étranger l'événement qui aurait pu devenir pour lui si fatal. L'instinct des plaisirs et de la dissipation, qui s'était révélé au début de sa vie libre, se transforma en une passion qui domine rarement la jeunesse. Le fils de l'exempt devint tout à coup soucieux de son bien-être avenir, jusqu'au point de devenir un type d'égoïsme et d'avarice. Plusieurs occasions se présentèrent qui lui permirent de satisfaire sa cupidité.

Un jour il vit entrer chez lui un homme qui, après une conversation adroitement dirigée vers les vues financières du jeune Lecoq, offrit au fils de l'exempt une opération avantageuse, sans aucune chance de péril.

Il s'agissait de surprendre ou de faire surprendre une bande de contrebandiers, dont la spécialité industrielle était de passer en fraude des dentelles de Bruxelles à Paris. Il fallait prendre d'abord la marchandise, sauf à s'arranger avec les contrebandiers, pour ne pas les mettre sous la main de la justice.

L'exécution du coup proposé est facile. Une personne agissant de concert avec les contrebandiers proposera à ces hommes d'adopter pour leur mandataire et leur dépositaire Julien, qu'elle patronera comme un homme d'une discrétion à toute épreuve. Les ballots de marchandise seront apportés chez lui, et une fois en sa possession, il fera faire main basse par son père, sur la contrebande et les contrebandiers.

Le courtier d'affaires veut mettre Julien à même d'apprécier la valeur des marchandises passées en fraude, en lui offrant à vil prix la vente de quelques caisses qu'il lui adressera.

Julien accepte. Dix ou douze jours se passent, un roulier apporte chez le fils de l'exempt deux énormes caisses construites en bois de chêne. Le messager dit avoir oublié les clefs de ces caisses à la dernière auberge où il a couché, il promit de les rapporter sous deux jours, et il se retira.

Lecoq fils, en regardant ces caisses apportées avec tant de confiance chez lui, s'aperçoit qu'elles sont percées de plusieurs trous sur chaque côté. Cette particularité l'étonne; depuis l'aventure de la princesse polonaise, il est devenu méfiant. Le jeune homme ne veut pas faire part de ses soupçons à son père, qui est au moment de s'éloigner pour une expédition dont la durée sera de quelques jours; il laisse partir l'exempt, retient seulement près de lui un de ses amis, sur le courage duquel il peut compter.

Lecoq fils a fait part à son camarade de ses soupçons à l'égard des caisses. Tous deux s'arment de pistolets, et viennent à petit bruit se mettre en embuscade à l'entrée de la salle où sont déposées les caisses.

Lecoq père absent et son fils en sentinelle, la maison semble abandonnée. Quelques minutes s'écoulent dans le plus profond silence; un bruit sourd s'élève dans la direction des deux caisses; on écoute: le bruit augmente; les deux jeunes gens arment leurs pistolets.

« Jean, dit une voix qu'on entend à peine, est-ce toi? — Oui, nous sommes maîtres de la maison; prenons l'air, on est mal dans ces méchantes boîtes; il sera temps d'y rentrer lorsque ceux du logis reviendront. — Crois-tu qu'ils aient quelque soupçon? — Pas le moindre; comment songeraient-ils à notre stratagème? Avec toute sa malice, le jeune Lecoq est un oiseau déjà bridé par l'avarice. Attendons minuit. Cinq coups au volet, c'est le signal; et qu'elle tire sa vengeance jusqu'à la dernière goutte du sang de cet infâme.

— Feu! s'écrie le fils de l'exempt, en lâchant successivement deux coups de pistolet dans la direction d'où partent les voix; son compagnon l'imite : un double cri se fait entendre, les balles ont bien porté; et, à la clarté d'une lampe qu'ils tirent d'une armoire où elle brûlait, ils aperçoivent deux brigands étendus dans les coffres; l'un est mort, l'autre a la cuisse cassée.

Au tumulte causé par ce bruit d'armes à feu, les voisins accoururent, le guet tarde peu à venir. Julien est désolé de sa précipitation; ce qui vient de se passer sera, avant une heure, connu dans le quartier, où, selon toute apparence, la bande a des espions. Il craint

aussi de lui avoir donné les moyens d'échapper encore une fois; pourtant il ne perd pas tout espoir de la prendre. Paris est grand, une nouvelle peut ne pas s'y répandre également partout. D'ailleurs personne ne sortira. Il se concerte avec la police, on lui fournit des archers du guet, et cette troupe, postée dans la salle basse, attend minuit en grand silence.

Ce moment arrive; un bruit de pas nombreux annonce dans la rue l'approche de plusieurs personnes : on s'arrête sous les fenêtres basses de la maison. Les cinq coups sont frappés sur les carreaux. Les survenants ne peuvent être introduits de ce côté, à cause des barres de fer qui garnissent les croisées; mais les deux voleurs introduits avec les malles devaient leur ouvrir la porte dont ils se seraient rendus maîtres. En effet, on l'ouvre, mais à moitié; l'épaisseur des ténèbres ne permet pas de voir la figure du nouveau portier. On compte les survenants; au cinquième, qui est une femme, la porte est fermée violemment. Un sifflet retentit... des torches, des lanternes apparaissent, illuminent le corridor, et, à la vue de trente soldats, les quatre bandits stupéfaits laissent tomber leurs armes. Ils sont saisis, garrottés, entraînés. L'Éveillé s'approche alors de la femme, relève les coiffes dont elle couvre ses traits, et ne rencontre qu'un visage inconnu. Ce n'est pas lady Guilfort !

L'étonnement du fils de l'exempt ne se pourrait exprimer. On emmena les misérables, et le lendemain matin, un billet fut remis à Julien. Le commissionnaire chargé de ce billet dit le tenir d'une femme voilée. Le billet était ainsi conçu :

« Tremble ! Un de nous deux périra. Hier j'étais devant ta maison, « lorsque l'impatience de mes deux envoyés a déjoué mon plan. Le « nouveau chef de ma troupe me préférait une indigne rivale ; j'ai « voulu le punir avec elle. Je ne l'ai pas averti du piége où venait de « tomber notre avant-garde, et je les ai laissés partir pour l'expédi-« tion, sachant qu'ils deviendraient ta proie et celle de la police. J'ai « réussi. Qu'ils expient ainsi le mépris qu'ils ont fait de moi. Vois « si ma vengeance sait atteindre qui s'y expose. A toi maintenant, « jeune fanfaron, qui t'es cru à l'abri de mes coups. »

Ces terribles menaces furent sans effet. Lady Guilfort, Olympia, la Sirène, la Polonaise Jabirouska, aura probablement quitté la France, où ses crimes restèrent impunis. Depuis on n'entendit plus parler d'elle.

Si vous cherchez dans les biographies, dans les histoires, dans les notices, vous ne trouverez pas le nom de Cardillac : en revanche, le roman, le théâtre, la poésie fantastique et la tradition populaire ont dramatisé la vie de ce singulier malfaiteur.

En 1675, Paris présentait un étrange et terrible spectacle : l'hypocrisie, le vice et le crime y coulaient à pleins bords ; la *poudre de succession* effleurait, par un affreux miracle, les lèvres tremblantes des grands et des petits ; l'empoisonneur Sainte-Croix venait de mourir dans son horrible laboratoire ; la Brinvilliers était morte en place de Grève, la Voisin n'avait pas tardé à la suivre sur l'échafaud ; les plus grands noms de la noblesse étaient compromis dans l'*affaire des poisons ;* enfin, lorsque la chambre ardente eut fait disparaître dans les flammes du bûcher le formidable secret de l'Italien Exili, les Parisiens eurent à lutter contre de nouveaux criminels.

contre des voleurs et des assassins, toujours actifs et toujours invisibles, assez audacieux pour s'attaquer aux passants presque toutes les nuits, et assez habiles pour échapper à l'infatigable vigilance de l'autorité. Desgrais, l'agent de police, voyait échouer toutes les ressources de son esprit et de son courage, contre la lame de ce poignard mystérieux, dont chaque coup faisait impunément une victime ; la justice ne soupçonnait guère que cette *bande* de brigands se composait d'un seul homme, et que cet homme était René Cardillac.

René Cardillac était le plus habile orfèvre de Paris, un véritable artiste, un magicien qui ne daignait faire que des chefs-d'œuvre ; le moindre brin d'or ou d'argent, la plus petite perle, le diamant le plus équivoque, acquéraient un prix énorme quand ils sortaient des mains enchantées de Cardillac, sous la forme d'un joyau.

L'orfèvre de la rue Saint-Nicaise avait une bien triste manie : il ne demandait pas mieux que de fabriquer des prodiges ; mais il s'obstinait à se séparer, le plus tard possible, de ces brillantes futilités, qu'il appelait les enfants de son génie ; il réalisait, dans son atelier, l'histoire de ce fabuleux artiste qui s'était pris à aimer, à adorer le chef-d'œuvre qu'il avait créé avec son ciseau.

Cardillac consentait à faire tout ce que le luxe et la richesse lui commandaient ; jamais il ne daignait débattre le prix de sa patience, de son goût et de son talent ; mais jamais, non plus, il ne daignait tenir sa parole, dès qu'il s'agissait de rendre les joyaux qu'on lui avait confiés pour les embellir : en pareil cas, il ajournait ses pratiques les plus riches, ses protecteurs les plus généreux, et il fallait d'ordinaire employer contre lui la menace, la colère, la violence, pour le décider à dire un dernier adieu à ces charmants bijoux qui lui inspiraient chaque jour une véritable passion malheureuse.

Cardillac était bien à plaindre, quand il devait renoncer, bon gré, mal gré, à ces créations admirables qu'il aimait tant !... Il baisait, en riant et en pleurant tout à la fois, ces belles pièces d'orfévrerie qui étaient son ouvrage, mais non pas sa richesse ; il criait, il jurait contre les nobles, contre les riches qui lui emportaient son trésor le plus cher et ses rêves les plus doux ; il chassait du logis le visiteur qui venait réclamer ce qu'il avait confié à l'habileté de l'orfèvre ; il s'écriait, en le poussant, en le battant :

« Eh bien, que le diable vous serre de ses tenailles brûlantes, et puisse ce joyau déchirer celui qui le portera ! »

Les malédictions de Cardillac semblaient porter malheur aux gentilhommes ou aux riches bourgeois qui s'étaient adressés à l'artiste de la rue Saint-Nicaise. Presque tous tombaient sous le poignard des assassins, et Desgrais disait, en riant, que les merveilles de Cardillac avaient attiré dans la grande ville tous les voleurs de la forêt de Bondy ; le lieutenant criminel désespérait déjà de surprendre le secret de tous les vols, de tous les assassinats qui désolaient Paris : il avait compté sans le hasard qui est la Providence de tout le monde.

La maison de Cardillac, dans la rue Saint-Nicaise, touchait à une haute muraille à laquelle se trouvaient adossées deux ou trois statues en assez mauvais état. Une nuit, un jeune homme, du nom d'Olivier, qui travaillait comme apprenti dans l'atelier du célèbre orfèvre, vint se cacher derrière une de ces statues, dans l'attente de quelque aventure d'amour : Olivier recula tout à coup... quelque chose venait de s'agiter sous sa main... Il s'imagina que la statue était vivante! Un homme apparut soudain : d'où sortait-il? où allait-il? Olivier s'avança tout doucement... il regarda cet homme, et il reconnut Cardillac. La statue, qui était redevenue immobile, séparait l'apprenti et le maître. Olivier ne dit mot; Cardillac prit un poignard.

En ce moment, un homme passa tout près de la statue : il portait un chapeau à plumes, et des diamants brillaient à ses doigts... Cardillac se précipita sur ce passant, et le frappa!... Olivier jeta un cri d'horreur... L'orfévre reconnut son apprenti, et il lui dit en le menaçant : « Voilà la maréchaussée... suis-moi! »

La maréchaussée ne trouva, sur le théâtre du crime, que le cadavre d'un gentilhomme.

Olivier avait suivi Cardillac jusque dans son atelier; l'assassin essuya froidement son poignard; il montra, du doigt, une chaise à son apprenti... il le força à s'asseoir, et il lui parla ainsi :

« Écoute-moi, Olivier, et plains-moi... car c'est une influence mystérieuse, surnaturelle, qui me pousse au crime depuis mon enfance! A dix ans, sans penser à mettre à profit le produit de mes vols, je volais déjà les bijoux, partout où je les voyais; mon instinct était déjà de la science : je distinguais, aussi bien que l'artisan le plus habile, les joyaux les plus précieux par le travail; je dédaignais tout ce qui n'était que de l'or ou de l'argent. J'adoptai la profession d'orfévre, de joaillier, afin de corriger, par le spectacle de mes propres chefs-d'œuvre, l'horrible passion que je devais sans doute à une mauvaise fée qui avait présidé à ma naissance; mais, hélas! la mauvaise fée se mit à travailler avec moi; elle me disait sans cesse : « Ces colliers, ces parures, ces joyaux t'appartiennent, puisqu'ils sont ton ouvrage; si tu les vends à tes pratiques, rien ne t'empêche de les leur reprendre! » — Je trouvai que la fée n'avait pas tort; elle flattait l'épouvantable passion de toute ma vie : je résolus de voler... et de tuer, au besoin, les braves gens qui me faisaient vivre!

« Lorsque j'achetai cette vieille maison, l'ancien propriétaire me révéla un secret qui devait m'aider, bien des fois, à commettre impunément des vols et des assassinats : il ouvrit une armoire pratiquée dans le mur, il entra dans une petite chambre, se baissa, et leva une trappe. Nous descendîmes un escalier roide et étroit ; puis, nous arrivâmes devant une petite porte qui nous séparait de la grande cour de la maison. Le propriétaire s'avança vers le mur, et toucha un bouton de fer, qui fit tourner un pan de muraille, de manière à donner passage à un homme pour descendre dans la rue : c'était une boiserie enduite au dehors de mortier et de chaux, dans laquelle on avait placé une statue de bois tout à fait semblable à une statue de pierre ; cette boiserie tournait sur des gonds cachés dans une espèce de rainure.

« Huit jours plus tard, je vendis à un seigneur de la cour une magnifique parure qu'il destinait à une danseuse ; le soir venu, je me couchai avec la fièvre, avec le délire ! Dans les visions que la rage et la douleur créaient dans mon cerveau malade, j'aperçus le bienheureux gentilhomme qui passait par la rue Saint-Nicaise, pour aller porter à sa maîtresse les diamants que j'avais enchâssés dans les chaînons d'un admirable collier... — Je m'élance de mon lit, je me couvre d'un manteau, je prends un poignard, je descends dans la rue par l'escalier secret, et j'attends derrière la statue. La vision ne m'avait point trompé : j'entendis la voix d'un passant qui fredonnait une chanson égrillarde... C'était lui ! c'était mon gentilhomme !... Je me jette sur cet ennemi qui m'a volé mon trésor, je le terrasse, je le frappe, et j'emporte mes diamants, mon collier, une merveille ! Dès ce moment, je compris tout ce que voulait de moi le génie du mal ; il s'agissait de lui céder ou de mourir : je vis encore, Olivier ; j'ai volé sans être un voleur, j'ai tué sans être un assassin... J'ai été plus faible que le démon ! »

Olivier quitta Cardillac en lui jurant de ne point le trahir ; mais il ne tarda point à se demander si sa conscience était véritablement obligée par un serment que lui avait arraché la terreur. Il résolut de confier, avant tout, ce terrible secret à M. le comte de Miossens, qui lui avait toujours montré le plus bienveillant intérêt.

Après avoir entendu l'affreuse confidence de son jeune protégé, qu'il ajourna au lendemain pour mieux le conseiller, le comte de Miossens envoya chercher, par son valet de chambre, le vieil orfévre de la rue Saint-Nicaise. Cardillac accourut chez le gentilhomme, qui lui demanda, pour le jour même, un bracelet d'un assez grand prix, qu'il destinait, disait-il, à une certaine dame de la rue Saint-Honoré ; il le menaça de toute sa colère, pour peu qu'il lui prît fantaisie de ne pas lui apporter, dans la journée, le bracelet dont il avait besoin. Près de le congédier, M. de Miossens trouva le moyen de lui faire entendre qu'il passait, tous les soirs, de onze heures à minuit, à pied, dans la rue Saint-Nicaise. — Cette fois, Cardillac n'osa point désobéir aux ordres d'une pratique : il livra le bracelet en question, bien persuadé que ce précieux joyau reprendrait, la nuit suivante, le chemin de son atelier.

Cardillac avait raison : à minuit, le comte de Miossens se hasarda jusque dans la rue Saint-Nicaise ; l'impitoyable orfévre était là, caché derrière la statue mobile, inquiet, agité, haletant, furieux, les yeux fixés sur sa proie : le comte passa tout près de la muraille ; au même instant, le meurtrier se jeta sur lui... Et ce fut Cardillac qui tomba, frappé d'un coup de poignard, frappé à mort ! M. de Miossens avait pris une précaution bien simple ; il portait une légère cuirasse sous son pourpoint : l'arme de l'assassin avait glissé sur le fer, et il lui rendit son coup de poignard dans le cœur.

La mort de Cardillac, en de pareilles circonstances, — la nuit, — tout près de sa maison, — de la main d'un gentilhomme qui venait d'acheter à l'orfévre un joyau d'une certaine valeur, — faillit coûter cher à M. de Miossens : Desgrais s'avisa de célébrer les vertus de Cardillac, en ayant l'air d'en faire un acte d'accusation contre le gentilhomme. Par bonheur, l'apprenti Olivier vint au secours de son brave protecteur : il répéta tout ce qu'il avait entendu de la bouche même de son ancien maître, et M. de la Reynie se décida à ordonner une perquisition dans le mystérieux atelier de la rue Saint-Nicaise. On découvrit un souterrain où Cardillac avait caché toutes les riches dépouilles de ses victimes ; sur chaque bijou était un billet qui désignait le nom de la personne qui l'avait acheté et l'époque où Cardillac le lui avait repris par un vol ou par un assassinat.

Hoffmann assure que l'histoire de Cardillac se trouve tout entière dans les chroniques de Nuremberg ; l'auteur de ces chroniques, Wagenseil, avait entendu parler de la vie et de la mort de l'orfévre de la rue Saint-Nicaise, par mademoiselle de Scudery et par le marquis de la Fare.

VI

MANDRIN.

1755 — 1755.

Dans la stricte régularité chronologique, le souvenir de Mandrin devrait faire place à la vie de Cartouche et de Poulailler, qui précédèrent de quelques années le contrebandier dauphinois dans la carrière dont la dernière limite fut, pour tous, l'échafaud. Après lady Guilfort et Cardillac, nous avons cru devoir donner le pas à l'homme dont les actes, souvent sanglants, relient à l'histoire du brigandage du dix-huitième siècle les drames qui se sont dénoués aux cours criminelles du siècle précédent.

Vers l'année 1735, on racontait à Saint-Étienne-de-Goirs, en Dauphiné, qu'un des habitants de la commune assez mal famé, et soupçonné de fabrication et d'émission de fausse monnaie, venait d'être tué en se défendant contre les archers qui avaient ordre de l'arrêter. Cet homme laissait peu de regrets dans le pays, mais cependant les bonnes âmes s'apitoyaient sur un enfant à peine âgé de douze ans, que cette mort rendait orphelin.

L'enfant qu'on plaignait ainsi se nommait Louis Mandrin. Doué d'une intelligence précoce et d'un caractère résolu, l'orphelin envisagea avec résignation son abandon. Il fit l'inventaire du faible héritage de son père, qui consistait en quelques effets mobiliers, sur lesquels la justice avait oublié de faire main basse ; il trouva, dans un coin écarté, un marteau et quelques outils de monnayeurs, et il fit l'apprentissage de la dangereuse industrie de son père, et quelques pièces déjà ébauchées, qu'il termina, lui donnèrent à penser qu'un jour il pourrait mettre à profit ses dispositions. En attendant, il fallait vivre, et le jeune Mandrin se fit soldat.

La carrière des armes sourit pendant quelque temps à l'esprit aventureux du volontaire ; les périls et l'animation de cette vie avaient pour lui du charme, et s'il eût toujours foulé le champ de bataille, le soldat n'eût peut-être jamais songé à chercher des ressources dans le crime. Ses chefs l'avaient distingué, et son courage et sa belle tenue prédisaient un avancement aussi rapide que possible sous le roi Louis XV.

L'existence de garnison fut fatale à Mandrin. Il ne put se plier à cette soumission de tous les moments, qui est une des conditions de la vie de soldat, ses instincts d'indépendance étaient à chaque heure contrariés ; il forma le projet de reprendre sa liberté, et de l'exploiter sous l'inspiration de son imagination ardente et de son amour pour l'imprévu. Bientôt il déserta et entraîna dans sa fuite deux de ses camarades.

Le capitaine de la compagnie dans laquelle Mandrin était incorporé cacha quelque temps cette disparition, par intérêt pour le coupable ; il espérait que le déserteur reviendrait à son drapeau. L'affection que l'officier portait à Mandrin fut cruellement récompensée.

Mandrin recruta parmi les vagabonds et les échappés de prison quelques auxiliaires, dont il forma le noyau d'une bande soumise à son commandement. Mais, comme il était dangereux de battre la campagne, il fallut se préparer une retraite. On se mit en route pour la découvrir.

La Côte-Saint-André, hérissée de rochers, semblait offrir un asile sûr à ceux qui avaient intérêt à ne pas vivre dans des lieux habités. Mandrin comprit l'avantage qu'il pourrait tirer de cette position, et bientôt une caverne naturelle dans le roc fut transformée en une fabrique de fausse monnaie. Mandrin n'avait cessé de s'occuper de cette œuvre depuis le jour où il avait trouvé les outils de son père, et, au régiment, il avait terminé son apprentissage; dans ses heures de liberté, il se tenait à l'écart et s'était construit, dans le creux d'un vieil arbre, un atelier secret où il se livrait à ce travail.

Quand Mandrin fut établi à la Côte-Saint-André, il donna du développement à son industrie, aucune des machines et des outils nécessaires à la fabrication monétaire ne manqua. Les fausses valeurs abondèrent, il avisa à l'écoulement.

Mandrin envoyait ses compagnons les plus subtils et les plus adroits aux foires lointaines, acheter des bestiaux, des toiles ou denrées, qu'on payait en fausse monnaie; les objets achetés étaient revendus dans une autre localité et échangés contre de l'argent de bon aloi.

Le chef de la troupe n'était pas des derniers à se mettre en route pour se livrer à ce négoce difficile. Tantôt on voyait un élégant officier marchander plusieurs chevaux aux foires de Normandie ou de Bretagne, il raisonnait sur les qualités et les vices de l'animal en habile écuyer, et pas un maquignon n'eût pu en faire une dupe. L'officier payait et emmenait ses remontes.

Dans les marchés de la province de Beauce, un paysan, ayant une lourde sacoche sur l'épaule, s'approchait d'un fermier; il traitait avec lui d'une forte provision de froment ou de seigle, il soldait après avoir bien débattu le prix du cours, et le vendeur complaisant aidait l'acquéreur à charger sa charrette.

Ailleurs c'était un bon ermite qui, avec le montant des aumônes, venait à la ville acheter des ornements d'orfévrerie pour sa chapelle, que la piété des fidèles voulait orner. Le saint homme payait sans marchander, bien persuadé que l'orfévre se ferait scrupule de le tromper, et il s'éloignait en laissant son argent et sa bénédiction.

L'officier qui achetait des chevaux, le paysan qui faisait sa provision de grain, l'anachorète qui soldait l'orfévre, cette trinité était Mandrin, qui savait parler tous les patois, porter tous les costumes.

Quand, après une excursion où chacun avait fait bonne chasse, on rentrait à la caverne de la Côte-Saint-André, les partages étaient faits, et Mandrin, aux termes des statuts, avait le lot le plus fort, ce qui constituait ses appointements de chef, sa dotation de capitaine.

Trois années passèrent ainsi; l'époque où nous arrivons est marquée par un crime atroce, qui fut le début de Mandrin dans le meurtre.

Nous avons dit l'affection que l'officier, à la compagnie duquel avait appartenu Mandrin, portait à ce soldat dont il cacha la fuite. Ce militaire, malgré le temps écoulé depuis la désertion, n'avait pas renoncé à l'espoir de faire rentrer son protégé dans le devoir. Sachant qu'il était réfugié à la Côte-Saint-André, il résolut de venir lui-même sonder ses dispositions et le ramener, s'il était possible, sous les drapeaux.

L'officier s'aventura seul parmi les rochers de la côte qui protégeaient la retraite du déserteur. Mandrin est averti des intentions de son ancien commandant, par un des siens, qui a d'abord rencontré le capitaine; il vient au-devant de lui. Les pourparlers commencent, et Mandrin semble indiquer la direction de sa demeure à l'officier, qu'il précède; l'officier suit en chèrchant à combattre la répugnance que Mandrin manifeste pour son retour à la compagnie. Mandrin, tournant à l'improviste un rocher, se trouve derrière l'officier, et, avant que celui-ci ait pu se mettre en défense, il dirige sur lui à bout portant sa carabine. Le coup frappe dans les reins, et l'officier tombe et expire en reprochant à Mandrin son ingratitude et sa froide barbarie.

Dans ses excursions commerciales, dont le but était le change de la fausse monnaie, Mandrin avait trouvé plusieurs occasions de signaler son caractère audacieux qui ne s'effrayait d'aucune difficulté. Le chef des voleurs s'égara pendant une nuit dans des chemins de traverse d'une province éloignée de son quartier général. Il trouva sur sa route une propriété de belle apparence, et, quoique maîtres et valets fussent plongés dans le sommeil, il vint heurter à la porte et demanda l'hospitalité.

Mandrin était de haute stature ; si les circonstances exigeaient qu'il jouât le rôle de gentilhomme, l'aisance de ses manières pouvait faire croire qu'il avait vécu à la cour, il savait donner à sa physionomie, quelquefois empreinte d'une farouche cruauté, une expression de douceur qui inspirait le désir de lui être agréable. Quand le chef des faux monnayeurs se présenta pour demander asile au milieu de la nuit, les domestiques, après le premier mouvement de mauvaise humeur qui suit le sommeil troublé, s'empressèrent d'accueillir l'étranger.

Cette propriété dans laquelle Mandrin avait trouvé gîte était habitée naguère par un ancien officier des armées du roi ; la mort venait de l'enlever à la tendresse de deux de ses filles qui résidaient dans cette demeure avec une vieille parente, attendant qu'un hymen convenable ramenât les orphelines à la cour, où leur père avait tenu un rang distingué.

Le lendemain, le voyageur avant de partir voulut présenter ses remercîments aux habitantes de la maison... et Mandrin sortit rêveur de cette courte entrevue. La plus jeune des filles du gentilhomme avait fait sur son esprit une impression profonde. Le chef des monnayeurs avait obtenu la faveur de renouveler ses visites, et, à partir de ce moment, il quitta souvent le quartier général.

Pendant une des absences de Mandrin, un des faux monnayeurs, qui avait blâmé hautement le meurtre commis lâchement par le chef sur l'officier venu près de lui avec confiance, quitta la caverne et ne reparut plus.

Roquairol, un des plus dévoués appuis de Mandrin, s'effraya de cette désertion... Il démonta ou fit disparaître tous les instruments de fabrication de fausse monnaie. Il fut bien inspiré, car, sur les révélations du déserteur, la caverne fut investie par les archers... mais la bande avait battu en retraite, et les archers ne firent aucune prise. Ils n'aperçurent pas même une grosse pierre qui masquait un enfoncement, dans lequel un nommé Périnet, un des principaux de la bande, s'était endormi. Les archers passèrent la nuit dans cette caverne au lieu de battre les buissons et la campagne, pour trouver ceux qui avaient pris la fuite.

Roquairol savait que Périnet dormait dans la caverne au moment de l'attaque, il voulut satisfaire sa haine en l'exposant à être pris par les troupes de la prévôté.

Cette attaque causa un vif déplaisir à Mandrin à son retour, il donna des éloges à la conduite de Roquairol, et il se mit en marche pour trouver un autre refuge.

Après bien des recherches, on résolut de camper à mi-côte d'une montagne aride, sous un bloc de granit qui s'avançait en saillie, et formait sous sa voûte une profonde caverne.

Le premier soin fut de se fortifier; un fossé en croissant fut creusé, des éperons soutinrent les terres sablonneuses, on fraisa l'enceinte avec des pieux, une sortie sous terre fut ouverte dans la prévision d'une attaque. Mandrin fit poser des sentinelles avancées, et bientôt l'œuvre de la fabrication recommença.

Sur le sommet d'un ravin profond, qui faisait face à la caverne, s'élevait un vieux château, protégé par de larges fossés, et défendu par des tours et des courtines. Là habitait, avec sa femme et quelques domestiques, un vieux procureur retiré du monde et enrichi des énormes produits de sa charge.

Mandrin, dont l'esprit railleur laissait rarement échapper l'occasion à l'épigramme, plaisantait souvent sur le singulier rapprochement que le hasard avait produit en plaçant, dans le même voisinage, le brigand qui pille au péril de sa vie, et le praticien qui vole sous la protection de la loi.

Roquairol, dont nous aurons souvent occasion de parler dans la suite de ce récit, voyant son capitaine jeter un regard de convoitise sur le château voisin, lui demanda s'il désirait devenir possesseur, sans bourse délier, du château du procureur.

Mandrin se prit à sourire.

« Le procureur est parti hier de ce monde, pour aller rendre ses comptes à Dieu, ajouta Roquairol, il ne tient qu'à vous, capitaine, de faire main basse sur l'héritage. Secondez-moi, je ne demande pas plus d'une semaine pour me rendre acquéreur du manoir. »

Mandrin donne carte blanche à Roquairol.

Le corps du procureur avait été inhumé, le jour même de cette conversation, dans l'église des capucins d'un village voisin. Roquairol alla observer les lieux et voir comment il pourrait mettre en scène la comédie dont il avait arrêté le plan.

Le soir, Roquairol pénétra dans le château avec quatre hommes, il plaça ses agents suivant les besoins. La veuve était seule dans la chambre conjugale, elle donnait un libre cours à son affliction ; cependant la douleur céda à la fatigue. Les domestiques se consolaient de leur mieux à la cuisine en vidant de profondes coupes de vin à la mémoire et aux vertus du défunt.

Soudain les rideaux de la chambre occupée par la femme du procureur frissonnent, s'agitent... une voix plaintive tire la veuve de son sommeil, et à ses yeux à peine ouverts apparaît un fantôme blanc dont le suaire est ensanglanté... C'est le procureur ; il pousse des cris affreux en demandant secours pour éteindre le feu dont il brûle dans l'autre monde... Des hurlements et des imprécations se joignent aux exclamations du procureur, des voix éloignées semblent se disputer l'âme du défunt, des lueurs sinistres s'élèvent en même temps des quatre coins du château, et des détonations, précédées et suivies d'éclairs de toutes couleurs, jettent la consternation et l'effroi dans l'esprit de la veuve.

Le fantôme portant une torche ardente à la main, et traînant après lui de lourdes chaînes, est descendu aux cuisines. Les valets terrifiés se précipitent les uns sur les autres, renversent les escabeaux et les tables, cherchent un refuge dans la cour, et disparaissent.

On ne douta plus que le procureur ne fût la proie du démon.

La nuit suivante, le château fut de nouveau assiégé par l'armée infernale ; cette fois, Roquairol eut une escorte de quatorze lutins, et le fantôme, cherchant à échapper aux esprits et aux flammes qui le poursuivaient, fuyait en criant : *Bien mal acquis, malheur à ceux qui l'habitent, ils brûleront comme moi.*

Cette scène fut poussée fort avant dans la nuit ; la veuve, à demi morte, voulut quitter cette habitation fatale. Dès qu'il fut jour, elle alla se réfugier chez son fermier à quelque distance de là.

Les esprits forts de la contrée tournèrent en ridicule l'événement du château, et traitaient de fable l'apparition du procureur. Trois clercs, un capucin et deux abbés formèrent le projet d'aller souper dans le manoir et d'y passer la nuit. Ils emmenèrent avec eux huit domestiques pour les défendre et trois femmes pour les servir.

Roquairol, informé de ce projet, se promit de recevoir ses hôtes de façon à leur ôter le désir de recommencer la partie. Il se renseigna sur les dispositions faites pour le souper, et sur la salle choisie pour dresser la table. Connaissant la localité, Roquairol pratiqua une ouverture dans l'épaisseur du mur, et la ferma avec des planches et des tapisseries. Il creva ensuite le tuyau de la cheminée qui donnait dans un grenier obscur, il y rangea un détachement de ses auxiliaires, et il attendit le moment favorable.

Les convives arrivèrent et se placèrent à table, non sans éprouver une certaine émotion ; mais bientôt rassurés par leur nombre et par leur escorte, ils se laissèrent aller aux joyeux propos ; le vieux vin du procureur avait aiguisé la saillie, et on ne pensait déjà plus à la circonstance qui avait amené ce repas, quand un bruit épouvantable, accompagné de lugubres grognements et de cris aigus, éclata... Les convives tournèrent la tête, un ours gigantesque se présenta et vint flairer tous les plats du menu ; les trois clercs firent un saut en arrière. Un singe d'une taille gigantesque s'élança alors sur la table et renversa les flambeaux ; quatre démons sortirent du mur, traînant avec eux le fantôme du procureur chargé de chaînes et criant : « Je brûle, je brûle... bien mal acquis... malheur à ceux qui l'habitent. » Huit autres démons de formes bizarres grossirent le cortège, et de la cheminée on vit descendre un énorme buffle dont les cornes jetaient des flammes. Les abbés étaient anéantis d'horreur, les domestiques atterrés oubliaient qu'ils avaient des armes... Le capucin seul fit d'abord bonne contenance ; mais un des diables s'acharna après lui et incendia sa barbe à son flambeau. La déroute alors fut générale, chacun gagna la porte le plus vite qu'il put, poursuivi par les animaux, les flammes et les démons.

Roquairol resta en possession du château dont il fit hommage à son capitaine, et du souper qu'il offrit à ses camarades. Dans cette comédie, Mandrin avait accepté le rôle du taureau.

Avant de laisser les convives prendre place au banquet, Mandrin les réunit au milieu de la salle, il jette en arrière sa tête de buffle, ordonne à Roquairol de se dépouiller de son suaire de réprouvé, il le nomme lieutenant de la troupe sur le champ de bataille, en présence de la ménagerie et de l'enfer.

Mandrin passa la nuit dans son domaine. Pour nourrir les idées superstitieuses du peuple à l'égard de l'âme du procureur, et entretenir dans l'esprit de la veuve et des héritiers le dégoût pour une propriété maudite, il fait allumer sur les remparts des torches de poix, de soufre et de résine, qui jettent dans les airs des flammes livides; les plus vigoureux de la bande ont ordre d'agiter, dans l'ombre, de lourdes chaînes dont le bruit porte au loin l'effroi.

Protégée par les terreurs des habitants de la contrée, la bande éleva des fourneaux et des machines à battre monnaie dans les souterrains du manoir du procureur; les étages supérieurs de l'habitation se transformèrent en vastes entrepôts des marchandises dont on ne pressait pas, par prudence, le débit; les étables se peuplèrent des convois de chevaux et de mules amenés pendant la nuit.

Le chef des faux monnayeurs, après plusieurs visites au château habité par l'objet de son culte, avait éprouvé quelques traverses dans ses poursuites amoureuses. Mandrin n'avait cherché jusque-là qu'à jouir, sans réflexion, de l'heureux privilége des entrées de faveur près d'une famille d'élite; celle-ci s'inquiéta du silence que le voyageur gardait sur son rang dans le monde, et, ne sachant à quel degré de l'échelle sociale sa naissance le plaçait, il se glissa du froid dans l'accueil, et la jeune Isaure elle-même, ainsi se nommait une des deux sœurs, sembla moins empressée à recevoir ses soins, et moins inquiète quand elle voyait l'inconnu s'éloigner à la nuit close, seul, sans guide, et s'aventurer sur des chemins qui n'étaient pas sans dangers.

Cette tiédeur et cette gêne n'échappèrent pas à l'examen de Mandrin.

Le chef fit part à son lieutenant du changement qui s'était opéré dans les sentiments d'Isaure. Roquairol était un homme de bon conseil; confident de Mandrin, dépositaire de ses projets de grand chemin et de ses mystères de cœur, il fit descendre la lumière dans l'esprit de son chef.

« Capitaine, lui dit-il, l'orgueil plus que l'amour tient dans ses fers votre Isaure. Payez-la dans sa monnaie de prédilection. Faites reverdir sur son vieux tronc la branche des seigneurs vos aïeux, et soyez aux yeux de la famille dont vous recherchez l'alliance le comte de Mandrin. Cessez un moment de battre des pièces d'or et d'argent à l'effigie du roi Louis XV, et réunissons nos forces d'inspiration et d'intelligence pour frapper sur un sceau de cuivre les signes héraldiques qui attestent votre gloire antique et la vieillesse de votre nom. »

Deux jours après cet entretien, un valet richement costumé, monté sur un cheval fringant et caparaçonné de façon à faire envie au coursier d'un connétable, prenait le chemin du château de la noble famille, et portait à Isaure un galant message, scellé d'un écu en cire rouge, timbré de telle sorte, que les moins experts en blason pouvaient facilement reconnaître les signes caractéristiques de la chevalerie des vieilles croisades.

L'écuyer expédié par Mandrin était passé maître en finesse et en ruses. C'était ce même Périnet que Roquairol avait voulu livrer aux archers. Depuis quelques, jours cet ancien affidé de Mandrin avait reparu. Doué d'un instinct de caniche, il avait suivi à la piste ses compagnons, il les avait rejoints et s'était réuni à eux.

« Tu n'es plus mon lieutenant, avait dit Mandrin à Périnet, je t'ai cru entre les mains des archers, et je n'ai que faire de gens qui se laissent prendre. Si tu ne veux pas rentrer dans la classe des ouvriers, tu seras mon laquais. Voilà tout ce que j'ai à t'offrir. »

Périnet accepta l'offre de Mandrin.

Le valet de Mandrin prouva dans son message pour Isaure, qu'il était aussi adroit dans l'intrigue qu'intrépide dans les coups de main. Il comprit la portée de la mission dont il était chargé, et il fit en habile Frontin les affaires de son maître. Il parla de M. le comte de Mandrin son maître comme d'un gentilhomme aussi modeste que riche, aussi timide quand il s'agissait de vanter sa naissance ou son mérite, que brave et chevaleresque quand il s'agissait de tirer l'épée pour son roi ou pour sa belle, comme on disait alors ; au dire du valet, Mandrin était maître de tant de seigneuries, qu'il eût fallu plus d'un jour pour prononcer son nom, s'il eût suivi la mode d'Espagne, qui veut que la signature soit ornée de tous les titres du signataire ; Mandrin, dans l'embarras du choix, n'en adoptait aucun, et Périnet ne comprenait même pas comment l'amour-propre de son maître s'était laissé entraîner à blasonner sa lettre à Isaure. Il est vrai que la famille à laquelle appartenait cette jeune héroïne avait un degré d'illustration si élevé, que c'était lui payer un juste tribut que de déposer à ses pieds quelques titres nobiliaires comme un humble hommage.

Mandrin ne tarda pas à se présenter de nouveau dans la famille. Une réaction subite avait agi sur le cœur d'Isaure. La conversation s'engageait dans de tendres voies, et le chef des brigands faisait des efforts pour s'y maintenir ; mais comme s'il y eût eu une force secrète impossible à vaincre, à peine avait-on échangé quelques douces paroles, que la causerie rentrait dans un autre cercle, et Isaure poétisait les temps chevaleresques où des preux gagnaient la noblesse pour ceux qui, dans l'avenir, porteraient leur nom. Et il fallait alors que Mandrin racontât les prouesses de ses aïeux, qu'il fît l'épopée d'une longue filiation grossissant à chaque règne sa gloire et son patrimoine. Enfin il fut bientôt démontré qu'il pouvait aller de pair avec les plus illustres et les plus opulents du beau royaume de France.

Cette preuve acquise faillit jeter Mandrin dans un embarras inextricable. La plus jeune des deux sœurs avait reçu son hommage, et, depuis la lettre timbrée aux armes du comte de Mandrin, elle avait défendu sa conquête avec toutes les armes de la coquetterie. Mais une flamme s'allumait en même temps dans un autre cœur; la sœur d'Isaure ne vit pas sans tristesse un des plus beaux blasons de France offert comme un diamant dans un bouquet nuptial qu'elle ne devait pas porter. Si elle eût pu faire valoir en cette circonstance un droit d'aînesse, elle eût probablement invoqué le privilége en sa faveur.

Mandrin craignit bientôt que la jalousie ne devînt une arme dangereuse contre lui; il recourut encore aux conseils de Roquairol.

« Les deux sœurs, dit-il, ont un égal désir de mon blason…

— Eh bien, capitaine, est-il plus difficile de faire deux noblesses qu'une… n'avons-nous pas ici la fabrique.

— Le comte de Mandrin gardera le cœur de la plus jeune des sœurs, et le cœur de l'aînée deviendra la part du comte de Roquairol. »

Mandrin sourit au projet. Il présenta son lieutenant comme un jeune gentilhomme de ses amis, ne lui cédant en rien en fortune et en naissance, et après quelques visites, il fut sérieusement question d'arrêter l'époque d'un double mariage entre les deux amis et les deux héritières.

La localité spacieuse de la nouvelle habitation de Mandrin lui avait permis de donner de l'extension à sa coupable industrie. Nous avons dit que des troupes de chevaux et de mules étaient souvent introduites pendant la nuit dans les écuries du défunt procureur. Mandrin et ses affidés allaient vendre et acheter ces quadrupèdes jusque sur les frontières d'Espagne. Ce chef était en voyage quand survint l'incident que nous allons dire.

Le vieux château du procureur passait encore dans le pays pour le séjour des spectres et des esprits infernaux; l'impression de frayeur n'avait rien perdu de sa force, quand un jeune officier et un de ses soldats, se rendant à leur régiment en garnison à Grenoble, firent halte à une auberge de village située à peu de distance du manoir maudit.

Ayant entendu tous les récits en circulation sur la maison du procureur, ils forment le projet de faire une excursion au château et d'entrer en relation avec les gens qui l'habitent : ils promettent de venir rendre compte aux paysans des détails de leur réception. Le lendemain, l'officier et son subordonné se dirigèrent vers le manoir qu'on disait gardé par des lutins armés de chaînes. Plus de vingt cadavres avaient, disait-on, été ramassés par les pâtres de la contrée dans les ravins environnants.

L'officier et le soldat gravirent la montagne et s'arrêtèrent un moment avant de heurter à la porte principale.

« Allons, camarade, dit le capitaine, nous allons d'abord faire connaissance avec le portier du diable. » Et il avançait pour frapper.

A ce moment paraît un ours gigantesque, dressé sur ses pattes de derrière, il est porteur d'un énorme trousseau de clefs.

« Feu! s'écria l'officier, nous comparerons les peaux d'ours de l'enfer avec celles des ours terrestres. »

Le soldat lâcha la détente de son pistolet, l'ours tomba mort et roula dans un profond ravin.

« Nous en abattrons un autre pour nous consoler de la perte de la fourrure, » dit l'officier. Et il pénétra avec son compagnon dans la première cour du château.

La détonation du pistolet avait été entendue, et Roquairol, averti de la venue des deux hôtes, avisa aux moyens les plus prompts et les plus efficaces de se débarrasser de leur présence.

Roquairol, avant de prendre le métier de brigand, avait passé ses premières années chez un habile mécanicien italien, il le servait comme auxiliaire dans ses travaux. Cet homme jouissait d'une renommée sans égale pour l'imitation des animaux et surtout des reptiles, et par son art il animait la matière au point de produire l'illusion la plus complète. Quand Roquairol avança en âge, il déserta les ateliers de son maître, emportant avec lui son secret, et dans les circonstances où nous le retrouvons, il fit en grand l'application de l'art de l'Italien. C'est à ce talent d'imitation qu'il eut recours pour punir la curiosité des deux visiteurs.

A peine le capitaine et le soldat eurent-ils franchi la porte du château, qu'ils se virent environnés de figures grotesques, d'apparitions d'animaux ayant des formes inconnues. Des dragons à plusieurs têtes, des chimères à plusieurs corps, des salamandres jouant dans les flammes, des serpents pliant sur eux-mêmes leurs nombreux anneaux, et levant la tête en faisant entendre un sifflement aigu.

Le capitaine avait mis l'épée à la main, et, rivalisant de courage avec le soldat, il frappait à tort et à travers au milieu de cette armée ennemie d'un si bizarre aspect. Plusieurs monstres avaient reçu le coup mortel et jonchaient le sol, privés de vie.

Les deux combattants gagnaient du chemin, et ils avançaient en vainqueurs.

Roquairol vit qu'il ne devait pas trop compter en ce moment sur les auxiliaires auxquels il avait confié jusque-là la défense et la garde du château. Son esprit était fécond en expédients... il changea de batterie, et bientôt le capitaine et le soldat, fatigués de frapper et d'abattre les monstres nombreux qui se renouvelaient, virent avec plaisir venir vers eux un brave et jeune gentilhomme, l'épée à la main, qui les aborda le sourire sur les lèvres, se félicitant de rencontrer des compatriotes dans un lieu où il n'était, disait-il, venu que pour combattre des hôtes d'un autre monde.

« En ce moment, ajouta le nouveau venu, qui n'était autre que Roquairol, je poursuis un monstre que j'ai percé de plus de dix coups d'épée et qui vient de disparaître.

« Avant de l'attaquer, je m'étais adressé à un ours d'une grosseur prodigieuse, et au moment où j'allais le percer, il me regarde, et quelle est ma surprise quand je l'entends parler notre langue nationale et me dire :

« A quoi bon me tuer, j'ai déjà été tué par deux voyageurs qui vous ont précédé. » — Sur mon épée, messieurs, je ne suis pas facile à intimider, dit le gentilhomme, mais je vous assure franchement que l'étonnement, dont je n'ai pas été maître, a ébranlé un moment ma fermeté, et je suis heureux de trouver ici du renfort.

— Je suis fâché, dit l'officier, que vous ne soyez pas arrivé un moment plus tôt, vous auriez pris part au combat que nous avons livré.

— Je vois, messieurs, répondit Roquairol, que vous n'êtes pas gens à laisser votre part à faire aux autres, et les ennemis qui sont couchés à ce bivac mortuaire sont des témoins dont je comprends le silence... » Roquairol se baissa comme s'il eût voulu examiner de près à quelle bizarre nature appartenaient ces monstres inanimés, il examine les portes du mécanisme endommagées, remonte ou répare avec adresse les ressorts qui semblaient donner la vie à ces monstres, et soudain on les voit tour à tour se ranimer, se redresser, reprendre le mouvement ; la résurrection est complète, et l'armée des monstres exécute une retraite en ordre, et disparaît aux regards de l'officier et du soldat surpris.

Roquairol semble partager l'étonnement de ses compagnons, et cet incident lui donne lieu de discuter sur la puissance surhumaine qui peut à son gré créer des êtres hors des conditions ordinaires. Il rejette sur l'orgueil de l'homme le refus d'admettre certains faits que les bornes de son intelligence ne lui permettent pas de s'expliquer. Le gentilhomme cite de nombreux exemples qui attestent la réapparition des défunts sous des formes étrangères à celles qui les enveloppaient pendant leur vie… Enfin il est dominé par des pensées et des scrupules qu'il ne tarde pas à faire partager aux deux militaires; leur ardeur s'amortit, et tous les trois, tout en continuant à s'entretenir du grave sujet qui les préoccupe, traversent les cours devenues silencieuses, et, profitant d'une petite porte située à l'extrémité du château, ils se trouvent dans la campagne et cheminent ensemble.

Roquairol reconduit l'officier et le soldat jusqu'aux premières maisons du village, et, prétextant l'obligation de prendre une autre direction, il quitte ses compagnons de route, sans que ceux-ci aient le moindre soupçon du tour d'adresse dont ils sont dupes.

A la rentrée dans le village, les deux militaires éprouvèrent un désappointement auquel ils étaient loin de s'attendre.

Roquairol avait su par ses espions que l'officier et le soldat s'étaient hautement vantés au village de pénétrer dans le château, le lieutenant de Mandrin voulut détourner le mal que le récit plus ou moins sincère des deux visiteurs pourrait causer, en détruisant les croyances des paysans et en dissipant leur effroi. Roquairol dépêcha au village deux des siens travestis en paysans, et ils racontèrent à qui voulut l'entendre, que l'officier et le soldat qui avaient promis de faire le siége du château étaient deux fanfarons, que l'approche du danger avait glacé leur courage, à peine avaient-ils frappé au manoir, qu'ils avaient pris la fuite précipitamment, sans oser affronter l'ours terrible qui fait les fonctions de porte-clefs.

Le récit de ces affidés, qui se dirent témoins oculaires des faits, disposa peu favorablement les habitants en faveur des deux chercheurs d'aventures. Et quand l'officier à son retour raconta les étranges apparitions et la résistance que son compagnon et lui avaient eues à combattre, le peuple fut incrédule; l'officier et le soldat devinrent la risée du village, et ils quittèrent le pays escortés par les sarcasmes de la foule.

Mandrin, de retour d'une excursion sur les frontières méridionales, apprit la visite faite au manoir, et il ne fut pas sans inquiétudes sur les résultats de cet incident.

Le chef de la troupe avait, d'un autre côté, des sujets sérieux de crainte. Un de ses affidés, habile à mettre en circulation la monnaie fabriquée dans le château du procureur, avait acheté dans une foire un troupeau de moutons ; le vendeur, satisfait de son marché, jette en l'air en signe de joie un écu de six livres, l'écu tombe sur le pavé et se rompt... un second écu est lancé, il se brise encore ; l'expérience est répétée pour la troisième fois, et le résultat est toujours le même. Le marchand a évidemment eu affaire à un faux monnayeur ; celui-ci n'a pas attendu la chute de la seconde pièce de monnaie pour s'esquiver ; la vigueur de son cheval l'a mis à l'abri des poursuites. Bientôt la méfiance se glissa dans l'esprit des marchands, et le fait ayant transpiré, on ne vendit plus sur la foire qu'à *saute écu*, c'est-à-dire que chaque pièce, avant d'être acceptée, dut subir l'épreuve de la chute sur le pavé.

Pendant que Mandrin se préoccupait de ce dernier événement, il fut averti que la veuve du procureur, informée du passage nocturne des chevaux amenés dans les écuries de son ancienne demeure, avait donné l'éveil à l'autorité. Le chef de la bande se tint prêt à subir la crise qui menaçait de se déclarer. Il se prépara à une attaque prochaine.

Les prévisions de Mandrin ne tardèrent pas à se réaliser. Il pensait qu'on ne lui disputerait pas la possession du château, dont le séjour ne pouvait être envié de personne. L'intention de l'autorité était donc seulement de débusquer les contrebandiers qu'elle soupçonnait réfugiés dans cette localité.

Quarante archers se présentèrent ; Mandrin les vit avec calme menacer sa retraite ; il reçut la fusillade, et donna ordre aux siens de riposter sans vigueur ; il n'avait qu'un but, c'était de prolonger la défense pour avoir le temps de transporter ailleurs le matériel de la fabrication de monnaie et les tonneaux remplis de bonnes valeurs, dont les caveaux du manoir étaient dépositaires.

Mandrin, à l'abri de ses murs crénelés, aurait pu détruire la faible troupe des assaillants entièrement à découvert; mais il l'épargna, ménagea ses forces et ses munitions pour des circonstances plus graves qu'il prévoyait. En effet, la maréchaussée avait eu ordre de se porter sur le château; elle marchait sous les ordres d'un prévôt, et bientôt le manoir fut investi. Le magistrat connaissait une porte secrète, ouverte sur les bois, servant d'issue à un souterrain qui communiquait avec le château. Il fit occuper ce poste de façon à rendre la sortie des brigands impossible; et la principale entrée fut gardée par une force imposante.

Mandrin déploya alors toute son énergie, l'attaque fut chaudement soutenue par lui; pendant ce temps, Roquairol cherchait à s'ouvrir un passage au milieu des forces compactes qui lui opposaient leur résistance. Mandrin eut recours aux prestiges infernaux pour ébranler l'ennemi; ce fut en vain : les archers rirent de cette tentative puérile; il fit jeter sur les assaillants des matières enflammées, dirigea des fusées incendiaires dans leurs rangs, lança, à l'aide de fortes machines, de l'huile bouillante et du plomb fondu sur ses adversaires... Rien ne put arrêter leur ardeur. Mandrin somme l'ennemi de se retirer, on lui répond qu'un brigand est hors des lois de la guerre, et qu'il n'a pas le droit de dicter des conditions.

Le prévôt fait coudre en forme de sacs de vieilles tapisseries, les remplit de terre, et, à l'aide de ces remparts improvisés, il protége ses soldats contre l'immersion du liquide bouillant qui tombe en jets abondants sur la troupe. Il gagne du terrain, enfonce les portes, et devient maître de la place. Mais, ô surprise! Mandrin et les siens ont disparu comme par enchantement. Le prévôt les poursuit dans la caverne creusée sous le château et dont l'issue est gardée; cette caverne s'étend sur une profondeur de cent pieds.

Des archers s'arment de torches pour éclairer l'attaque, une vive clarté se projette dans toute l'étendue du souterrain, mais aucune trace de Mandrin ni des siens n'est visible. Le sol est solide et battu, aucune cavité n'a pu être réservée, de fortes palissades maintiennent les terres sur les côtés, et nulle part on n'aperçoit l'indice d'une seconde voie. Cependant, dans ce souterrain, il y avait une artère étroite et profonde habilement creusée, Mandrin et les siens y sont réfugiés... Les archers découvrent enfin ce canal et y pénètrent; mais Mandrin veille à la retraite, un fort éboulement de terre, ménagé par lui, forme un rempart qui isole de nouveau sa troupe de celle des assaillants.

Les soldats du prévôt n'ont plus qu'un faible obstacle à franchir pour prendre Mandrin et les siens, on lutte d'empressement et d'activité pour opérer le déblai des terres; bientôt l'œuvre est accomplie.

Les archers pénètrent dans le dernier retranchement des brigands, mais pour la seconde fois Mandrin et les siens ont échappé aux regards sans laisser à ceux qui les poursuivent l'espoir de les retrouver dans une autre veine souterraine.

Pendant que les archers travaillaient à se faire un passage, Mandrin était parvenu à un dernier caveau éclairé par quelques pâles rayons qui descendaient de la tige d'un vieux chêne que le temps avait creusé. Les racines de cet arbre, qu'on nommait dans le pays le chêne de César, pénétraient jusqu'aux dernières couches du sol sur lequel était construit le souterrain du château. La grosseur de cet arbre était prodigieuse; il était, pour la troupe de Mandrin, une citadelle et un chemin.

Le chef des contrebandiers donna ordre à chacun de se charger des objets les plus précieux; le départ fut réglé avec ordre, chaque compagnon, à son tour, monta et prit place sur les branches du chêne. Mandrin arriva le dernier, et après un moment de halte, pendant laquelle Roquairol fit l'appel de la troupe, Mandrin descendit le premier, et le premier fondit l'épée à la main sur une bande de paysans armés et en observation dans ce lieu. Le passage fut ouvert. Mandrin et sa troupe délivrés s'enfoncèrent dans l'épaisseur des bois.

Le prévôt, averti de la fuite de Mandrin, ne trouva pas qu'il fût nécessaire de se mettre à sa poursuite; il se consola de l'inutilité de son expédition en faisant main basse sur de riches marchandises et de nombreux barils pleins d'or que les brigands abandonnèrent.

Après avoir pourvu à la sûreté de ses compagnons, Mandrin se reposa sur son lieutenant des soins d'un nouveau campement dans un lieu qu'il indiqua, et il se rendit au château d'Isaure, où l'on commençait à avoir de sérieuses inquiétudes sur l'absence prolongée du faux comte et de son compagnon d'armes M. de Roquairol.

Mandrin justifia l'éloignement de son ami, retenu par son devoir loin des lieux où l'amour l'appelait. Quant à lui, il était assez heureux pour pouvoir, sans manquer à la discipline militaire, prolonger pendant quelque temps son séjour près de l'objet de son affection.

La question du mariage fut de nouveau agitée par la tante, aussi avide que ses nièces des brillants avantages qu'une union avec des gentilshommes illustres devait procurer à la noble famille à laquelle elle appartenait. Mandrin secondait admirablement la pensée de la vieille parente; il s'attristait souvent des lenteurs apportées au mariage, par la difficulté qui existait pour les deux amis de se rencontrer en même temps près de leurs fiancées.

Pour couper court à ces obstacles, il fut convenu que le mariage du comte de Mandrin précéderait celui du comte de Roquairol.

Le tabellion, dont les ancêtres avaient été depuis de longues générations dépositaire des volontés de la famille à laquelle s'alliait M. le comte de Mandrin, et qui avait le privilége de rédiger les actes matrimoniaux, tint à honneur de dresser un contrat qui rehaussait la gloire de ses illustres clients, et augmentait, dans de larges proportions, leur fortune patrimoniale.

Au jour fixé pour la rédaction de l'acte, Mandrin, dans l'intention de faire une gracieuseté au tabellion de la famille, était allé au-devant de lui.

Isaure, debout à la fenêtre, avait le regard tourné dans la direction que devait suivre son fiancé.

Tout à coup un tourbillon de poussière s'élève sur la lisière de la forêt qui avoisine le château; un cliquetis d'armes se fait entendre, les hommes qui se heurtent et se mêlent portent le costume de paysans; nul doute, c'est une bande de malfaiteurs qui a rencontré le comte et l'a attaqué; il se mesure seul contre tous.

Isaure pousse un cri de terreur, tous les domestiques du château sont accourus, ils ont ordre de voler au secours du fiancé.

A leur approche, le chef des assaillants se dirige vers eux, et leur demande quel est le but de leur manifestation hostile.

« Nous venons sauver le gentilhomme que vous attaquez, ou mourir avec lui, répondirent les valets d'Isaure.

— En d'autres termes, dit le premier qui avait pris la parole, vous êtes écuyers de ce gentilhomme de grand chemin, et le bourreau vous doit à tous des lettres de noblesse... A moi, archers, faisons un coup de filet général. » L'homme qui parlait ainsi était le prévôt de Grenoble.

Pendant ce colloque entre le prévôt et les valets d'Isaure, Mandrin, que les archers avaient ordre de saisir vif, se défendait avec acharnement au milieu de la mêlée.

Les domestiques du château, ayant enfin reconnu le magistrat à son large baudrier qu'il venait de mettre en évidence, hésitèrent, et pensant que l'époux futur de leur jeune maîtresse était l'objet d'une erreur de la part du chef de police, ils réclamèrent.

« Si vous n'êtes ses complices, vous êtes ses dupes, dit le prévôt ; l'homme que je cherche est Mandrin le faux monnayeur, Mandrin le contrebandier, Mandrin le brigand... et je le tiens... Retirez-vous, ou le sort qui lui est réservé vous attend. »

Les valets reprirent la route du château : le plus ancien, appelé près d'Isaure, et interrogé, répéta les paroles du magistrat.

Qu'on juge de la position de la jeune fille quand elle sut que celui dont elle devait recevoir le nom n'avait d'autre illustration que celle du crime ; si l'orgueil outragé ne puisait pas dans l'affront même la force de cacher sa blessure, Isaure eût laissé éclater son désespoir et sa honte. Elle parut supporter cette grande épreuve avec résignation ; mais, flétrie à ses propres yeux par cet amour impur, qui devait peser sur toute sa vie, elle échappa aux sarcasmes du monde, et le lendemain de l'arrestation de Mandrin elle se réfugia dans un cloître.

Tous les efforts de Mandrin pour lutter avec avantage contre les troupes du prévôt avaient été inutiles. Quand il se vit vaincu, il accepta sa position avec résignation, il marcha au milieu des archers sans opposer aucune résistance, sans essayer aucune tentative d'évasion. Il subit la loi du vainqueur en maîtrisant à un tel point ses impressions, que sa figure, d'habitude si expressive, ne prit aucune empreinte de ses secrètes pensées.

Quand le cachot de la prévôté se fut ouvert et refermé sur le chef des faux monnayeurs... Mandrin, placé hors de l'observation, laissa sa nature se dessiner sous tous ses aspects. D'abord, la honte d'être vaincu s'exalta jusqu'au délire : les muscles du bandit saillissaient sur ses bras tendus, il ébranla les murs et les portes de la geôle; son œil était de feu, sa double rangée de dents blanches se frottait par un mouvement vertical comme une scie à deux lames, cherchant un aliment dans les barreaux de fer de la prison. Ce court espace que resserre quatre murailles humides, Mandrin le traverse et le parcourt dans sa marche, qui ressemble à la course d'un fou dans son cabanon... Tout est plus fort que sa force dans cette geôle... Cette idée est une nouvelle torture pour le brigand; un moment il fait mentir cette affreuse vérité... Le geôlier se présente... il précède le lieutenant criminel; Mandrin regarde ses mains enchaînées, des liens maîtrisent tous ses mouvements, il les brise. La menace et le blasphème sortent de la bouche du prisonnier... le magistrat et le porte-clefs battent en retraite.

Mandrin est transféré dans un cachot réservé aux criminels insoumis. La sève abondante de cette nature despotique semble tout à coup tarie; le grand coupable qui défiait la puissance humaine courbe sous la loi du découragement : on dirait que l'abandon a tué l'âme, que le chagrin ou le remords a paralysé le corps, Mandrin n'est plus que l'ombre de lui-même; il succombera aux atteintes d'un mal moral avant que la société ait pu faire justice de ses forfaits.

C'était là une ruse... et elle produisit son effet...

La nouvelle de l'abattement du bandit perce les murs de la prison. Le peuple se voit avec tristesse menacé de perdre la représentation du drame juridique dont Mandrin est le principal personnage.

Ceux qui cherchent un but utile dans une œuvre de justice, ceux qui croient à l'efficacité du dernier supplice pour tenir en bride les mauvaises passions, regrettent que Mandrin, mourant de sa mort naturelle, ne puisse pas servir sur la roue d'argument à leur opinion.

Une autre classe de personnes s'inquiétait beaucoup du bulletin de santé quotidien de Mandrin, c'était une association nombreuse et très-influente de jeunes et vieilles femmes, qui, à tort ou à raison, rêvait la régénération morale des malfaiteurs à l'aide de la prédication religieuse; quelques-unes des affiliées à l'union comptaient sur leur éloquence persuasive pour détruire par la parole la perversité la plus enracinée dans les instincts: plus d'une se portait fort de nettoyer l'âme la plus souillée au moyen de conférences et de pieux tête-à-tête avec les criminels. Cette secte d'illuminés, qui parut à l'époque où Mandrin habitait les cachots de la ville de Grenoble, devait avoir plus tard des plagiaires assez hardis pour développer sérieusement leur doctrine, assez heureux pour se faire écouter d'hommes éclairés, dont ils ont confisqué le bon sens au profit de leurs théories.

Dans l'association ancienne, il y avait une fraction des membres qui se bornait à éclairer l'esprit et à émouvoir le cœur du criminel à l'approche de l'heure suprême, ces membres formaient la partie la plus saine de l'affiliation; son œuvre se résumait dans les efforts tentés par les patronnesses pour rapprocher de la clémence divine le réprouvé du monde.

Mandrin avait repoussé le prêtre; la dame de charité se présenta; le brigand, à son approche, perdit quelque peu de son insensibilité religieuse. Mandrin avait refusé de discuter sa foi avec le prêtre, il confessa à la dame de charité, que son doute en Dieu ne venait que des preuves qu'il avait chaque jour dans son cachot, de la barbarie des hommes faits à l'image de Dieu.

Les dames de charité comprirent que les magistrats et les geôliers devenaient coupables de l'endurcissement du patient. On implora les hauts fonctionnaires, afin que les actes de brutalité exercés contre Mandrin cessassent; on circonvint le prévôt, et on lui demanda de vouloir bien participer à la sainte œuvre de la rédemption d'une âme, en allégeant les chaînes du brigand, en laissant pénétrer un rayon de jour dans son cachot, en dégageant ses mains de ses fers, afin qu'il lui fût possible de faire le signe de la croix.

Les dames de religion firent tant, que Mandrin obtint une chambre pour prison; ses chaînes tombèrent, un porte-clefs choisi parmi les moins hideux lui fut donné pour garde, il eut liberté d'aller à la chapelle de la prison s'asseoir au tribunal de la pénitence, où son confesseur l'entretenait de la parole sacrée. Les dames de charité vinrent le visiter à tour de rôle, et le tribunal ayant prononcé la sentence de mort, le grand coupable obtint, par l'appui de ses protectrices, la permission d'offrir, dans la prison, un souper d'adieu à tous les criminels qui s'y trouvaient enfermés.

Le banquet fut dressé dans la chambre de Mandrin, quelques-unes des patronnesses assistèrent un moment à la réunion. Mandrin porta un toast en l'honneur de ces saintes femmes qui, trompées par la sérénité du visage du brigand, crurent que son âme régénérée se reflétait sur ses traits.

Quand les patronnesses furent retirées, Mandrin voulut que tous les convives se réconciliassent avec la justice d'ici-bas, représentée par les geôliers de la prison; et pour preuve qu'aucun des condamnés n'emportait avec lui aucune rancune de ce monde, chacun des bandits dut présenter sa coupe aux porte-clefs présents. Il y avait beaucoup plus de coupes que de guichetiers, le vin était abondant et énergique; les geôliers prirent goût à la réconciliation, ils se prêtèrent de bonne grâce aux dernières volontés des condamnés qui versaient le vin des funérailles; pour nous servir d'une formule proverbiale, déjà alors en usage, les brigands burent avec gaieté le vin de l'étrier; et quelques-uns s'endormirent. Parmi les dormeurs furent les guichetiers. Au réveil ils se trouvèrent seuls en prison : Mandrin s'était emparé de leurs clefs, il guida ses hôtes par les issues qu'il avait étudiées, tous devinrent libres. Mandrin marqua cette délivrance par un acte de témérité et d'impudence peu communes, il se dirigea vers la maison du prévôt, et, trouvant une des fenêtres ouvertes, il jeta dans son appartement les clefs de la prison; une inscription, attachée au trousseau, portait qu'elles étaient provisoirement inutiles, puisqu'il n'y avait personne à enfermer.

C'est par cette fanfaronnade que le magistrat apprit la fuite des condamnés.

Mandrin, après l'évasion de la prison, erra quelque temps à l'aventure, et envoya les plus intelligents des bandits qu'il avait associés à sa fuite à la découverte d'une retraite; il rallia ses anciens lieutenants et ses compagnons dispersés, et ayant fouillé les bois, les chemins creux et le littoral du pays, il ne trouva rien de mieux à faire que de s'emparer de la demeure d'un vieil ermite en vénération dans la contrée.

L'anachorète fait prisonnier fut gardé à vue dans un caveau voisin de son oratoire; cette localité souterraine, creusée plus avant dans le sol par la bande de Mandrin, devint ses ateliers et son camp. On épargna la vie de l'ermite afin d'avoir du vieillard tous les renseignements nécessaires au nouveau rôle que le chef voulait jouer.

Mandrin se couvrit des vêtements du captif, il se rendit près du grand vicaire de l'évêché de Grenoble, lui dit que le vieil ermite ayant été rappelé à cause de son âge, il venait prendre sa place par ordre de ses supérieurs, mais qu'avant de continuer la sainte œuvre du moine son prédécesseur, il avait cru devoir rendre hommage aux dignitaires du clergé.

Le vicaire général accueillit avec bonté le faux ermite, et lui accorda toutes les licences dont il pouvait avoir besoin.

Une propriété isolée s'étant trouvée à vendre dans le pays, par suite du décès de ceux qui l'habitaient, Mandrin en fit l'acquisition sous le nom du chevalier de Mont-Joli ; il réédifia les parties en ruine de cette demeure, fit meubler le logis sans faste, mais avec goût, et se donna pour un officier en retraite ami de la solitude. Le nombreux personnel qui occupait avec lui le château passait pour d'anciens soldats retirés du service, auxquels l'officier supérieur accordait une généreuse et gratuite hospitalité.

Tour à tour ermite et gentilhomme, visitant les chaumières sous le nom du père Saint-André, se montrant chez les seigneurs du voisinage sous celui du chevalier de Mont-Joli, l'audacieux chef de bandits tira tout le parti possible de ces deux travestissements. Il commandait à deux troupes, l'une casernée dans le caveau voisin de l'ermitage, l'autre ayant ses quartiers dans la maison seigneuriale.

Cependant le nouvel ermite ne conserva pas longtemps dans le pays le parfum de sainteté. On remarqua qu'il choisissait de préférence pour ses pénitentes les jeunes filles ou les nouvelles mariées les plus jolies. Les vieillards trouvaient rarement accès à l'ermitage, et s'ils étaient accueillis, l'ermite leur vendait si cher ses indulgences ou ses panacées contre la tentation et la brûlure, que la bourse des pauvres gens ne pouvait y suffire.

Des plaintes s'élevèrent, elles vinrent aux oreilles du vicaire général ; celui-ci, voulant s'éclairer, manda l'ermite près de lui, et fit prier en même temps le chevalier de Mont-Joli de vouloir bien se rendre à l'évêché. L'ecclésiastique avait la pensée de demander au gentilhomme quelques renseignements sur cette affaire.

Il était impossible que Mandrin se présentât sous ses deux physionomies d'emprunt, aussi une des deux personnes convoquées manqua-t-elle au rendez-vous. L'ermite fit défaut ; le chevalier de Mont-Joli seul parut.

Le vicaire général vit dans la désobéissance de l'anachorète une preuve des désordres dont on l'accusait ; le chevalier de Mont-Joli, invité à s'expliquer sur la conduite du moine, avoua que la ligne de conduite de l'ermite s'écartait tant soit peu des règles de continence prescrites par la loi religieuse ; cependant il invoqua l'indulgence pour le pécheur.

Le vicaire général chargea le chevalier de Mont-Joli de porter à l'ermite l'expression de son mécontentement, et l'investit d'un droit de surveillance sur le coupable. Mandrin eut bien de la peine à garder son sérieux en cette circonstance, il se trouvait désormais placé sous sa propre surveillance. Le bandit voulut justifier la confiance que l'ecclésiastique avait en lui, et quelques jours après cette entrevue, le chevalier écrivit au vicaire général que l'ermite était incorrigible, et il sollicita son changement.

Le vicaire général, heureux de trouver tant de vertu dans un homme de guerre, ne laissa pas échapper une occasion de vanter hautement la pureté des mœurs de M. le chevalier de Mont-Joli.

C'est à peu près à cette époque que se rapporte un acte horrible qui montre jusqu'à quel excès pouvaient se porter les instincts sanguinaires de Mandrin, quand ils étaient éveillés par la vengeance ou par l'intérêt de sa conservation.

Mandrin avait beaucoup perdu à la prise du château du procureur. Obligé d'abandonner dans sa fuite les tonnes remplies d'or, il avait enfoui cependant une somme considérable au pied d'un arbre. Après avoir échappé aux archers, le chef des faux monnayeurs était revenu au lieu du dépôt, et avait vainement ordonné une fouille : le trésor ne se trouva plus. Les premiers effets de la colère de Mandrin furent terribles, les malheureux paysans rencontrés dans les environs furent égorgés sans pitié sur le soupçon de détournement du dépôt, les maisons les plus proches de l'arbre furent livrées aux flammes ou démolies par la bande de Mandrin. Ces exécutions cruelles ne calmèrent pas la rage du chef, et alors même qu'il fut établi dans les souterrains de l'ermitage, il ne désespéra pas de pouvoir quelque jour assouvir sa vengeance sur la personne du véritable auteur du vol.

Une jeune fermière, qui cherchait une vache égarée, eut le malheur d'apercevoir une des ouvertures de la caverne. Elle entendit les coups du balancier; elle prêta l'oreille, fit quelques pas dans la caverne, mais bientôt la frayeur la saisit, elle se mit à fuir. Mandrin se présente; il voit une femme, il l'arrête, et fait venir le factionnaire. Celui-ci assure qu'il ne l'a point aperçue; les gens de la caverne disent la même chose; Mandrin la saisit, et, malgré ses larmes et ses cris, il l'entraîne dans l'endroit le plus reculé.

« Il faut donc, dit-il à ses gens, que je sois ici capitaine et senti-
« nelle ; que faisiez-vous lorsque cette femme est venue observer vos
« ouvrages? Quelqu'un de vous lui avait-il donné commission de
« venir? » Ils répondirent tous qu'ils ignoraient jusqu'à son nom.
« C'est donc un petit mouvement de curiosité qui vous amène? »
« dit Mandrin à cette infortunée ; vous voulez voir, c'est la fureur
« des femmes. Eh bien, jetez les yeux sur cet or et sur cet argent,
« c'est le trésor de l'État ; je suis roi, voilà mes sujets. Ce fourneau sert
« à préparer les matières ; dans celui-là on fait le mélange ; sur cet
« autre on donne au métal tout le degré de perfection qu'il doit
« avoir, et on le coule ; ici on le frappe, là on le blanchit. C'en est
« assez pour une femme, vous avez vu mes richesses ; voulez-vous être
« reine et les partager avec moi? » Cette femme, que les circonstances fatales avaient conduite dans ce repaire, repoussa avec horreur la pensée de devenir la compagne d'un chef de bandits ; elle
était épouse, elle était mère !

Mandrin ordonna que cette femme fût emprisonnée.

Cet ordre fut exécuté. On la mit dans la cave où était l'ermite ;
un treillis de bois séparait les prisonniers. Le lendemain on tint conseil ; les voix furent partagées. Les uns condamnaient la coupable à
la mort, les autres se contentaient de la prison : Mandrin penchait
pour ce dernier parti.

La femme fut amenée devant ses juges. On lui dit qu'elle avait
fait un crime en mettant le pied dans un endroit où elle ne devait
pas paraître ; qu'elle n'avait aucune liberté à espérer ; que si elle
voulait s'attacher au capitaine par des liens de convention elle vivrait
avec une chaîne au pied ; que si elle s'obstinait à refuser, elle prenait le parti de la mort.

Les larmes et les cris avaient déjà affaibli cette malheureuse ; elle
redoubla ses prières et conjura les bandits d'avoir quelque pitié de
son malheur et de son innocence ; rien ne fit impression sur ces âmes
farouches.

Mandrin, qui présidait au conseil de guerre, lui signifia ses intentions : elle rejeta ses propositions avec horreur, et lui dit qu'elle
n'achèterait pas la vie par un crime. Mandrin espéra que le temps
ferait fléchir cette femme : il la renvoya en prison...

L'ermite saisit ce moment pour encourager la captive à demeurer vertueuse. Mandrin eut connaissance de ce conseil, il fit donner la bastonnade à l'ermite, et le relégua dans un cachot étroit au pain et à l'eau.

La prisonnière ne devint pas plus traitable, la douleur et la privation d'aliments qu'elle s'imposait l'avaient réduite à un état de faiblesse qui faisait craindre pour ses jours. Mandrin renouvela ses instances; il fut repoussé. Alors, entrant en fureur, il commanda que cette femme fût dépouillée de ses habits, et qu'on l'attachât nue à un poteau. Dans le temps qu'il lui faisait essuyer mille indignités et mille outrages, un de ses compagnons vint lui apprendre qu'une femme, qui avait trouvé un trésor au pied d'un arbre, était perdue depuis quelques jours, et que ce pouvait être celle qui était tombée entre leurs mains. « Quoi, dit Mandrin à cette

innocente victime de ses fureurs, tu as volé mon trésor et tu oses demander grâce? — Hélas! dit-elle, savais-je à qui cette somme appartenait? Laissez-moi libre, je ne tarderai pas à vous la rendre. — Non, non, répond Mandrin, il faut que tu meures; voilà deux poignards, choisis par lequel des deux tu veux périr. » Comme elle ne lui répondait que par ses pleurs, il se tourna vers ses gens et leur dit : « Qui de vous sera l'exécuteur de mes volontés? » Personne n'avança. Mandrin prit le plus jeune et lui mit le poignard à la main, en lui disant : « Tu n'es pas encore aguerri, je veux t'instruire; sois digne d'être des nôtres, avance et frappe... Tu hésites; vois-tu cet autre poignard? je te perce toi-même si tu balances encore. Apprends à choisir tes coups; c'est sur la pointe du sein qu'il faut frapper. Enfonce! » Comme celui-ci choisissait la place et tardait trop, Mandrin, dans un mouvement de rage, appuya fortement sa main sur la sienne, et enfonça le poignard.

Quelques compagnons de Mandrin blâmèrent hautement le meurtre que le chef venait de commettre, ils le regardaient comme un crime inutile; cette opinion prévalut, et de violents murmures s'élevèrent contre Mandrin. « Il fallait, disait-on à haute voix, traiter cette femme comme l'ermite, qu'on avait enfermé sans l'égorger. A l'aide de ses révélations on serait peut-être arrivé à recouvrer une partie du trésor qu'elle avait pris; enfin, c'était trahir les statuts de l'association que de verser le sang hors du cas de nécessité: le chef n'avait pas plus le droit de cruauté inutile que les subalternes. »

Mandrin entend ces clameurs, il se place au centre des mécontents, il donne des explications sur son acte.

« Il fallait, dites-vous, faire de cette femme une captive; mais n'ai-je pas eu recours d'abord à des moyens plus efficaces que ceux proposés par vous? N'ai-je pas cherché à lui imposer des liens plus sûrs que ceux que vous lui offriez? J'ai voulu faire de cette femme ma compagne et l'admettre au partage de notre destinée et de nos chances périlleuses; cette femme a rejeté mon offre; cette femme était belle, plus qu'aucun de vous je la voyais avec convoitise; mais aux regards qui se tournaient incessamment sur elle, à la pitié insolite qui vous a tous saisis à la fois, j'ai compris que j'aurais un rival dans chacun de mes compagnons. Quelques charmes fragiles auraient eu plus de force que toute la puissance jusqu'ici inutile des prévôts et des archers de dix provinces. J'ai compris que la désunion était au moment de régner parmi nous. C'est pour votre salut à tous que j'ai été cruel ; je ne laisse à personne le droit d'interroger mon cœur pour savoir s'il a souffert, mais je laisse à tous le droit d'analyser l'acte que la raison m'a ordonné d'accomplir. »

Roquairol seconde énergiquement le chef en criant : *Vive Mandrin !* Ce cri est répété par toute la bande.

Un bandit orateur improvise une allocution au nom de ses camarades, et présente des excuses collectives. Tous s'inclinent, et, à un geste de Roquairol, se placent en rang, et défilent en s'inclinant devant le chef et baisent tour à tour en passant devant lui le poignard sanglant qu'il présente à leurs lèvres : tous impriment sur la lame l'adhésion au meurtre.

Mandrin ordonne de jeter le cadavre de la victime dans un torrent voisin, et, la tête haute et le sourire sur les lèvres, il regagne à pas lents son ermitage.

La vie d'ermite que Mandrin continuait de mener sous le nom du prétendu successeur du père Saint-André, l'existence de châtelain, le fatiguèrent bientôt de leur monotonie ; il déposa le capuchon et l'épée de gentilhomme qu'il portait tour à tour, et il reprit la vie nomade sous le costume de colporteur, de marchand forain et de maquignon.

L'absence du chef ne tarda pas à se faire sentir dans la troupe : la discipline se relâcha. Roquairol était courageux, actif, entreprenant, mais il ne portait pas dans le regard cette force de fascination qui faisait pâlir le rebelle ou animait le travailleur.

Le lieutenant de Mandrin avait dans les rangs de ses compagnons un ennemi redoutable, et d'autant plus dangereux, qu'il savait se faire un instrument invisible de l'affection de ses camarades. Cet adversaire était Périnet, que nous avons vu remplir les fonctions de Frontin dans les intrigues amoureuses de Mandrin. Si Périnet avait accepté sans humiliation le rôle de valet du chef de la bande, ce n'était pas par suite d'une pensée spéculative. Mandrin, aux yeux de Périnet, était un être exceptionnel, qu'il croyait pétri d'un limon de choix, et, par conséquent, d'une nature bien au-dessus de la nature vulgaire. L'obéissance de Périnet était un culte ; peu lui importait à quel titre il servait Mandrin, pourvu qu'il le servît : il avait accepté avec le même enthousiasme le titre de son lieutenant et celui de son valet.

Quand Périnet abaissait son regard sur les compagnons de Mandrin, il tombait des régions imaginaires, et ne voyait en chacun que des natures secondaires ayant à peu près la même valeur à ses yeux ; voilà pourquoi Périnet ne comprenait plus l'obéissance pour lui ni pour les autres quand le grand chef ne commandait pas ; voilà pourquoi, en l'absence de Mandrin, il nourrissait adroitement l'esprit d'insoumission, et faisait une opposition adroite à Roquairol, auquel il ne pardonnait pas le guet-apens de la caverne, qui avait failli le livrer aux archers.

Les travaux de fausse monnaie se ralentirent, les bandits s'écartèrent du quartier général dans les heures de liberté, ils se répandirent dans les villages, y causèrent du désordre ; l'attention publique s'éveilla, on épia les nouveaux venus, on suivit leurs traces, leur retraite fut bientôt connue ; la maréchaussée de Grenoble et de Valence combina un mouvement, les deux brigades agirent chacune de son côté, avec ordre et célérité, le souterrain et l'ermitage furent investis avant que Roquairol ait pu organiser la défense.

Les dissidences entre le lieutenant de Mandrin et Périnet avaient amené les esprits à un tel point d'irritation, que les partisans des deux antagonistes étaient au moment d'en venir aux mains, quand le cri d'alerte : Aux archers ! fut répété par les sentinelles. Le danger commun imposa silence aux haines, le salut de tous réconcilia les adversaires. Roquairol prit le commandement des bandes ; mais, malgré ses efforts, toute la troupe serait tombée au pouvoir des troupes de police, si celles-ci, après avoir pris l'ermitage, n'avaient perdu un temps précieux à chercher le passage secret qui conduisait de l'oratoire à la caverne. Leur halte donna le temps à Roquairol de préparer la retraite, de mettre en sûreté les objets les plus précieux provenant des expéditions. Le lieutenant de Mandrin put encore établir une mine dont l'effet bien calculé devait coïncider avec l'arrivée des archers dans le souterrain.

Le jeu de la mine n'eut pas le résultat que Roquairol en attendait.

Embusqué aux environs, il entendit la détonation, et se berça de l'espoir de la destruction complète des gardes de la prévôté.

Toute la population campagnarde était sur pied et se présentait en armes pour soutenir les archers; de tous côtés des groupes de paysans se formaient.

Mandrin revenait alors vers les siens sous un travestissement; le bruit des cloches et l'aspect de cette levée lui donnèrent à réfléchir; il pousse son cheval vers un rassemblement de villageois, s'informe de ce qui se passe, et, apprenant qu'il s'agit de poursuivre des brigands qui infestent la contrée, il offre aux campagnards de se mettre à leur tête et de guider le détachement. La proposition est acceptée, l'inconnu marche en avant. Arrivé au bois où l'on sait que les brigands sont embusqués, il ordonne une halte, s'avance seul pour faire une reconnaissance, lâche un coup de sifflet, et quand il a été répondu à ce signal de commandement, il franchit une haie élevée, vient au pas de course rejoindre les siens, et laisse sa compagnie de paysans, stupéfaite d'avoir servi d'escorte à un des brigands qu'elle reconnaît, à son audace, pour Mandrin.

Roquairol n'avait pas cru nécessaire de se retrancher, comptant sur la destruction des archers. Mandrin lui apprend qu'au dire des paysans la mine n'a blessé que deux factionnaires, et que les archers et le prévôt en ont été quittes pour des éclaboussures de terre. Il n'y a pas un moment à perdre, il faut improviser des moyens de défense; des arbres sont abattus à grand renfort de bras, ils sont entrelacés ensemble, et forment une épaisse et haute barricade, derrière laquelle les bandits attendent l'ennemi.

Les archers sont commandés par le prévôt qui déjà s'est mesuré avec Mandrin au château du procureur. Ce magistrat a à cœur de prendre une revanche de l'arbre de César qui a protégé la fuite des bandits.

On est venu rapporter au prévôt la manœuvre du chef des brigands pour se préserver de l'attaque; le magistrat fait abattre des branchages, et ordonne qu'ils soient mis en fagots. Quand chacun de ses hommes est chargé de ces ramées, on avance et on dépose les fagots près des retranchements de Mandrin; le prévôt fait mettre le feu à ces branches qui se trouvent en contact avec les arbres qui servent de rempart aux brigands. L'incendie éclate, se communique aux retranchements combustibles des faux monnayeurs ; Mandrin, à la tête des siens, s'élance au milieu des flammes, abandonne la place, et vient former sa troupe en carré dans une position avantageuse, protégée par des rochers ; cependant la mousqueterie des archers cause des pertes nombreuses aux faux monnayeurs. Le bataillon se divise pour combattre avec plus d'avantage, des luttes partielles s'engagent sur ce terrain abrupte, des duels acharnés entre archers et brigands teignent de sang le sol de granit qui sert de champ de bataille. Le prévôt, l'épée à la main, donne l'exemple du courage à sa troupe ; Mandrin se multiplie et se trouve en même temps à tous les lieux où il y a du secours à porter. Enfin le nombre des siens est tellement réduit, qu'il comprend l'impossibilité de la victoire ; il ménage une retraite à sa bande, il arrache aux chances d'un combat inégal tous ceux qui peuvent entendre l'ordre d'une marche rétrograde, et quand presque tous ont obéi au commandement, il combat encore, il défie à la fois le prévôt et ses archers... Les siens sont hors d'atteinte ; il aurait pu les suivre, cette dernière bravade lui devient fatale ; un chef d'archers et plusieurs commis aux fermes, auxiliaires volontaires du prévôt, se sont jetés en désespérés sur Mandrin ; leurs forces réunies égalent la sienne, et, après une lutte terrible, Mandrin succombe. Il est fortement garrotté, sévèrement surveillé, et le prévôt revient triomphant à Grenoble avec son prisonnier.

Le chef des faux monnayeurs est mis pour la seconde fois dans la prison témoin du souper d'adieu qui précéda la fuite des prisonniers. Les guichetiers, honteux encore d'avoir été pris pour dupes, se promettent bien d'observer cette fois la règle de la sobriété. Mandrin, supposant, avec raison, qu'il serait inutile qu'il se recommandât de nouveau aux dames de charité, se résigna à sa position. Il attendit, avec calme, l'heure fatale, et quand elle arriva, il ne réclama qu'une seule faveur de la justice humaine, ce fut de ne point aller à l'échafaud en charrette. Sa demande fut accueillie ; on lui accorda d'aller à pied, les bras attachés derrière le dos, et les pouces serrés par l'étreinte d'une corde.

Mandrin, entouré de gardes, s'avance silencieux et réfléchi vers le lieu de l'exécution. Il n'a plus qu'un moment à passer sur cette terre. Il touche à la limite : son pied va se poser sur la première marche de l'échafaud. Soudain, de la foule il s'élève des voix nombreuses, il se manifeste dans cette masse un mouvement qu'on ne peut comparer qu'au reflux marin lorsqu'il est tout à coup refoulé par une force phénoménale qui lui imprime une course rétrograde. Ce cri s'est répété : *Mandrin s'échappe!* et chacun porte son corps et sa tête dans la direction que le brigand a prise. Briser ses liens, renverser le confesseur, l'exécuteur, les archers, entamer la foule terrifiée, franchir les portes de la ville, gagner la montagne, tout cela s'est effectué avec une telle rapidité, que nul ne pouvait dire avoir vu la fuite.

Le peuple, mécontent de cet événement, dut se contenter, pour cette fois, du supplice des deux frères de Mandrin et de ceux de ses compagnons pris avec lui les armes à la main.

Tandis qu'on montrait à Grenoble, comme un objet de curiosité, les cordes dont Mandrin avait su se dégager, tandis que chacun commentait cette évasion hardie, dont le succès devait être attribué, suivant les uns, à la vertu merveilleuse d'une herbe que le fugitif portait toujours entre les doigts, et, suivant les autres, à un pacte qui plaçait le bandit, pendant un certain nombre d'années, sous la protection du diable, le chef de brigands avait gagné le désert dans lequel saint Bruno éleva jadis sa chartreuse. Mandrin s'était présenté au cloître dans l'espoir d'y trouver provisoirement un refuge; mais, soit que la foule des pèlerins eût envahi les cellules accordées à l'hospitalité, soit que la crainte de donner asile à un des nombreux contrebandiers qui infestaient ces contrées rendît les moines circonspects, Mandrin essuya un refus et fut réduit à s'abriter sous un des rocs qui servent de ceinture au torrent le Guyervif.

Pendant deux jours il demeura dans ces lieux sauvages, où il fut exposé aux souffrances de la faim et du froid; reprenant confiance en son étoile, il prit la direction du hameau de Saint-Laurent, massif de chaumières qui forme comme la base de cette partie des Alpes dauphinoises. Un cordelier allant en retraite à la chartreuse vint à passer; le fugitif le dépouille de sa robe et lui dit : « Mon père, Mandrin, n'ayant pas en cette circonstance le choix du déguisement, se trouve dans la nécessité de se couvrir de votre robe. »

Le moine, content d'en être quitte à bon marché, donna son vêtement, et continua sa route vers le cloître des chartreux. A peine Mandrin eut-il perdu de vue le cordelier, qu'il jeta dans un ravin le vêtement qu'il avait pris. Son but, en dérobant la robe du moine, était de faire croire qu'il voyageait sous ce travestissement, afin que les archers et les paysans avertis ne le cherchassent pas sous tout autre costume.

Le prévôt de Grenoble avait à cœur l'évasion du condamné ; il mit en campagne ses espions les plus actifs et les plus intelligents, et il ne tarda pas à savoir que Mandrin, en quittant les montagnes de l'Isère, avait trouvé un asile chez un habitant de la plaine. Cet avis offrait d'autant plus de garantie, que celui qui le donnait ou plutôt qui le vendait au magistrat était l'individu même qui, lié jadis d'intérêt avec Mandrin, venait de l'accueillir et de lui accorder un refuge. L'évadé est arrêté de nouveau ; il est mis sous la garde des plus vigilants archers ; il leur est ordonné de prendre la route la plus courte pour ramener le prisonnier à Grenoble.

La nuit étant venue, les archers campèrent à ciel découvert ; ne trouvant pas d'hôtellerie qui offrît assez de sécurité contre les évasions que pourrait tenter le captif, ils déposèrent Mandrin chargé de chaînes dans une vieille et profonde citerne située au milieu des champs. Le chef de bandits se résigne et se laisse descendre à l'aide d'une corde, sans proférer une plainte. Un des archers garde à la main une des extrémités du lien qui serre le corps de Mandrin : c'est un moyen d'être averti des mouvements que le captif pourrait faire pour échapper.

A l'aube naissante, le chef des archers donne l'ordre du départ ; il appelle à son aide pour hisser le prisonnier ; mais il ne sent aucune résistance, aucun poids ne pèse sur la corde ; l'extrémité attachée la veille au corps de Mandrin flotte dans l'espace. Mandrin est libre... il est parti par une voie souterraine qu'il a creusée avec les fragments de ses fers dont il s'est débarrassé. La citerne était voisine d'un cellier qui s'étendait jusqu'à une hôtellerie, Mandrin a trouvé le moyen de gagner ces caveaux, et il court de nouveau les champs. Le bandit parvient jusqu'à Embrun, remonte le Rhône, arrive à Viviers, où il cherche à se renseigner sur le sort de ceux de ses compagnons qui ont échappé au combat dans lequel il a été fait prisonnier. On donna comme certain la nouvelle de la mort de son lieutenant Roquairol et la dispersion entière de la bande.

Mandrin, ne pouvant agir efficacement dans l'isolement où il se trouve, n'ayant pas l'espoir de rallier les siens, prend effrontément un parti décisif, et s'enrôle dans les armées du roi afin d'y faire des recrues pour son propre compte.

Le séjour de Mandrin au régiment ne fut pas de longue durée; après avoir embauché quelques camarades, il feignit une grave indisposition qui le fit exempter des manœuvres par son capitaine, et pendant que celui-ci était à la tête de sa troupe, Mandrin profita de la dispense du service pour emporter la caisse de la compagnie, et disparut avec elle.

Périnet, ayant appris la réapparition de son ancien chef dans ces contrées, vint le rejoindre, et lui amena quelques recrues et des débris des anciens affiliés; bientôt la nouvelle bande de Mandrin fut organisée.

A partir de cette époque, Mandrin abandonne l'industrie de faux monnayeur pour se jeter tête baissée dans une route encore peu battue par lui, et dans laquelle il va marcher en l'imprégnant de sang et en la jonchant de cadavres. C'est l'instinct insatiable de la vengeance, ce sont des représailles exigées par l'orgueil blessé qui marqueront par le meurtre chaque heure de sa vie nouvelle.

Dans le combat où Mandrin fut pris, on n'a pas oublié qu'il fut terrassé par deux agents des fermes. Ces agents formaient une milice à part, à la solde des fermiers généraux, qui faisaient alors peser sur la France leur cupidité tyrannique.

Mandrin conservait ses haines jusqu'à ce qu'il les eût éteintes dans le sang. Quand la troupe du bandit dauphinois fut assez forte pour entreprendre l'œuvre qu'il méditait, il la conduisit sur un des mamelons de cette chaîne de montagnes qui sépare la Savoie de la France. Là un autel en bois et en terre s'éleva; sur cet autel on voyait un trépied chargé de charbons ardents, un bassin contenant de l'encens, une large feuille de parchemin roulée sur elle-même, et une lame d'acier ou lancette semblable à celles dont les maîtres en chirurgie faisaient usage.

En face de l'autel, des escabeaux de bois étaient rangés en demi-cercle. Chaque bandit eut ordre de prendre place.

Un seul était debout, c'était le chef; il se plaça en regard de ses compagnons, repassa rapidement les actes les plus hardis de sa vie afin de porter le courage dans le cœur de ceux qui n'avaient pas partagé ses périls. Il raconta ses luttes incessantes et terribles contre les lois, ses nombreux combats, ses triomphes, ses défaites, ses captivités, ses évasions : cette vie de périls, il veut la continuer pour ceux et avec ceux qui se sont joints à lui; mais ce n'est plus à la société entière, à la fortune de tous, aux hommes de guerre ou de police défenseurs de la propriété et de la vie de leurs concitoyens qu'il fera désormais la guerre. « Il existe une race d'hommes qui prélève une dîme de pirate sur les besoins du pauvre, cette race a pour auxiliaires des défenseurs mercenaires, leur sabre repousse l'abondance et le bon marché, leur carabine est chargée, toujours prête à faire feu au profit du privilége; c'est à ces deux classes d'hommes, aux fermiers généraux et aux agents de la ferme, que je jure, s'écria Mandrin, une haine éternelle, avec cette seule différence, que nous demandons aux premiers de l'or pour les frais de la guerre; aux seconds, du sang pour impôt; du sang pour laver la place où la lâcheté et le nombre ont remporté une victoire; du sang pour retremper et niveler le sol qui conserve l'empreinte du corps de votre chef que les lâches et les infâmes ont foulé de leurs pieds.

« Je déclare à cette race une guerre sans trêve, un duel sans merci. Cet autel, élevé au-dessus des espaces que nos ennemis habitent, est le symbole de l'étendue qu'embrassera notre regard pour les découvrir.

« Ce feu ardent que la brise anime encore est le signe de la haine que la vengeance souffle en nous.

« Ce stylet, c'est l'arme avec laquelle je trace mon serment; et afin que les caractères de ce pacte rappellent son but, je l'écris avec mon sang. »

Mandrin approche de l'autel, ses compagnons l'entourent; un genou en terre et le glaive à la main, il présente la pointe d'acier à son bras, le sang jaillit, et après avoir déroulé le parchemin sur lequel est écrite la formule rédigée de ce pacte de mort, il la lit à haute voix et appose sa signature.

Le serment fut répété par tous, et ceux qui ne purent, pour cause d'ignorance, unir leur signature à celle du chef, scellèrent l'acte du pommeau de leur sabre.

Mandrin, montrant d'un côté les plaines de la Savoie, de l'autre les riches vallées de France, électrisa sa bande par une chaleureuse allocution, il lui montra la frontière des deux pays comme une terre où la fortune réservait ses faveurs au courage.

Les bornes restreintes de notre cadre ne permettent pas de suivre Mandrin dans ses nombreuses expéditions. Du reste, cette vie aventureuse de contrebandiers se résume presque toujours dans les mêmes actes, dans les mêmes luttes.

C'est de l'année 1754 que datent les premières rencontres sérieuses entre la bande de Mandrin et les agents de la ferme.

Au milieu de la plus rude saison, Mandrin et les siens pénètrent en Savoie et rapportent, en fraude, de nombreuses marchandises prohibées ; ils les déposent au village de Curson ; les employés de la brigade de Romans se mettent à leur poursuite. Mandrin laisse trois hommes pour la garde de ses marchandises, et il va à la rencontre de ses adversaires, les aborde seul, en se disant lui-même employé nouvellement arrivé aux frontières, il les salue ; mais à peine a-t-il remis son chapeau, que les siens, embusqués, avertis par ce signal, font une décharge presque à bout portant sur les employés. Le brigadier fut tué, quelques hommes mis hors de combat, et le reste prit la fuite.

Un autre brigadier manifesta le regret de ne pas s'être mesuré avec Mandrin. Mandrin lui fit dire qu'il irait lui rendre visite, il tint parole. La nuit suivante, il alla frapper à sa porte, pilla sa maison ; s'il ne fit pas pis, c'est qu'il fut frappé du courage moral et de la résignation avec laquelle la femme du brigadier vit dévaster sa maison et emporter ses meubles. Mandrin eut un moment la pensée de faire la restitution de ce qu'il dérobait, mais le naturel l'emporta.

Le Dauphiné, le Languedoc, le Mâconnais furent bientôt inondés des marchandises de Mandrin ; il y avait péril pour le commerce et plus encore pour la ferme.

Mandrin arrêtait les passants, les forçait à acheter ses chargements, et démontrait les avantages que chacun avait à faire des affaires avec lui. Le contrebandier, rencontrant quelque difficulté à rendre les voyageurs complices d'actes dont la justice pouvait leur demander compte, changea de méthode commerciale ; il résolut de s'adresser aux chefs mêmes de la ferme.

Un jour, il fait charger des ballots de tabac sur des mulets, se dirige sur la ville de Rodez, et va droit à la demeure de l'entreposeur de la ferme.

Il n'avait avec lui que cinquante-deux hommes bien armés, la baïonnette au bout du fusil. Il entra seul, pria l'entreposeur de descendre, et étala sa marchandise. L'entreposeur étonné ne savait s'il devait en croire ses yeux. « Ne prenez pas ceci pour un songe, lui dit Mandrin, ce que vous voyez est du vrai tabac, le vôtre n'a pas une séve plus admirable, je vous l'abandonne à 2 francs la livre, et je ne veux pas d'autre acheteur que vous. »

Cette proposition étonna encore plus que l'impertinence même de l'action. L'entreposeur voulut crier à la violence, à l'injustice. Mandrin le prit par la boutonnière, et le pria de voir les baïonnettes, les fusils et les sabres qui l'entouraient. L'entreposeur se résigna, compta l'argent qu'on lui demandait, et reçut de Mandrin des ordres de service assaisonnés du ton le plus railleur.

Le contrebandier se rappela qu'on avait déposé à la maison de ville quelques armes saisies sur des aventuriers qu'il avait commandés autrefois ; il écrivit au subdélégué de l'intendant, et en demanda la restitution. Mandrin fut obéi.

L'expédition de Rodez ayant eu un heureux succès, Mandrin vint faire le même compliment à l'entreposeur de Mende. Comme il se présenta avec la même audace, les conditions qu'il prescrivit furent exactement suivies, il déposa ses ballots et reçut de l'argent.

On ne peut exprimer la joie des bandits et l'effet que l'audace du chef avait produit sur leur esprit. Ils ne songeaient à rien moins qu'à épuiser la Suisse et la Savoie des marchandises prohibées en France, et à les faire accepter dans tous les bureaux des provinces. Mandrin, plein de ces idées, prit sa route par la Suisse, et voulut se montrer dans sa patrie. Il y trouva, en arrivant, un employé qu'il avait remarqué dans un combat, celui-là même qui avait arrêté à ses côtés Pierre Mandrin son frère. Il entra chez lui le sabre nu et il lui dit : « Moret, te souviens-tu de ce combat dans lequel tu osas te présenter « contre Mandrin ? Te rappelles tu ce jeune homme que tu eus la « perfidie d'arrêter ? Je suis son frère et le vengeur de sa mort. » Moret se jeta à genoux en suppliant, et présenta un jeune enfant de dix-huit mois qu'il tenait entre ses bras, espérant que ce spectacle fléchirait le cœur du bandit. « Tu as arrêté mon frère, dit Mandrin, tu es employé, et tu demandes grâce ! Péris, toi et ton « enfant ! » Il lui déchargea son sabre sur la tête.

A Montbrison, Mandrin, pour renforcer sa troupe de quelques

recrues, donne ordre d'ouvrir les prisons de la ville aux criminels. Les coupables sont élargis, et plusieurs grossissent les rangs des contrebandiers.

Quelques actions font contraste avec ces actes de brigandage.

Dans une province, Mandrin fait main basse sur une forte quantité de blés, il croit rançonner la ferme, il apprend qu'il a commis une erreur, et que ce grain appartient à un propriétaire qui l'a mis en dépôt. La restitution est faite.

Mandrin avait véritablement usurpé la haute autorité dans les contrées qu'il avait choisies pour théâtre de ses rapines. La terreur de son nom tenait lieu de mandat légal.

A Seurre, il fait amener près de lui le receveur du grenier à sel et de l'entrepôt de tabac, il met leurs caisses à contribution, et il donne une décharge à ces comptables, signée le capitaine Mandrin.

Un rapport avertit Mandrin que plusieurs employés, qui ont tenu contre lui des paroles outrageantes, se sont embarqués dans le coche d'eau de Lyon. Mandrin se présente, donne ordre aux mariniers de faire halte, il se fait conduire à bord, examine les passagers, ne trouve pas ceux qu'il cherche, se fait ramener au rivage dans une barque par les mariniers du coche, et accorde l'autorisation de continuer le voyage, sans que personne ait osé demander compte au bandit de ce droit d'enquête qu'il s'arrogeait.

A Beaune, après une résistance opiniâtre, Mandrin, au pied des remparts, amène les autorités à composition, et les contraint à prendre pour lui vingt mille francs dans les caisses de deux bureaux de la ferme.

A Autun, Mandrin craignant une vigoureuse opposition, il fait placer devant ses soldats, qui vont attaquer la ville, les élèves d'un séminaire qu'il a rencontrés aux environs. Ces jeunes gens appartiennent aux meilleures familles de la ville, Mandrin est maître de leur vie ; il exige une rançon, et reçoit bientôt une forte somme.

Au nombre des actes de férocité que Mandrin commit, comme garantie de sa haine contre les agents subalternes de la ferme, il faut placer le traitement cruel qu'il fit endurer à deux employés malheureux tombés entre ses mains.

L'un était âgé de vingt ans, l'autre en avait dix-huit, tous deux avaient de la hardiesse, du courage, et une forte envie de parvenir. Mandrin les mit en cage, d'où il les tirait trois fois le jour, pour leur faire faire ce qu'il appelait l'exercice de la ferme. Cet exercice consistait à paraître nus en chemise devant la troupe assemblée, à se prosterner aux yeux du chef, et à lui demander humblement pardon des dommages qu'on lui avait causés.

Le grand pénitencier les relevait ensuite, et leur demandait lequel était plus de leur goût, de la bastonnade ou du fouet. Il fallait opter, et alors on leur déchargeait quarante ou cinquante coups de bâton sur le dos ou sur la plante des pieds. Lorsqu'ils avaient choisi le fouet, on les étendait sur une grosse poutre de bois, et on frappait sur les reins avec un jonc fendu en quatre, au bout duquel étaient des cordes nouées; lorsque la peau s'ouvrait sous les coups, on frottait la partie affligée avec du vinaigre dans lequel on avait fait infuser du poivre d'Espagne, et on appliquait promptement un emplâtre de boue et de sel.

Quelquefois on suspendait les patients en l'air, pour amuser la bande pendant le repas, et on les faisait tourner à grands coups de verges.

Dans d'autres temps, on les élevait de terre en leur passant les mains entre les jambes, ce qui leur ployait le corps en rond, et on les frappait de toutes parts. Ils avaient défense de se tenir sur leurs pieds en présence des gens de la caverne; l'ordre portait qu'ils ramperaient comme des bêtes, et dans cet état, on leur jetait des aliments immondes que la faim leur faisait dévorer.

On les renfermait ensuite dans leur cage, en les avertissant de se tenir prêts pour le prochain exercice.

Jusqu'alors les troupes des prévôts et les employés de la ferme avaient seuls été opposés aux audacieuses expéditions de Mandrin. Les plaintes des fermiers généraux émurent enfin la cour, qui semblait prendre plaisir à prolonger la représentation; les troupes du roi eurent ordre de se porter en avant et de faire une guerre en règle au chef des contrebandiers.

C'est aux environs d'Autun que les forces opposées se rencontrèrent. Mandrin se retrancha habilement dans la paroisse de Brion, et le commandant des troupes royales, qui vint pour le forcer, reconnut au chef des contrebandiers des connaissances en stratégie qu'il était loin de soupçonner dans un aventurier.

Mandrin comprit que sa position ne pouvait être longtemps tenable, environné qu'il était de l'armée du roi et de la population des campagnes, et il fit une sortie au moment même où le chef ennemi lui supposait l'intention de se tenir enfermé dans ses retranchements. Les troupes royales combattirent avec vaillance, Mandrin se montra chef habile et soldat courageux; il se plaça à la tête des siens sur un cheval des plus beaux, le sabre à la main; il était à la fois partout où la parole pouvait ramener le courage et inspirer la confiance. Le feu était bien nourri de part et d'autres. Les hussards et les dragons du roi exécutèrent plusieurs charges que les contrebandiers soutinrent sans se laisser entamer. Cependant la victoire devait rester au nombre et à la précision des manœuvres. La bande de Mandrin lutta longtemps, mais ses corps de bataille furent enfin enfoncés.

Les brigands se débandèrent, la cavalerie se mit sur leurs traces; mais l'habitude de la guerre d'escarmouche avait rendu familière à ces hommes la tactique de la fuite, et un grand nombre échappa.

Cependant la mesure énergique prise par la cour porta ses fruits, les contrebandiers ne tentèrent plus aucun coup audacieux. Mandrin, harcelé par les troupes légères, n'échappa qu'à force d'activité et de surveillance. Enfin la trahison mit un terme à son existence aventureuse. Il donna dans un piége qu'un de ses camarades lui tendit. Réfugié au château de la Morlière, situé près du pont de Beauvoisin, il fut pris pendant la nuit, garrotté et lié dans toute la longueur du corps, et apporté à Valence dans les prisons de la cour souveraine. Pendant tout le cours du procès, voyant qu'il n'avait plus rien à espérer des hommes, il se tourna vers Dieu. Un éloquent et pieux religieux parvint à éveiller dans l'âme du condamné des sentiments chrétiens. Et quand le greffier vint annoncer au condamné que l'heure fatale était venue, Mandrin remercia celui qui lui apportait la nouvelle.

Mandrin, accompagné de son confesseur, franchit d'un pas ferme la distance qui séparait la prison de la grande place de Valence. Une multitude considérable se pressait autour du lieu de l'exécution. Le patient aperçut l'échafaud, et en monta d'un pas ferme les degrés ; il harangua la multitude, et demanda pardon de ses crimes à Dieu et aux hommes ; il parla avec tant d'onction et de sincérité, que ceux qui l'entouraient ne purent cacher leur attendrissement. Pour couper court à cette scène, il embrassa son confesseur et le bourreau, et alla se placer avec résignation sur son lit de douleur. Il expira au milieu des plus affreuses douleurs, et sans pousser un seul cri.

Tel fut le dénoûment de la vie de Mandrin. Si l'on reconnaît ce qu'il y avait d'intelligence et de force dans cette nature exceptionnelle, en faisant la part des instincts de cruauté sauvage exaltés par des circonstances particulières, on conviendra que si cet homme eût vécu dans des temps plus rapprochés de nous, par exemple pendant les guerres de la révolution, il eût pu mériter une grande renommée sur les champs de bataille, et glorifier son nom au lieu de le flétrir.

Roquairol, arrêté sur une grande route, eut une fin moins tragique que celle de son chef. Une notice écrite de sa main, trouvée quelque temps après sa mort, a révélé les détails que nous transcrivons :

« La veille du jour où je devais aller à l'échafaud, un prêtre entra dans mon cachot. C'était un homme jeune encore, plein de zèle et de foi, charitable et fort aimé dans le pays, où il faisait d'immenses charités. Riche et noble, il avait quitté une belle position dans le monde pour prendre le froc et consoler les malades et les coupables.

« Mon frère, me dit-il en entrant, que Dieu vous soit en aide et vous pardonne ! Je ne viens point vous apporter de sa part des paroles de vengeance et de colère ; je viens vous préparer à l'espoir de sa miséricorde et de son pardon ; vous trouverez près de lui, dans le ciel, ce que vous ne devez plus attendre sur la terre. »

« Pendant que le prêtre me parlait, je restais pensif et rêveur.

« Qu'avez-vous ? me demanda-t-il.

« — J'ai, mon père, lui répondis-je, que si je pouvais briser mes fers et devenir libre, je mènerais désormais la vie d'un honnête homme, et que j'aurais le temps de m'amender, si je pouvais jouer des jambes. J'ai, dans un pays assez éloigné d'ici, un bon frère qui m'a déjà pardonné bien des escapades, et qui me recevrait dans sa maison, comme l'enfant prodigue. C'est un riche bourgeois sans enfants, et qui a le cœur bon et tendre pour moi.

« Je suis condamné comme voleur de grand chemin ; mais jamais, je le jure sur la tête de mon père, je n'ai versé de sang.

« J'ajoutai encore beaucoup de choses en pleurant.

« Le prêtre m'écouta avec attention, et parut touché de mes paroles et de la sincérité de mon repentir.

« — Et si je consentais à favoriser ta fuite, comment t'y prendrais-tu? me demanda-t-il.

« — J'ai un secret pour briser le fer. Il est six heures ; nous sommes en hiver ; la nuit ne peut tarder à venir. La fenêtre de la chapelle n'est point élevée ; en montant sur cet autel mobile, et en mettant une chaise dessus, je puis sauter dans la rue. On me croit trop occupé avec vous pour me surveiller sérieusement, et j'aurai le temps de mettre de l'espace entre les archers et moi, avant que l'éveil en soit donné. J'ai dans ma ceinture trois cents livres, en voilà plus qu'il n'en faut pour commencer un métier et devenir honnête homme.

« Je parlai avec tant d'éloquence, que le prêtre prit son crucifix, pria quelques instants comme pour demander conseil au ciel, et me dit :

« Jure-moi sur ce crucifix, et par le salut de ton âme, que tu profiteras de ta fuite pour te repentir et vivre en honnête homme.

« — Je le jure.

« — Eh bien, fuis donc. »

« Je ne me le fis pas dire deux fois. Je partis ; et après avoir échappé aux dangers de la route, j'arrivai au logis de mon frère, que je trouvai mort, et dont je recueillis l'héritage sans obstacle ; personne ne sachant le métier que j'avais fait et ne me connaissant par mon nom de guerre de Roquairol, on crut que je revenais d'un long voyage.

« Je ne tardai pas à me marier avec une bonne ménagère, qui me donna des enfants, et m'aida à tenir la promesse que j'avais faite au prêtre de vivre en honnête homme. »

VII

CARTOUCHE. — POULAILLER.

1715 — 1735.

Le 6 octobre 1720, une foule brillante encombrait toutes les avenues de la Courtille, dans le faubourg du Temple; les seigneurs les plus élégants et les grandes dames les plus galantes batifolaient dans les massifs de verdure; madame de Prie était venue soupirer sous les magnifiques marronniers de l'endroit; la cour du Régent s'encanaillait de son mieux dans cette petite maison verdoyante de la galanterie de tout le monde. On n'entendait, ce jour-là, à travers les arbres, que le frôlement amoureux du satin, de la soie et des dentelles; on murmurait les compliments les plus fades et les petits vers les plus badins; on fredonnait les chansons les plus équivoques; on échangeait les œillades et les gestes les plus hasardés; on représentait à merveille, dans cette espèce d'oasis du faubourg, la plaisante comédie de mauvaises mœurs que d'illustres comédiens avaient inaugurée sur un théâtre de société, à l'ombre de la couronne de France.

Les belles dames de la Courtille, en dépit de toutes les bruyantes distractions de la fête, daignèrent prendre garde à un gentilhomme qui avait quelque chose de singulier : jeune, bien fait, élancé, d'une figure originale, timide dans sa démarche, audacieux dans ses regards, notre gentilhomme portait un costume qui n'avait rien de la mode parisienne de ce temps-là ; à coup sûr, ne n'était là ni un bourgeois, ni un robin, ni un grand seigneur, ni un gentillâtre ; quel était donc ce promeneur qui ne disait mot, qui s'obstinait à ne parler que du regard, qui dévisageait tout le monde avec une attention qui ressemblait à de l'embarras, qui ne connaissait personne apparemment, parmi les visiteurs de la Courtille, et qui faisait briller à ses doigts les bagues les plus riches, les plus précieuses, les plus magnifiques ? Un seul homme, un exempt de police, finit par reconnaître le mystérieux promeneur dont nous parlons.

L'exempt de police s'avisa de le poursuivre à travers les massifs ; il l'atteignit sur le seuil de la grande allée des marronniers, et il lui frappa très-insolemment sur l'épaule...

« Monsieur, lui dit l'exempt, vous n'êtes, comme on l'assurait tout à l'heure, ni un financier anglais, ni un colonel déguisé, ni un capitaliste de Hollande, ni un grand d'Espagne, ni un général russe, ni un prince allemand ; vous n'êtes rien de tout cela... Tu es un voleur, un bandit, un brigand... et l'on te nomme Dominique Cartouche ! »

Cartouche répondit à bout portant par deux coups de pistolet, qui effrayèrent les amours et les plaisirs de la Courtille ; l'exempt de police eut plus de peur que de mal, et le célèbre voleur passa la nuit dans les prisons du Châtelet, d'où il devait être transféré dans les cachots de la Conciergerie.

Dès ce moment, on ne parla dans Paris que de Dominique Cartouche ; on inventa, pour les menus plaisirs de la tradition populaire, des équipées, des vols, des assassinats, des crimes de toutes les sortes, que l'on jeta sur la conscience du bandit. Les bourgeois osèrent se moquer de Cartouche, qui n'était plus qu'un misérable prisonnier, un ennemi vaincu ; les poëtes chantèrent l'horrible odyssée de Cartouche; les biographes se mirent à recueillir les tristes matériaux qui devaient leur servir à écrire la vie de Cartouche; les auteurs dramatiques préparèrent à la hâte le drame, la comédie ou le vaudeville de Cartouche. — Cartouche joua, pour les Parisiens de la régence, le rôle du chien d'Alcibiade.

Cartouche reçut, dans sa prison, la visite d'un prêtre qui venait lui parler de sa mort prochaine, et d'un littérateur qui venait lui parler de sa vie passée. Le prêtre était un jésuite : au lieu de lui savoir gré de ses édifiantes exhortations, le voleur se prit à lui rappeler la fin déplorable de Henri IV, assassiné par le fer sacré des disciples de Loyola ; Cartouche prononça l'oraison funèbre du Béarnais, avec un zèle, une éloquence, une piété, un enthousiasme, qui étaient quelque chose de nouveau dans la bouche d'un bandit ; il termina son discours par un mouvement qui ne manquait pas d'un certain bonheur oratoire :

« Vous avez assassiné Henri IV! s'écria-t-il ; eh bien, moi, qui ne suis qu'un brigand, j'aurais épargné une de mes victimes... je ne l'aurais point achevée... si elle s'était réfugiée au pied de la statue du grand monarque! »

Le littérateur qui visita Cartouche était un auteur dramatique, nommé Legrand; habitué sans doute à exploiter l'à-propos, la circonstance, la mode, il songea tout naturellement à mettre à profit l'arrestation et le supplice d'un criminel célèbre. Il prit la peine de demander au prisonnier des détails précis, qui devaient lui servir à donner de la couleur locale à un tableau dramatique ; il voulait amuser le parterre en conscience, et Cartouche consentit à babiller pendant une heure, pour les menus plaisirs du public.

« Monsieur, lui dit le voleur, je ferai mieux que de vous donner quelques détails sur ma vie ; je vous raconterai, en peu de mots, ma vie tout entière.

« Je suis né à Paris... où j'ai eu la sottise de revenir pour mourir sur un échafaud. Je suis né de parents riches, mais honnêtes, ce qui est rare ; mon père, un marchand de la rue Saint-Denis, me fit entrer de bonne heure au collège Louis-le-Grand, où j'eus l'honneur d'être le condisciple du jeune Arouet, qui commence à illustrer le nom de Voltaire. Les véritables vocations ne tardent point à se révéler : je volai à mes camarades tout ce qu'il est possible de voler dans un collége, des jouets, des plumes, des canifs, quelques menues pièces de monnaie, des friandises, des misères, qui ne me valurent que des volées de bois vert. Quand il m'arrivait de jouer aux billes avec Voltaire, je reprenais adroitement dans sa poche l'enjeu qu'il m'avait gagné. Un vol, qui n'était plus une espièglerie, me fit chasser du collége : je trouvai le moyen de monter, ou plutôt de me hisser jusque dans l'appartement du principal, où je dérobai trois bienheureux pots de miel qui contenaient la bagatelle de deux cents louis !... Il faut être juste : il n'y eut qu'une voix pour soupçonner et pour accuser Dominique Cartouche ; on me rendit à mes parents, et le principal eut la bonté de m'autoriser, en me chassant, à aller me faire pendre ailleurs ; j'usai de la permission, et vous voyez que je ne tarderai pas à être pendu.

« La vie de famille m'était devenue insupportable : je quittai le logis paternel, et je songeai à bien employer mon esprit, ma malice, mon adresse, mon imagination, mon génie ! Je débutai dans une troupe de tire-laines dégénérés, et je me vante de leur avoir appris leur métier. Mes filous, à moi, étaient les misérables les plus maladroits du monde : ils étaient presque dignes de vivre en honnêtes gens ; les malheureux n'avaient pas plus de dextérité au bout des doigts que de finesse dans l'esprit ; ils arrachaient un bijou : ils ignoraient l'art de le dérober ; ils avaient des cerveaux de plomb et des mains de fer : ils importunaient, ils *dérangeaient* un homme, en le filoutant ; ces faquins attendaient leur maître : je commençai à leur donner des leçons.

« Je m'avisai d'inventer, ou plutôt de perfectionner, pour l'éducation de mes camarades et de mes disciples, un mannequin de *filouterie* qui devait servir à réaliser des prodiges : c'était une grande poupée, revêtue d'un riche costume de gentilhomme ; ce costume était bariolé de petits grelots en guise de paillettes : il s'agissait de dérober, de filouter à ce mannequin un joyau, une montre, une épingle, sans faire tinter une seule sonnette. Mes élèves firent des progrès rapides, ils défièrent bientôt, aussi bien que moi, le témoignage bruyant de la poupée, et je ne saurais vous dire, monsieur, combien d'adroits filous ne durent leur habileté et leur fortune qu'à l'enseignement pratique de mon mannequin, emprunté aux traditions de la *Cour des Miracles*.

« Chose étrange et qui me fait quelque honneur, ce me semble, ma famille ignorait ma gloire naissante ; elle croyait m'avoir corrigé, en m'abrutissant sous le poids de ses bons avis ; elle se vantait d'une conversion miraculeuse, si bien qu'elle daigna m'inviter au mariage de ma sœur avec un riche magistrat du nom de Dusart. Voici un drame, monsieur l'auteur dramatique.

« Une nuit, à la tête d'un détachement d'avides clercs de Saint-Nicolas, j'escalade une muraille, je traverse un jardin, je brise une porte vitrée, et je pénètre, moi huitième, dans une pièce du rez-de-chaussée où le nommé... Dusart avait son coffre-fort ; on lime les cadenas, on force les serrures, et Cartouche, qu'éclairait en plein la lumière de deux lanternes sourdes, travaille avec le plus d'ardeur.

« Dusart, quoique endormi dans la chambre voisine, avait entendu un léger bruit ; réveillé en sursaut, il s'était avancé à pas circonspects, et au travers de la serrure examinait l'acte de filouterie de ces voleurs, fort tranquillement du reste... car son coffre était vide : il cachait mieux son argent. Il voulait, avant que d'appeler du secours, essayer de reconnaître quelques visages parmi ceux des plus affairés qui se faisaient remarquer par leur adresse et leur zèle. Le signalement de son futur beau-frère fut celui qui se grava le mieux dans son souvenir ; peu après, ouvrant d'autres portes, il fit venir ses gens, mais non pas avec assez d'habileté qu'il ne donnât l'éveil aux chercheurs du trésor, puisque tous prirent la fuite.

« Peu de jours après eurent lieu les fiançailles de mademoiselle Cartouche. Mon père crut devoir me prévenir et me convier à la cérémonie. La grande soirée venue, la compagnie rassemblée, le futur présent et auprès de sa future, le père Cartouche prend son fils aîné par la main, traverse le cercle, et, allant à M. Dusart, me présente... Celui-ci, à l'aspect de son beau-frère, recule d'un pas, ses bras ouverts retombent, un demi-cri lui échappe, cri qu'il achève en voyant auprès de moi un des autres gaillards que j'avais invité, pour me distraire avec lui des corvées sentimentales de la fête.

« Le futur, troublé, se croit presque dans une caverne, au pouvoir d'une troupe de brigands; il feint une indisposition, se retire, et peu après qu'il est parti, M. Cartouche reçoit par un billet l'annonce de la rupture du mariage, motivée sur l'acte coupable de son fils.

« Ce dénoûment dramatique d'une de mes expéditions malheureuses me força de quitter Paris; je visitai Londres et Bruxelles, où je trouvai le moyen de m'instruire, de compléter mon éducation à l'école de quelques fameux voleurs.

« Enfin, je revis la France, ma belle France! Je rentrai dans Paris avec mon camarade Bras-d'Acier, et je vais répéter, pour que vous en fassiez votre profit sur le théâtre, ce que j'écrivais ce matin dans un mémoire destiné à la justice.

« Nous commençâmes l'attaque de Paris par les faubourgs; ceux de Saint-Germain, Saint-Denis, Saint-Martin et le Marais furent assaillis à la fois; le faubourg Saint-Martin ne valant rien, je le laissai aux fripons subalternes. J'étais partout, je voltigeais, j'inspectais les postes. Lorsqu'il y avait un coup important, je le dirigeais moi-même. Il me venait tous les jours des recrues; j'augmentai le nombre de mes brigades; j'en créai deux nouvelles, l'une pour Duménil, l'autre pour Lamoureux : elles eurent la Cité, l'île Saint-Louis et le quartier du Louvre. Tout allait assez bien; j'avais établi quatre dépôts de recélage, et j'avais mis, pour y veiller à mon compte, quatre personnes sûres et dévouées à mon intérêt.

« J'avais proscrit pour Paris l'usage des armes à feu : un seul coup tiré mal à propos peut perdre un détachement en appelant des forces supérieures; nous avions des bâtons ferrés, pointus par un bout, et portant de l'autre des boules de plomb. Cet instrument, en bonnes mains, fait de la besogne; un coup sur la tête met hors de combat le plus fier bravache; et s'il remue, on lui introduit dans la poitrine de grands clous. J'avais ordonné de ne tuer qu'à son corps défendant, et dans la plus absolue nécessité : ces espèces d'assassinats gâtent les affaires; on se tire mieux de celles qui ne sont point ensanglantées. Quand il fallait absolument envoyer au diable un brutal qui ne voulait pas donner sa bourse de bonne grâce, nos gens lui couvraient le visage d'un masque de poix, ou le débarbouillaient avec de l'eau-forte ; mais j'ai toujours crié : Messieurs, de la douceur, ne soyons pas cruels sans nécessité !

« Il n'était question dans Paris que de mes exploits; il y avait déjà longtemps que ce train durait. Enfin, toutes les puissances s'unirent contre moi. Le parlement mit ma tête à prix ; il assura deux mille écus à qui me livrerait mort ou vif. M. Leblanc, ministre de la guerre, donna partout des ordres, et offrit une somme considérable à mon capteur : obligé de pourvoir à ma sûreté, j'assemblai un grand conseil, composé des chefs de mes six anciennes brigades; nous étions seize opinants, et Bras-d'Acier faisait les fonctions de rapporteur. Le résultat de nos lumières fut qu'il était indispensable de suspendre un tel travail jusqu'à l'hiver ; qu'il fallait faire sans délai une vente de tous les effets qui étaient dans les dépôts, ouvrir la caisse commune, partager selon les grades, et vivre du produit de ses fonds en attendant le moment de se réunir. Chacun s'engagea par serment à ne pas exploiter Paris sans nouvel ordre ; mais tous furent libres de se répandre dans les provinces pour y rejoindre tous ceux qui y étaient déjà. Je déclarai à ma troupe que mon intention n'était point de quitter Paris, où je vivais en bourgeois paisible et ignoré, quoique en secret mes lieutenants et moi fissions les préparatifs de notre retraite.

« Après la dispersion de notre bande, je quittai Paris, où je ne revins un an plus tard que chargé des dépouilles de la province. Je rappelai mes lieutenants et mes brigades pour recommencer notre petite guerre. Bientôt, les magistrats, toujours ardents à ma poursuite, éveillés par de nouveaux bruits, mirent sur pied contre moi troupes de ligne et troupes légères; la cavalerie du guet et les espions favoris du lieutenant de police étaient à mes trousses. Après une expédition où nous fûmes certainement trahis, je me jetai, avec Ferrand et Duchâtelet qui m'accompagnaient, dans une maison de la rue de Cléry, où, après nous être barricadés, nous eûmes à soutenir un siége. Nous tirâmes par les fenêtres douze coups de pistolet qui blessèrent plusieurs des assaillants, et nous parvînmes enfin à nous évader par une cheminée, en courant de toit en toit, et nous trouvâmes une issue pour descendre.

« Les dangers ne m'avaient point encore effrayé ; mais il me vint tout à coup une insupportable pensée qui m'effraya plus d'une fois au milieu de mes camarades : j'avais peur d'être assassiné tôt ou tard par un de mes lieutenants nommé Saint-Étienne, un intrépide voleur, qui avait toutes les secrètes faiblesses d'un ambitieux. Quand je me trouvais seul avec Saint-Étienne, le moins souvent qu'il m'était possible, je lui parlais à distance, la main sur un pistolet ; quand il s'avisait de se rapprocher de son capitaine, je me prenais à jouer avec mon poignard. Saint-Étienne était peut-être innocent des coupables idées que je prêtais à son ambition... Mais, que voulez-vous ? cet homme me rappelait à chaque instant, par son audace, un audacieux bandit qui avait tué son capitaine dans un accès d'orgueil et d'ambition ; la loi du talion me faisait peur : je me souvenais du lieutenant Cartouche, qui n'était devenu le chef de sa bande que par la grâce d'un coup de poignard, le seul coup de poignard qui parfois ait fait saigner ma conscience. Voici le fait, monsieur ; il est dramatique, et vous en pourrez tirer une bonne scène.

« Une nuit, je me promenais bras dessus, bras dessous, avec mon capitaine sur les bords de la Loire ; nous devisions des grandes choses que nous voulions faire : ce n'étaient dans notre entretien nocturne que vols, coups de main, pillage des coches, incendies et assassinats... C'était superbe ! mon capitaine m'écoutait avec une attention tout à fait flatteuse, il approuvait mes plans, il semblait admirer les ressources de ma vilaine imagination, et il promettait à mon avenir la puissance, la fortune et la gloire...

« — Dis donc, Cartouche ! s'écria ce malheureux dans un bel accès d'imprudence, il me vient une plaisante réflexion : si tu n'étais pas un honnête homme, tu pourrais aisément devenir le chef de notre bande.

« — De quelle façon ? lui répondis-je, en tressaillant, comme si j'eusse déjà deviné ce qu'il me restait à faire.

« — Voici la Loire... Et je ne sais pas nager...

« — C'est fait ! m'écriai-je... Et je le précipitai dans la rivière à coups de poignard.

« La mort de ce pauvre diable, qui s'était presque suicidé, me rendit le chef, le maître absolu d'une troupe nombreuse, brave, aguerrie, infatigable : une nouvelle organisation, une discipline sévère, firent bientôt de ma bande une véritable armée, et je me mis à réaliser *tous* les beaux projets que nous avions imaginés, mon ancien capitaine et moi, durant la nuit que vous savez, sur les bords de la Loire. Dès ce moment, je m'avisai de vouloir ressembler à un roi : j'avais des maîtresses, des flatteurs, des trésors et des sujets.

« Lorsqu'il me parut que j'avais établi d'assez bonnes intelligences dans les plus riches provinces, je résolus de faire secrètement un voyage à Paris pour emprunter des complices et des affiliés aux corps des exempts, aux gardes françaises, aux bas officiers de la robe et à toute la valetaille de la grande ville. Je laissai ma troupe à Lyon, et je m'embossai dans une espèce de coche avec Chorain, mon ami intime, mon factotum, mon favori. Monsieur l'auteur dramatique, vous allez assister à la représentation d'une petite comédie de mauvaises mœurs ; je vous recommande cette pièce que j'ai intitulée : *le Mariage de Cartouche.*

« Nous étions cinq dans le coche de Lyon à Paris : deux voleurs, une comtesse, une dame de compagnie et un écuyer. La comtesse d'Arsème, notre compagne de voyage, était jeune et jolie ; nous apprîmes tout de suite qu'elle était riche, opulente, millionnaire par-dessus le marché. Cette belle et estimable personne commença par s'endormir ; réveillée au bout d'une heure par le cahot de notre lourde voiture, elle dit à sa gentille suivante :

« — Ah ! Marinette, que suis-je venue faire dans cette galère ?... où sont mes gens et mon carrosse ?

« — C'est madame la comtesse qui l'a voulu ! répondit la suivante.

« — Y penses-tu, Marinette ? ne sais-tu pas que la volonté de mon père est la seule cause d'un pareil voyage ? Dix jours au moins dans cette affreuse machine ! n'ai-je pas la raison de faire mon testament ?

« En pareil cas, il fallait à un homme tel que moi de la résolution et de la présence d'esprit ; d'ailleurs, j'étais jeune, aimable et bien découplé... Je m'inclinai devant la comtesse d'Arsème, et je lui dis de ma voix la plus galante :

« — Si un mousquetaire ne vous effraye pas trop, belle dame, vous aurez pendant ce triste voyage le plus empressé de tous les chevaliers ; peut-être suis-je d'assez bonne maison pour avoir l'honneur de vous servir : je me nomme le baron d'Orbesson.

« J'avais été le condisciple de ce baron d'Orbesson au collège Louis-le-Grand ; en songeant à lui voler son nom et son titre, je me promis pour la première fois de lui voler, tôt ou tard, quelque chose de mieux.

« Il nous fallut dix jours pour faire le voyage de Lyon à Paris ; mais, la main sur la conscience, mes affaires de cœur allèrent un peu plus vite que les chevaux de notre coche : au bout de deux jours, le baron d'Orbesson n'en était plus aux demi-mots, aux soupirs et aux compliments avec la comtesse d'Arsème ; je lui disais, par ma foi, des mots tout entiers ; je lui répétais les aveux les plus expressifs, les promesses les plus tendres, en échange des confidences les plus douces.

« A notre arrivée à Paris, je demandai tout simplement la main de ma jolie compagne de voyage, qui avait le bonheur d'être veuve, et la comtesse d'Arsème consentit à me la donner, en regrettant de ne pouvoir m'offrir, jusqu'à la mort de son père, qu'une dot d'environ cinq cent mille livres. Je me piquai d'honneur et d'amour : j'acceptai les cinq cent mille livres en attendant mieux ; de mon côté, je m'empressai de mettre dans la communauté mes terres d'Orbesson et de Castelpers, mes hôtels d'Auch, de Bordeaux et de Toulouse. Un de mes bandits, excellent faussaire, se chargea de me fournir des titres dont l'authenticité fut reconnue par un vieil ami de la comtesse.

« Le contrat ne se fit pas attendre : les deux familles se réunirent pour la signature dans le salon de madame d'Arsème. J'avais improvisé pour mon usage particulier une famille tout à fait présentable : mes voleurs les plus élégants représentaient des gentilshommes ; quelques filles perdues représentaient mes parentes de qualité. Quant à ma future, elle avait appelé à l'aide de son bonheur les plus grands noms de la noblesse de France ; nous avions là une réunion vraiment magnifique.

« Au moment où l'on annonçait une de nos amies les plus illustres, un de mes complices vint me dire tout bas à l'oreille :

« — Capitaine, cette fière marquise que l'on vient d'introduire sous prétexte de parenté avec votre future, n'est pas plus noble que vous et moi... Elle se nomme Marguerite Faillon... et je vous la présente comme la plus incorrigible coquine de France et de Navarre ; les échos des Porcherons pourraient vous en dire de belles sur cette grande dame ! Capitaine, nous sommes dans une caverne...

« Au même instant un autre de mes complices s'approcha de moi pour me dire d'une voix presque tremblante :

« — Capitaine, avez-vous entendu annoncer le vicomte de Rochechouart, cousin germain de madame votre femme ?... Eh bien, ce vicomte-là ne ressemble pas plus à un vrai gentilhomme que vous et moi ; je le connais, et vous le connaissez aussi... Il a travaillé sous vos ordres dans la Touraine... Le vicomte de Rochechouart n'est pas même assez honnête pour être un voleur !... Capitaine, nous sommes dans un repaire.

« Je commençai à me servir de mes yeux pour voir, et de mes

oreilles pour entendre ; je me promis d'attendre encore, pour dénouer la comédie, qu'il plût à madame la comtesse d'Arsème de m'offrir le spectacle de la dot promise : enfin, cette fameuse dot fut étalée sur une table ; je me mis à remuer cet or que l'on m'offrait de si bonne grâce... Je me mis à examiner un paquet de billets au porteur qui devaient compléter les cinq cent mille livres : un faussaire et un faux monnayeur avaient passé par là, et le plus célèbre voleur de France avait failli être volé !

« La péripétie continue, et il faudrait que vous fussiez bien maladroit, monsieur l'auteur dramatique, pour n'en point faire quelque chose de piquant.

« La porte du salon s'ouvre à deux battants : un mousquetaire se précipite au milieu de l'assemblée ; cet homme a l'air furieux, il porte une épée à la main, et il semble menacer tout le monde, quoiqu'en réalité il n'en veuille qu'à une seule personne...

« La comtesse d'Arsème osa s'avancer vers cet audacieux mousquetaire, en lui disant avec une plaisante dignité :

« — Qui êtes-vous donc, mon petit monsieur?

« — Je vais te l'apprendre, vile canaille! répondit le mousquetaire.

« Là-dessus, notre original croisa les bras sur sa poitrine, sans quitter son épée, et il reprit ainsi, en regardant tour à tour la comtesse et votre humble serviteur :

« — Je suis le baron Hector d'Orbesson...

« Stupéfaction générale : la comtesse pâlit sous le fard ; je songe à mes deux pistolets ; je me rapproche d'une croisée entr'ouverte ; mon ancien condisciple d'Orbesson continue à nous démasquer :

« — Comtesse d'Arsème, tu vas épouser le bandit Dominique Cartouche ! Et toi, baron d'Orbesson, tu vas te marier avec une ignoble créature qui te fait concurrence à Paris et dans les provinces... Je vous unis, vous êtes dignes l'un de l'autre.

« A ces mots, le mousquetaire donna un signal, et cinquante soldats s'élancèrent dans le salon ; je tirai deux coups de pistolet sur les assaillants, mes complices en firent autant, et ce ne fut qu'à la pointe de mon poignard que je parvins à sortir sain et sauf de ce guêpier.

« Peu de temps après cette triste aventure, comme je traversais la plaine Saint-Denis, j'avisai une maison d'assez belle apparence ; je demandai à qui appartenait cette charmante demeure, et un laboureur m'apprit, à ma grande joie, que c'était là la maison de plaisance du baron Hector d'Orbesson. Le diable me devait une revanche : je ne tardai pas à me décider à la prendre.

« A minuit, mes gens se postèrent autour du château ; le sifflet d'attaque se fit entendre, et l'assaut de la place commença. Tout le monde dormait au logis : la brèche fut bientôt faite ; je n'avais plus qu'à me venger.

« — Où est la chambre de ton maître ? demandai-je à un valet.

« Le valet nous conduisit jusqu'au seuil de l'appartement du baron.

« J'ordonnai à mes soldats d'enfoncer cette porte ; par malheur, j'avais compté sans la prudence et le courage de d'Orbesson : notre ennemi n'était pas seul dans sa chambre ; la première ouverture que nous fîmes à la porte à coups de hache servit de meurtrière aux assiégés : la fusillade me blessa trois hommes ; on sonna la cloche d'alarme ; les domestiques que nous avions liés trouvèrent le moyen de prendre les armes ; je levai le siége, afin de ne point me trouver entre deux feux, et je ne réussis à me venger qu'en incendiant le château d'Hector d'Orbesson.

« Hector d'Orbesson n'est pas le seul de mes camarades de collége qui ait joué un rôle dans la vie de Cartouche ; mais, comme j'ai le droit d'être juste envers moi-même, je puis me glorifier, en ce moment, d'avoir bien mérité d'un de mes anciens condisciples nommé Ernest de Lusbert qui m'avait aimé, secouru, protégé dans la galère de Louis-le-Grand.

« Un soir, après une expédition malheureuse, ma troupe fut poursuivie par des exempts et des soldats ; je criai : *Sauve qui peut !* et chacun de mes gens de prendre la fuite. Je m'esquivai de mon mieux, sur les toits, de grenier en grenier, de mansarde en mansarde ; je ne m'arrêtai qu'au bord d'une large gouttière à l'extrémité d'une rue, et je faillis me laisser tomber sur le pavé comme un imbécile. Tout à coup une lumière brilla tout près de moi, dans un méchant taudis, dans un galetas qui faisait saillie sur la toiture : je fouillai des yeux dans cette vilaine mansarde, et j'aperçus quelqu'un et quelque chose qui me rendirent l'espérance et le courage.

« Ce quelqu'un était un jeune homme qui lisait attentivement une liasse de papiers ; ce quelque chose était un sac de peau d'Espagne, déposé sur une table, et qui laissait voir par une échancrure de belles et bonnes pièces d'or. J'avais pris le chemin le plus long et le plus difficile pour arriver jusqu'à ce jeune homme et jusqu'à ce trésor ; mais, enfin, j'allais toucher au but ignoré de mon périlleux voyage. J'escaladai la fenêtre, sans attirer l'attention du lecteur ; je pris mon poignard pour le frapper... mais le jeune homme leva la tête ; il recula, d'un bond, jusqu'au bout de sa chambre ; il prit bravement son épée... Et je reconnus mon ancien camarade Ernest de Lusbert !

« — Eh bien, m'écriai-je, en jetant mon poignard, est-ce que tu ne me reconnais pas ? Je t'ai reconnu tout de suite, moi !... Oh ! je ne suis pas de ceux qui oublient leurs vieilles amitiés !... As-tu donc oublié ton condisciple, ton camarade Dominique Cartouche ?

« — Cartouche !... répondit Lusbert, en me menaçant toujours de son épée.

« — Eh ! mon Dieu, oui, Cartouche, qui a le malheur de porter le nom d'un trop célèbre voleur ; mais, sois tranquille, je ne suis ni son parent, ni son allié, ni son complice. Je me suis échappé tout à l'heure d'une chambre à coucher où je n'avais, aux yeux d'un mari, ni le droit de dormir, ni le droit de veiller ; le hasard, qui est le dieu des voleurs... et des amants, m'a conduit jusqu'au seuil de ta demeure : je te demande l'hospitalité.

« Ernest de Lusbert jeta son épée, qui alla se poser en croix sur mon poignard ; il me tendit la main, et nous voilà les meilleurs amis du monde. Je jure devant Dieu que je dois à cette rencontre un des plus doux, un des plus beaux moments de ma vie ! Un peu de bien ne gâte rien aux affaires d'un voleur.

« Je demandai à Lusbert, en lui montrant les pièces d'or qu'il avait sur sa table :

« — Est-ce que tu ne crains pas la visite de mon homonyme Cartouche ?

« — Je ne crains plus rien ni personne dans ce monde, me répondit-il en soupirant ; quand tu es entré dans ma chambre, j'allais me tuer...

« — Te tuer !... et pourquoi ?

« — Je vais te le dire, et tu m'approuveras, j'en suis sûr...

« — Je ne le crois pas.

« — Écoute : Je suis fiancé à une jeune fille charmante, et il ne dépend que de ma volonté de devenir son mari avant huit jours... mais je ne veux ni ne dois l'épouser ; je ne pense qu'à mourir ! Ce matin, l'oncle de ma fiancée me chargea de recouvrer deux mille pistoles, et je recouvrai en effet cette somme. Je m'en allais tranquillement par la ville, avec deux sacs de peau d'Espagne remplis d'or, quand je rencontrai un ami qui m'offrit de m'aider à porter les deux mille pistoles jusqu'au logis de mon futur parent ; j'acceptai son offre... il prit la moitié de ma charge que je n'aurais pas dû trouver trop lourde... Et depuis ce matin, je n'ai pas revu mon ami ! Un billet qu'il a osé m'écrire m'annonce que cet infâme escroc a pris la fuite, après avoir perdu au jeu l'argent qu'il m'a volé ; je n'ai point eu le courage de reparaître dans la famille de ma fiancée, et sans toi, sans ta visite imprévue...

« — Oui, sans moi, sans ma visite, tu aurais déjà condamné une charmante fille à pleurer la mort d'un insensé ! par bonheur, me voici, et ta fiancée ne pleurera pas. Prends cette bague, qui est un assez beau joyau : tu iras demain, dans la matinée, rue Beaubourg, n° 7 ; tu frapperas au second étage ; tu montreras cette bague à la personne qui t'ouvrira la porte, et tu lui demanderas en mon nom mille pistoles... et au delà, pour peu que cela te plaise. Quant à mon anneau, je te prie de l'offrir, de la part de ton meilleur ami, à madame de Lusbert, le jour de ton mariage.

« Je laissai mon ami bien étonné, bien confus, et surtout bien heureux ; peut-être ignore-t-il encore à quel misérable il a dû la vie et le bonheur. Si vous connaissez, ou si vous rencontrez jamais M. de Lusbert, ne lui dites pas le secret des mille pistoles de Cartouche : il se reprocherait le service que je lui ai rendu, et sa jolie femme ne pourrait plus porter ma bague. »

Cartouche en était là de son dramatique récit, lorsqu'un magistrat se présenta dans son cachot pour faire subir au prisonnier un nouvel interrogatoire, sur ses affiliés et ses complices ; M. Legrand, l'auteur dramatique, fut congédié, et il s'en alla gaiement préparer le *scenario* de la vie et de la mort de Cartouche.

La torture ne put arracher à Cartouche aucune révélation compromettante pour ses amis ; il ménageait, sous la main du tortionnaire, ses audacieux camarades qui lui avaient promis de le délivrer ; mais Cartouche ne trouva sur la place de Grève que des ennemis, des soldats et des bourreaux : il demanda à être conduit à l'hôtel de ville, pour y dévoiler les noms de ses nombreux complices. Les révélations tardives de Cartouche compromirent plus d'un gentilhomme et plus d'une grande dame ; il accusa, dit-on, quarante personnes de la suite de mademoiselle Louise-Élisabeth, la fiancée du prince des Asturies ; Cartouche ne fut pas galant dans ses aveux suprêmes : il dénonça à la justice de malheureuses femmes dont il se souvenait d'avoir été la dupe ou le dupeur.

Cartouche mourut, à l'âge de vingt-huit ans, le 29 novembre 1721 ; près de marcher au supplice, il demanda les secours de la religion, peut-être pour pouvoir mourir avec courage.

Un jour de l'année 1732, le lieutenant général de police Hérault réunit dans son cabinet ses agents les plus habiles, ses espions les mieux avisés, l'élite de son personnel actif, pour une communication qui importait essentiellement à l'honneur de l'administration et à la sûreté publique : il s'agissait du fameux bandit Pierre Poulailler, espèce de fantôme insaisissable, que tout le monde se vantait d'avoir vu, et qui s'évanouissait aux yeux de tout le monde, dès que la police essayait de le toucher et de le prendre.

« Vous êtes les dupes ou les complices de ce malfaiteur ! disait M. Hérault, en parlant à ses principaux agents, trop faibles ou trop inhabiles ; le jour et la nuit, l'infâme Poulailler nous attaque, nous vole, nous égorge, et vous n'avez pas même le signalement de cet homme ! Il est à la fois, dans vos absurdes rapports, jeune et vieux, petit et grand, gros et maigre ; vous savez qu'il a des affiliés, des complices, des complaisants, des maîtresses, et Poulailler n'est pas encore dans les cachots du Châtelet ou de la Conciergerie ! Un seul d'entre vous connaît-il le dernier exploit du brigand qui se moque des mes agents et de moi-même ?... Comment ! vous ignorez tous ce que Poulailler a osé faire hier au soir, dans Paris, dans une maison habitée, à l'issue d'une fête de l'Opéra?... Écoutez-moi donc, imbéciles ou fripons que vous êtes! Je vous donne trois jours, pour avoir à me livrer, mort ou vif, l'audacieux auteur d'un vol dont vous n'avez pas su m'instruire; voici le fait :

« Hier au soir, Poulailler était au bal de l'Opéra; il y rencontra une femme qui a l'honneur de tenir à un prince de l'Église par le bout de sa ceinture dorée. Il paraît que notre voleur ne manque ni de galanterie, ni d'agréments, ni d'esprit : la courtisane dont il s'agit le trouva spirituel, aimable, charmant; elle consentit à rentrer chez elle, avec ce gentilhomme d'une nouvelle espèce: elle eut la bonté de lui promettre un tête-à-tête de toute la nuit... pourvu que *Monseigneur* ne vînt pas la surprendre dans son boudoir...

« Le bandit demanda à cette femme : « Qu'est-ce que c'est que monseigneur? »

« Elle lui répondit : « Monseigneur est un de nos évêques les plus riches et les plus galants... Je suis sa protégée! »

« Le bandit répliqua : « S'il en est ainsi, que Dieu protége votre protecteur! »

« Enfin, l'on arrive au logis; Poulailler s'installe à la meilleure place de l'appartement; il soupe, il babille, et il se lève pour passer dans une chambre à coucher où il ne songe point à dormir. En ce moment, une voiture s'arrête... on frappe violemment à la porte... Et la courtisane devine qu'elle va recevoir la visite apostolique de monseigneur. Poulailler avait promis à la belle de ne point la compromettre dans les bonnes grâces de son protecteur : il cède la place, et il se cache bien vite dans un cabinet dont le vitrage lui permettra de voir le diable dans un bénitier...

« Poulailler ne tarde point à être ébloui par un spectacle auquel il ne s'attendait pas : le riche prélat portait sur sa poitrine une croix de diamants, suspendue à une chaîne d'un prix énorme; le cordon et les glands de son chapeau étaient formés de pierres précieuses; enfin, des bagues admirables étincelaient à tous ses doigts.
— Il y avait, dans toutes ces richesses, de quoi faire oublier à un voleur la fantaisie d'une simple bonne fortune.

« Le reste se devine aisément : Poulailler sortit du cabinet où il s'était caché; il s'approcha du pauvre évêque, en le menaçant d'un pistolet et d'un poignard; bref, en un clin d'œil il le dépouilla de

ses diamants, de sa croix, de ses bagues, et il se retira en riant, en demandant pardon à la courtisane d'avoir sacrifié l'*agréable* à l'*utile*.

« Voilà ce qui vient de m'être répété par deux dénonciations en règle; les plaignants n'ont point nommé Poulailler, mais l'impudent héros d'une pareille aventure ne peut être que cet odieux successeur de Cartouche! Ce matin même, j'ai promis au saint évêque de mettre la main sur le coupable, et je n'ai demandé que trois jours pour y réussir. Allez, cherchez, fouillez, furetez, flairez sur les traces du coquin qui nous brave; si vous me faites manquer à ma promesse, je vous casse aux gages, et je vous jette dans un cul de basse-fosse; en revanche, le premier parmi vous, qui aura forcé la bête, aura droit à une gratification de cent pistoles et à une place de deux mille livres de revenu; allez donc et chassez! »

Ainsi parla M. Hérault aux agents de police, qui se préparèrent à gagner hardiment la place et la gratification promises. — Le lendemain au matin, le lieutenant général venait à peine d'entrer dans son cabinet, pour y expédier les premiers ordres de la journée, lorsque l'on vint lui annoncer la visite d'un gentilhomme de Provence dont il connaissait le nom fort recommandable : il s'empressa de recevoir M. de Villeneuve; le gentilhomme et le lieutenant général échangèrent les compliments et les salutations d'usage : il ne fallut pas à Berryer une bien grande attention pour s'apercevoir tout de suite qu'il avait affaire à un visiteur de bonne mine, de belles façons et de beau langage; le comte de Villeneuve avait toutes les meilleures apparences de l'esprit, de la distinction, de la noblesse.

— Monsieur le lieutenant général, se prit à dire l'élégant visiteur, je ne me connais guère qu'un seul défaut : j'aime l'argent, parce qu'il peut me servir à redorer le blason de ma noble famille ; toutes les fois qu'il m'est possible de gagner quelques milliers de livres, je ne me hâte pas lentement, pourvu que cela ne coûte rien à ma conscience; lorsque je puis gagner de l'argent, en me rendant utile ou agréable aux autres, je m'en réjouis et je m'en félicite deux fois...

— Ce que vous me faites l'honneur de m'apprendre, répondit M. Hérault, ne mérite aucune sorte de blâme; il n'est pas interdit à un honnête homme de s'enrichir, et je voudrais pouvoir contribuer à la richesse d'une aussi noble maison que la vôtre...

— Je vous prends au mot, monsieur le lieutenant général ; nous avons peut-être besoin l'un de l'autre, et voici comment : Je me suis laissé dire que vous aviez promis cent pistoles de gratification et une place de deux mille livres à la personne qui saurait vous livrer le voleur Poulailler...

— C'est vrai, monsieur.

— Eh bien, je suis assez heureux, grâce à une mystérieuse rencontre, pour vous livrer le misérable qui désole Paris en ce moment; en échange du service que je puis vous rendre, je vous demande la gratification de cent pistoles, et une somme de vingt mille livres qui me tiendra lieu d'une place dont je ne saurais que faire...

— J'accepte votre offre, monsieur.

— A merveille !... Je tiens à honneur de n'être en rapport qu'avec vous seul pour l'exécution de notre marché...

— C'est convenu.

— Enfin, j'exige que la somme promise me soit payée en or, au moment même où je viendrai en personne vous livrer le bandit que nous cherchons.

— La récompense dont il s'agit sera là, dans cette caisse, le jour et à l'heure qu'il vous plaira de m'indiquer...

— Aujourd'hui... ce soir, à dix heures, si vous voulez bien le permettre...

— Un mot encore : tenez-vous beaucoup, monsieur le comte, à me cacher le mystère qui va mettre à votre disposition le voleur Poulailler ?

— Ce mystère est bien simple, monsieur le lieutenant général. Il y a dans un coin de Paris une jeune et jolie femme qui a eu le malheur d'aimer Poulailler, et de sacrifier à un bandit sa vertu, sa conscience et son nom...

— Son nom ?

— Oui, son nom qui appartient à une noble famille d'Allemagne ; j'ai reçu les tristes confidences de cette malheureuse que Poulailler a eu peut-être le tort de délaisser ; grâce à cette femme, je connais maintenant la vie tout entière de notre bandit, et je vous assure qu'elle ne manque pas d'un déplorable intérêt.

— Pardieu ! monsieur le comte, il n'est pas tard, ce me semble... vous n'avez point déjeuné, je l'espère... daignez dérober une heure à vos distractions, à vos plaisirs de ce matin, et racontez-moi le roman de cet affreux personnage que vous allez jeter aujourd'hui sur la route de l'échafaud...

— Très-volontiers ; quand Poulailler paraîtra devant ses juges, le souvenir de mon récit pourra vous servir à édifier la justice. Je commence... cela ne m'empêchera pas de faire honneur à votre déjeuner.

« Pierre Poulailler est né, m'a-t-on dit, dans un petit village sur la côte de Bretagne, d'un très-honnête homme et d'une très-jolie femme. Il y eut quelque chose de surnaturel autour de son berceau, absolument comme s'il se fût agi du berceau d'un futur grand homme. Le jour du mariage de Jacques Poulailler, le père de notre triste héros, un magicien, un sorcier, le diable en personne peut-être, s'avança jusque sur le seuil d'une église, et se mit à dire à l'honnête et pauvre marié : « Maître Jacques, dans un an ta femme te donnera un fils, et ce fils appartiendra au diable... Il ira loin et haut ! »

« Jacques Poulailler eut un fils au bout de l'année : on le nomma Pierre ; les paysans le surnommèrent le *diable*. Du reste, ce petit démon n'avait rien de bien diabolique en apparence : il se portait à merveille ; il souriait à chaque instant ; il était joli, tout blanc, tout rose, tout vermeil comme un ange. A vrai dire, l'ange ne tarda pas à tourner au coquin. Son père, le curé et le magister essayèrent en vain de le corriger par la morale, par la religion, par l'étude, et un peu aussi par les voies de fait ; le petit Pierre répondait aux conseils, aux leçons et aux coups de poing : « Vous avez beau faire... vous ne pourrez pas lutter contre le diable à qui j'ai été donné en naissant. »

« A dix ans, Pierre Poulailler était mousse à bord d'un navire marchand ; à douze ans, il vola son capitaine et se réfugia à Londres où il continua de voler ; à seize ans, il rentra en France et s'enrôla en qualité de tambour dans le régiment de Champagne ; à dix-huit ans, il déserta, après avoir *tué d'un coup de sabre* son sergent-major, pour une rivalité d'amour provoquée par les beaux yeux d'une vivandière ; Pierre Poulailler se fit successivement diseur de bonne aventure, escamoteur, sauteur de corde, comédien, marchand d'orviétan, recruteur, bohémien, et chef de voleurs.

« L'Allemagne fut le théâtre des premiers exploits de Poulailler. Il y montra un grand courage, une prudence rare, une activité prodigieuse. A cette époque, même dans ses expéditions les plus hasardées, Poulailler aimait à porter sur toute sa personne les apparences de la richesse ; il ressemblait ainsi au plus élégant et au plus heureux gentilhomme du monde ; il disait parfois à ses camarades en leur montrant l'élégance de ses habits, le luxe de ses armes, la magnificence de ses bagues et de ses bijoux : « Tous les moyens sont bons à la guerre... on ne sait pas ce qui peut arriver. »

« Un jour, Poulailler ayant quitté sa troupe qui s'était embusquée, monta jusqu'au sommet d'une colline pour mieux étudier la configuration du pays qu'il voulait exploiter. En regardant à ses pieds, dans la plaine qu'il dominait en ce moment, il aperçut deux jeunes filles charmantes qui montaient à pied la côte de la grande route ; Poulailler se prit tout à coup d'une singulière fantaisie : il voulut connaître ces deux jeunes filles ; il les aborda, et voilà Poulailler qui se prend d'une belle passion, au lieu de songer à faire son métier sur le grand chemin !

« Les deux jeunes et jolies voyageuses étaient les filles du baron de Kirbergen ; elles voyageaient en chaise de poste, et elles avaient pris les devants jusqu'au haut de la montée... — Poulailler entendit claquer le fouet des postillons ; lorsqu'il lui fallut quitter ses deux nouvelles amies, dont l'une était déjà la maîtresse de son cœur, il se souvint de ses impitoyables compagnons qu'il avait laissés dans une embuscade, et qui allaient infailliblement s'attaquer à ces deux pauvres filles qui lui plaisaient tant. Il s'agissait de les protéger, de les défendre, de les sauver au milieu d'une troupe de voleurs : Poulailler salue les deux jolies voyageuses ; il se précipite par un sentier taillé dans le roc, presque à pic, jusqu'à l'autre penchant de la colline ; il appelle ses camarades, il les supplie de respecter les voyageurs qui vont paraître, et comme les voleurs hésitent à obéir à une pareille fantaisie, il leur achète les *chances de la prise*, avec la part qui lui est échue dans la dernière expédition de la bande.

« La suite de cette aventure témoigne assez de l'audacieuse folie de Poulailler : il confia la direction de sa troupe à un de ses lieutenants dévoués ; il s'élança sur son cheval de bataille ; il galopa, de son mieux, sur les traces des deux jeunes filles ; il les accompagna jusqu'au terme de leur voyage, et il ne craignit point de s'installer dans le château du baron de Kirbergen, en prenant le nom et le titre d'une de ses victimes : Poulailler devint le marquis de Petrucci de Sienne, afin de pouvoir plaire impunément à la belle Wilhelmine. Par malheur, Poulailler avait compté sans le hasard qui dénoue les comédies les plus embrouillées ; un voyageur se présenta dans le château : il se nommait Petrucci ; il reconnut le misérable qui l'avait dévalisé sur une grande route... et Poulailler, qui avait toujours besoin de voler quelque chose, s'évada pendant la nuit en volant au malheureux baron la plus charmante de ses filles. Il enleva Wilhelmine, qui ne demandait pas mieux que de se laisser enlever.

« La réputation de Poulailler fut bientôt faite à Paris. Il savait assez lestement commettre un vol ou un assassinat pour mériter tout de suite les honneurs d'une odieuse célébrité. En votre qualité de lieutenant général de police, vous ignorez peut être le moyen qu'il employa tout récemment pour s'introduire dans l'hôtel de Brienne. La voiture de la princesse de Lorraine stationnait aux abords de l'Opéra ; le cocher et le valet de pied oubliaient leur service au cabaret, en se grisant avec les complices de notre hardi voleur. Poulailler ouvrit la portière de la voiture ; il se cacha, Dieu sait comment, dans la caisse intérieure, et ce fut ainsi, dans cette horrible cachette, qu'il réussit à franchir la porte si bien gardée de l'hôtel de Brienne. Ce n'est pas tout, m'a-t-on dit : Poulailler passa trois jours et quatre nuits dans une mansarde de l'hôtel, ne vivant guère que de courage, de tablettes de chocolat et d'espérance. Enfin, un beau soir, madame de Brienne se rendit au bal chez la princesse de Marsan, et toute la valetaille s'en alla dans les mauvais lieux du voisinage. Poulailler s'introduisit dans une chambre somptueuse ; il força un meuble, où il trouva deux mille louis et des contrats de rente sur l'hôtel de ville. Il n'avait que faire de ces titres qui ne signifiaient rien entre les mains d'un voleur : il les renvoya le lendemain à la princesse, avec un billet qui contenait les excuses les plus galantes ; il paraît qu'à propos de cette restitution, on ne parla pendant huit jours à Versailles que de la délicatesse et de la galanterie du chevalier de Poulailler.

« Voici, monsieur le lieutenant général, un curieux épisode, assez étrange dans la vie criminelle de Poulailler, et qui ne manque pas d'une certaine philosophie pratique.

« Poulailler, pour qui tous les chemins étaient bons, résolut un jour de pénétrer, par les gouttières, dans une maison dont le riche propriétaire était à la campagne : en passant tout près d'une fenêtre qui touchait à la toiture de cette habitation, le voleur entendit pleurer au fond d'une misérable chambre ; il y avait là, dans ce taudis, une pauvre famille qui demandait à Dieu son pain quotidien et qui ne l'obtenait pas tous les jours : depuis le matin, toute cette famille n'avait pas mangé. Le bandit se souvint d'avoir eu faim plus d'une fois ; il eut pitié de ces malheureux, et il prit dans sa poche une bourse, pour la leur jeter... lorsqu'il vit entrer, dans le logis de ces pauvres diables, un homme tout effaré, pâle, éperdu, hors de lui, qui laissa tomber au milieu de la chambre une poignée d'or, en s'écriant : « Tenez, allez acheter de quoi vivre pendant quelques jours ! Ce que je vous donne me coûte cher !... Je l'ai payé de mon honneur, de mon repos, de ma vie peut-être !... J'ai attaqué un passant, je l'ai frappé... il a eu peur, et je lui ai volé sa montre, deux tabatières d'or, une bourse toute pleine de louis... Je ne suis plus qu'un voleur ! »

« En ce moment, Poulailler se précipita dans cette chambre, où l'on pleurait, où l'on sanglotait, où l'on oubliait que l'on avait faim, pour ne songer qu'à la honte d'un crime conseillé par la misère...

« — Tu es un honnête criminel ! s'écria Poulailler, en s'adressant au père de famille qui ne parlait plus que de mourir ; que ta conscience se rassure : l'homme que tu as dépouillé appartient à une troupe de bandits dont j'ai l'honneur d'être le chef ; je l'avais placé moi-même en sentinelle, et il a manqué à la consigne qui lui ordonnait d'être brave ; tu peux garder ce qu'il a eu la lâcheté de te laisser prendre sur sa personne. Encore une fois, essuie tes larmes, et ne songe plus à mourir : tu n'as volé qu'un voleur ! J'ai un conseil à vous donner, et vous ferez fort bien de le suivre : ne volez plus, même un voleur, parce qu'en définitive la carrière du vol exige trop d'intelligence, d'esprit, de résolution et de génie... Mais livrez-vous au commerce, au négoce : c'est absolument la même chose, avec bien des exigences de moins, et l'impunité de plus. Maintenant, mes amis, ayez la bonté de m'éclairer, afin que je puisse descendre sans me casser le cou.

« Après le départ de Poulailler, la pauvre famille dont il s'agit trouva, sur un meuble, une bourse que le chef de voleurs avait laissée comme un souvenir efficace de sa visite.

« Du reste, dans la vie de Poulailler, le bien n'est guère qu'un caprice, et l'humanité une lubie. Il est impitoyable dans la guerre qu'il a jurée aux honnêtes gens. Il ne recule devant aucune des affreuses conditions de son métier. Il a déjà tué, avec l'aide de sa bande, plus de cent cinquante personnes. L'an dernier, il fit égorger, dans le village Saint-Martin, le père, la mère, deux frères, une sœur nouvellement mariée, son mari, et quatre ou cinq de leurs parents.

« Cet infâme brigand est inexorable, quand il s'agit de punir la trahison d'un de ses sujets... je veux dire d'un de ses voleurs. Un jour, il fit placer dans l'angle de deux murs, debout et garrotté, un bandit qui l'avait dénoncé ; il fit construire devant lui un troisième mur, et il grava sur ce tombeau de plâtre une sentence qui rappelait une condamnation à mort, et une épitaphe qui rappelait le crime du condamné.

« Les paysans du village où est né Poulailler prétendent, s'il faut en croire la personne dont je vous rapporte les confidences, que, le jour où le célèbre bandit mourra sur l'échafaud, l'ancienne maison de son père brûlera par enchantement, et que le diable paraîtra au milieu des flammes en vociférant à trois reprises le nom de Poulailler. — Voilà, monsieur le lieutenant général, tout ce que je me suis laissé dire sur le malfaiteur que je vous livrerai ce soir. »

Le récit du comte de Villeneuve inspira au lieutenant général assez d'intérêt pour lui faire oublier à table l'heure de ses audiences habituelles, et congédia son visiteur en lui promettant de le recevoir de nouveau dans la soirée.

Le soir venu, le comte de Villeneuve fut exact au rendez-vous. M. Hérault l'attendait avec une impatience tout à fait officielle ; il n'avait rien révélé de ce qu'il avait appris le matin, et il se flattait déjà d'être bientôt en mesure d'expédier aux juges criminels un misérable qui semblait braver la justice.

Le comte de Villeneuve entra mystérieusement dans le cabinet du lieutenant général, il lui dit à voix basse :

« Sommes-nous seuls ? »

M. Hérault répondit par un signe affirmatif.

« Ces murs n'ont point d'oreilles ? reprit le comte de Villeneuve.

— Moi seul, je vous écoute.

— Pardonnez-moi, monsieur le lieutenant général, de vous exprimer ainsi un embarras qui ressemble peut-être à de la peur... mais, que voulez-vous, à tort ou à raison, l'opinion publique a la coutume de faire fi d'un révélateur, même lorsqu'il rend un grand service à la société, et je ne voudrais pas, au prix du monde entier, qu'un témoin, un indiscret, un écouteur aux portes eût le droit de me reprocher mes utiles révélations...

— Rassurez-vous, monsieur le comte, je vous le répète, nous sommes absolument seuls. »

Le comte de Villeneuve aperçut deux pistolets sur le bureau du lieutenant général, il les montra du doigt à M. Hérault en lui disant :

« Prenez garde à ces armes !... je ne vous ai pas promis de vous livrer Poulailler enchaîné, garrotté, dans l'impuissance de faire du mal ; la vue de ces armes pourrait lui inspirer un moyen de se débarrasser de vous et de moi... il ne faut point jouer avec l'audace, la colère et le désespoir d'un pareil homme !

— Vous avez raison, monsieur le comte, il ne faut pas que ce brigand aperçoive ces pistolets. »

Les pistolets disparurent dans un tiroir que M. Hérault referma à clef.

« Êtes-vous prêt, demanda le magistrat au gentilhomme, à tenir la promesse que vous m'avez faite ?

— Êtes-vous prêt, répondit le comte de Villeneuve, à me remettre la somme que vous m'avez promise ?

— La voilà tout entière dans cette boîte, où vous pourrez la prendre vous-même.

— A merveille ! »

Le révélateur regarda attentivement autour de lui, fit mine de se diriger à petits pas avec une espèce de mystère vers la porte du cabinet, et s'arrêta tout à coup... il se retourna brusquement... se rapprocha de M. Hérault, et lui dit, un poignard à la main :

« Eh bien, monsieur le lieutenant général, voici Poulailler que je vous livre !... C'est moi qui suis Poulailler !... Un cri, un mot, un pas, un geste, et je vous tue avec ce poignard empoisonné... Songez-y bien, la moindre piqûre de ce poignard est mortelle. »

Le lieutenant général, devant ce coup de théâtre, ne trouva rien de mieux à faire que de se laisser tomber dans un fauteuil.

Après avoir terrifié M. Hérault, Poulailler se mit tranquillement à l'attacher au bouton d'une porte avec de solides cordelettes qu'il tira de sa poche, ensuite il le bâillonna ; enfin, il prit dans une boîte la somme promise au révélateur, et il se retira en saluant le pauvre lieutenant général de la meilleure grâce du monde avec toutes sortes de révérences : Poulailler reprit pour un instant, afin d'être poli, le rôle du comte de Villeneuve.

Ce ne fut que trois heures plus tard qu'un huissier de la lieutenance entra dans le cabinet de M. Hérault, et nous laissons à deviner quel chevalier de la triste figure ce devait être, en un pareil moment, que ce malheureux lieutenant général attaché, garrotté et bâillonné !

La rage de M. Hérault faillit devenir une véritable folie, grâce aux plaisanteries, aux chansons, aux brocards, aux épigrammes dont il fut redevable à cette maudite aventure : il ne lui restait guère d'autre parti à prendre, pour se venger à la fois de Poulailler et des Parisiens, que de livrer au bourreau l'audacieux comte de Villeneuve ; par malheur, Poulailler s'avisa de craindre que l'amour-propre ne donnât de l'intelligence au lieutenant général, et il résolut de dérouter la police en allant faire une petite tournée en province.

Arrivé à Cambrai avec toutes les apparences d'un grand seigneur, le voleur de Paris voulut hasarder une pointe sur la ville de Gand ; il se mit en route, et le hasard lui donna pour compagnon de voyage le doyen d'un chapitre noble de Belgique. L'à-propos, la circonstance, la nouvelle du jour, sont le lien commun qui entretient la causerie entre voyageurs ennuyés peut-être l'un de l'autre. Le doyen avait affaire à un Français, à un Parisien. Il lui parla naturellement de Poulailler, qu'il avait, disait-il, en une haine toute particulière, quoiqu'il n'eût jamais été sa victime ; le naïf doyen ajouta qu'à son premier et très prochain voyage à Paris, il ne manquerait pas d'aller reprocher à M. le lieutenant général de police de n'en avoir pas encore fini avec ce malfaiteur, avec ce bandit, avec ce brigand.

Peu de temps après cette course de Poulailler à Cambrai et à Gand, M. Hérault reçut un billet anonyme à peu près conçu en ces termes :

« Monsieur le lieutenant général, j'appartiens à la bande du « fameux Poulailler, et j'espère bien que, le moment venu, cette « lettre me fera trouver grâce aux yeux de la justice.

« Nous venons d'arrêter, de dévaliser et de tuer M. de Potter, cha-« noine doyen du chapitre noble de Bruxelles. Notre chef Poulailler, « qui s'est emparé des habits et des papiers de sa victime, entrera « dans Paris par la barrière Saint-Martin, quelques heures après la « réception de votre lettre. N'en croyez pas les apparences, et em-« parez-vous du doyen... Poulailler. »

Il ne fallait rien moins qu'une pareille révélation pour calmer la colère du lieutenant général, à l'endroit du misérable comte de Villeneuve; M. Hérault se promettait de prendre sur Poulailler une cruelle revanche, indépendante de l'horrible châtiment que lui réservait la justice. Il le voyait déjà dans son cabinet, garrotté à son tour, bâillonné, attaché au bouton d'une porte, avec de certaines cordelettes que le lieutenant général a conservées.

Des exempts et des huissiers furent embusqués à la barrière Saint-Martin : à cinq heures du soir arriva le coche de Lille avec trois voyageurs : on les prend, on les interroge, on les fouille, et un d'eux en effet porte dans sa poche les papiers du doyen de Bruxelles. Enfin, M. Hérault sera vengé : voilà Poulailler!

Le voyageur eut beau se plaindre, crier et se démener entre les mains brutales des agents de police; il eut beau jurer par son nom et par son titre, il eut beau pérorer en faveur du droit des gens que l'on violait en sa personne, il fut traîné, à travers les rues de Paris, jusqu'à l'hôtel de la lieutenance générale.

Dieu merci, notre hardi voleur paraît devant M. Hérault... Mais en voici bien d'une autre! M. Hérault ne reconnaît pas le Poulailler qu'on lui amène... Non, ce n'est point là le fameux comte de Villeneuve!

« Qui êtes-vous donc? lui demande le lieutenant général, en tremblant de dépit, de honte et de colère.

— Qui je suis? répond le voyageur; je suis de Potter, doyen du chapitre noble de Bruxelles, et je vous somme de me rendre à l'instant la liberté.

— De Potter! le doyen du chapitre de Bruxelles!... balbutie le lieutenant général... il a été tué par Poulailler!...

— J'ai eu affaire à Poulailler?... J'ai été tué par Poulailler?... Monsieur, est-ce que l'audace impunie de ce célèbre brigand vous a tourné la tête? Est-ce que, grâce à lui, les Petites-Maisons seraient devenues les invalides de la police? »

En ce moment, nouvelle péripétie qui augmente sa colère et la confusion de M. Hérault : un huissier lui remet une lettre qui porte pour suscription : *A monsieur de Potter, doyen du chapitre noble de Bruxelles, détenu chez le lieutenant général de police.* M. Hérault laisse tomber des cordelettes qu'il vient de prendre dans un tiroir; il brise le cachet de la lettre adressée à M. de Potter... et cette lettre est signée du nom maudit de Poulailler!... L'impitoyable voleur disait au pauvre doyen :

« Je vous devais une bonne leçon, et je crois vous l'avoir donnée.
« Vous souvient-il de votre voyage de Cambrai à Gand, il y a un
« mois, de compagnie avec un certain gentilhomme français?...
« Sans connaître Poulailler, sans avoir jamais eu à vous plaindre
« d'un homme qui fait son métier en conscience, vous le menaciez
« de votre visite à M. le lieutenant général! Soyez plus circonspect
« à l'avenir, et que M. le doyen ne s'occupe que des intérêts de
« son chapitre. »

M. Hérault eut le bon esprit de se contenir; il s'excusa de son mieux auprès de M. de Potter, et au lieu de se laisser aller à des mouvements de colère contre Poulailler, il se mit à chercher tranquillement, froidement, le moyen d'arriver jusqu'à ce bandit.

En se remémorant le récit que lui avait fait le prétendu comte de Villeneuve, il se souvint d'un détail, d'un épisode, qui pouvait aider la police à découvrir la retraite habituelle de l'insaisissable voleur. Poulailler avait eu le tort de parler au lieutenant général de mademoiselle de Kirbergen, cette jeune fille allemande qu'il avait aimée à sa première vue, et qu'il avait enlevée; mademoiselle de Kirbergen vivait sans doute à Paris dans le secret de la vie tout entière de son amant. Il s'agissait de trouver cette pauvre fille à tout prix, et de l'exploiter à son insu dans l'intérêt de la justice criminelle.

M. Hérault joua de bonheur : des informations prises en Allemagne, des lettres décachetées à la poste, des recherches bien dirigées, conduisirent la police jusque sur le seuil de la maison habitée par mademoiselle de Kirbergen. Le moment était bien choisi pour avoir bon marché de cette femme : maltraitée, trahie, presque abandonnée par son séducteur, elle ne pensait plus qu'à se venger.

Un soir, d'accord avec M. Hérault, mademoiselle de Kirbergen invita Poulailler à la visiter une dernière fois, pour peu, lui écrivait-elle, qu'il eût encore pour son ancienne maîtresse de la pitié ou du dévouement. Poulailler s'apitoya sur la douleur de cette malheureuse. Il se rendit chez elle dans la soirée, il soupa avec mademoiselle de Kirbergen, et il poussa même sa galante commisération jusqu'à lui demander l'hospitalité pour toute la nuit.

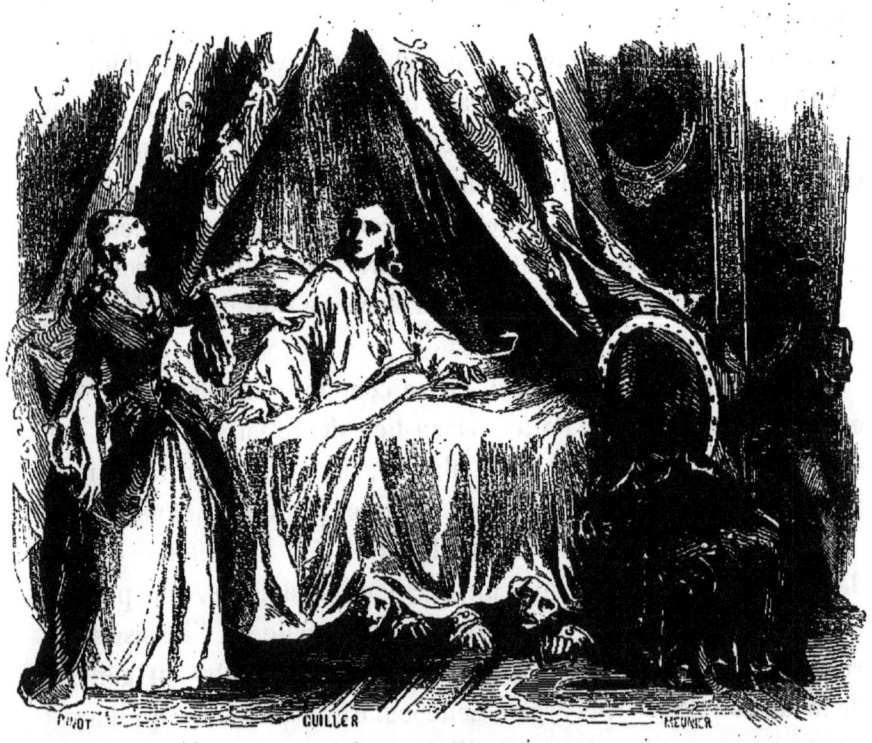

Couché près de sa maîtresse, Poulailler crut s'apercevoir qu'elle souffrait sans avoir le courage de se plaindre ; il l'interrogea, la pressa de questions, et mademoiselle de Kirbergen lui répondit en se levant :

« Oui, je souffre... je viens de m'empoisonner afin de ne pas te survivre !

— Qu'est-ce à dire ? s'écria le bandit, m'aurais-tu empoisonné aussi ?

— Non, tu ne mourras pas par le poison, tu mourras demain par la main du bourreau en place de Grève. »

A ces mots, un signal donné par mademoiselle de Kirbergen appela dans la chambre une troupe d'archers ; Poulailler essaya de résister, sans doute afin de ne pas perdre encore l'habitude du courage et de l'audace. Il fut donc arrêté, et M. Hérault se donna peut-être le spectacle qu'il s'était promis, en attachant le comte de Villeneuve au bouton d'une des portes de son cabinet.

Cartouche, dit l'auteur du *Tableau de Paris*, fut un autre brigand que Poulailler ; mais celui-ci du moins, au défaut de hauts faits, sema l'épouvante dans les environs de Paris ; il fit sortir son nom de la foule vulgaire des voleurs ; il eut une renommée passagère, il est vrai, mais enfin il fit parler de lui ; il commit quelques vols ; on lui attribua tous les vols qui furent commis pendant plusieurs mois ; bientôt on le chargea de tous les crimes, de tous les assassinats ; il fut calomnié par la voix publique, qui se le figura les mains teintes de sang, tandis qu'il n'avait jamais attenté à la vie de ses semblables.

Il fallut que Poulailler montât à l'échelle de la potence pour être absous du titre de meurtrier. La corde prouva invinciblement qu'il n'avait point mérité la barre. Son procès fit reculer l'échafaud et la roue dont on le gratifiait, il ne fut que pendu.

VIII

LES CHAUFFEURS.

1798.

En l'année 1798, par une froide nuit d'hiver qui couvrait de ses brumes glacées le joli village d'Agnetz en Picardie, quelques habitants, devançant l'heure de l'Angelus, écoutaient, groupés sous le porche gothique de l'église Saint-Léger, le récit d'un vieux berger des environs.

Cet homme avait été le témoin invisible d'un drame lugubre dont la ferme de Saint-Remy, peu distante d'Agnetz, venait d'être le théâtre.

La veille, à l'heure où les époux Pillon, fermiers de la métairie de Saint-Remy, allaient se mettre à table avec tous les serviteurs, le vieux pâtre qui était au service d'un cultivateur voisin était venu faire, en passant, une visite aux fermiers. Invité à prendre place au repas du soir, il avait à regret refusé, car il fallait qu'il arrivât de bonne heure à Agnetz, où ses affaires l'appelaient ; il prit congé des époux Pillon au moment où les deux servantes, chargées d'une énorme soupière, appelaient à table les convives.

A peine le pâtre a-t-il franchi la porte du bâtiment de la ferme, qu'il aperçoit dans l'ombre comme les contours incertains d'un groupe d'hommes marchant avec mystère. Ce groupe est armé, il le voit se diviser, prendre diverses directions, comme des chasseurs s'embusquant pour traquer une proie ; un détachement de la caravane s'avance vers l'entrée de l'habitation, un autre se présente sur les flancs de la ferme et s'établit comme corps de réserve.

Le pâtre s'inquiète de cette apparition, le jeu des ombres semble prêter à ces hommes une taille gigantesque, des formes et un costume étranges... Un orme élevé, dont les branchages inférieurs touchent la terre et sont superposés jusqu'à la hauteur des fenêtres de la ferme, offre au berger un lieu d'observation, d'où il pourra voir les événements qui vont se passer à l'extérieur et à l'intérieur. Il gravit cet observatoire. Il ne doute plus que ces hommes qu'il a aperçus ne soient des bandits.

Le bruit des carreaux qui volent en mille éclats en même temps que la porte se brise, annonce le prélude des scènes de brigandage.

Une voix stridente, qui porte au loin, profère ces mots : « Nous avons l'ordre de rechercher partout les déserteurs et les émigrés. Bonnes gens, laissez-nous faire, soumettez-vous à la loi. »

A la lueur des torches et des flambeaux, le témoin invisible voit des hommes, vêtus du costume de hussard, parcourir toute la localité, des caves aux greniers ; ils se sont d'abord emparés des fusils suspendus, suivant l'usage, au manteau de la cheminée. Pendant que les uns se livrent à la perquisition, d'autres, le pistolet au poing, se précipitent sur les gens de la ferme en proférant des menaces de mort contre ceux qui opposeraient de la résistance, les étendent, pieds et poings liés, sur le carreau. Alors commence une grande scène de pillage. Les coffres et bahuts sont défoncés à coups de crosse ; argent, effets, bijoux, tout ce qui a quelque valeur devient la proie des brigands.

Un moment, Pillon et son fils aîné espèrent conquérir leur liberté, ils se sont débarrassés d'une partie de leurs liens, ils ont déjà le corps en dehors de la fenêtre qui fait face à l'arbre sur lequel le berger est en observation... Mais un bandit a deviné l'intention des deux fugitifs. Un coup de crosse de carabine renverse le fermier, et son fils, frappé de plusieurs coups de poignard, tombe expirant à ses côtés.

« Maintenant, s'écria la même voix qui avait ordonné la perquisition, il s'agit de faire jaser ces vieux coquins d'accapareurs des écus de la nation. » Des battements de mains et un hourra de joie sauvage accueillirent ces paroles.

Alors il se passa une scène horrible dont quelques détails purent être saisis par l'homme caché dans les branchages de l'arbre.

Les brigands jetèrent une corde au cou de Pillon et de sa femme, ils traînèrent ces deux vieillards vers la cheminée ; des brassées de sarment vert alimentaient la flamme.

« Il nous faut vingt mille livres en bons écus, » dit le personnage qui semblait avoir le commandement de cette horrible expédition.

La faiblesse de la voix des victimes ne permit pas que la réponse arrivât jusqu'au pâtre, mais il lui sembla que les brigands hissaient un corps à la tringle élevée de la crémaillère, exposant les pieds du martyr sur les flammes ardentes.

Des cris aigus de douleur se firent entendre, et une odeur de chair brûlée se fondit dans la brise qui agitait les feuilles du vieil orme.

Bientôt la malheureuse fermière passa par la même épreuve que son mari, et pendant qu'elle subissait l'affreuse torture, les brigands, maîtres des servantes de la métairie, assouvissaient sur ces malheureuses leurs brutales passions. La fermière, retirée des flammes, fut à son tour victime de la plus odieuse brutalité ; puis les chansons obscènes, le choc des verres, les cris de l'ivresse dénouèrent cet horrible drame.

Le vieux berger, dominé par un profond sentiment de terreur, était resté immobile pendant ces lugubres scènes. Il retrouva enfin la force d'agir, il quitta sa retraite, traversa la cour de la ferme, gagna le village voisin, où il arriva avant le jour. Il raconta, sous l'impression des émotions qu'il avait ressenties, les faits que nous venons de retracer. Bientôt toute la contrée connut l'acte de brigandage commis par cette bande organisée militairement. On désigna ces malfaiteurs sous le nom de chauffeurs. Cette association de brigands, divisée en plusieurs détachements ou brigades, se composait en partie de ces hommes qui avaient mis leur fainéantise ou leur férocité à la solde des partis. La fin de la guerre civile les laissait sans ressources, et il arriva ce qui était avenu dans les temps antérieurs.

Le quatorzième siècle avait eu ses Malindrins, ses trente mille diables; au seizième siècle, on avait tremblé devant les Guilleris; le dix-huitième siècle eut ses chauffeurs, affiliation avide de sang, froidement cruelle, et qui symbolise l'époque de meurtre à laquelle elle a appartenu.

Quelques jours après les événements arrivés à la ferme de Saint-Remy, dix chauffeurs pénètrent les armes à la main dans les bâtiments d'habitation de la ferme de Franjeallé près Château-Thierry.

Le fermier cherche à se soustraire par la fuite aux mauvais traitements qu'il prévoit; il va disparaître par une fenêtre, un coup de feu le renverse blessé sur le carreau. Les brigands se précipitent sur leur victime, et la meurtrissent horriblement à l'aide de leur chaussure ferrée que leur pied imprime sur la poitrine et sur la tête du fermier. La fermière jette un cri d'alarme, une balle la frappe au front, et l'étend morte près de son mari.

Un malheureux enfant se présente, et embrasse les corps de son père et de sa mère. Un chauffeur le saisit, le lance dans le feu dévorant qui élève ses flammes jusqu'au manteau de la cheminée... L'enfant échappe à la torture, il se dégage, demande pitié; un chauffeur le reçoit dans ses bras, et jette de nouveau le pauvre être dans la fournaise. Cependant le fermier a survécu au meurtre, il a résisté aux tortures; mutilé, il s'est traîné jusqu'à Vincelles, hameau voisin de la ferme, il a demandé secours et vengeance. Les villageois se sont armés à sa voix, ils arrivent sur le lieu du carnage. Les chauffeurs ont disparu... le calme règne, le silence plane sur un cadavre de femme étendu sur le sol, l'âtre est sans flammes, un squelette pend immobile sur les cendres demi-éteintes ; leur reflet donne aux ossements cette nuance rosée qui naguère circulait avec la vie dans de belles chairs d'enfant.

La bande des chauffeurs fit main basse dans cette expédition sur une somme considérable que le fermier tenait en réserve, et qu'il avait convertie en or et soustraite aux regards.

Dans une autre localité, les chauffeurs forcent un fermier à indiquer le refuge d'une religieuse presque septuagénaire. La sainte femme venait de se préparer à une bonne œuvre par la prière, elle pensait que Dieu l'appellerait bientôt à lui, et elle s'occupait du partage de quelques biens terrestres qu'elle avait arrachés à la confiscation républicaine ; elle avait tiré de ses armoires des pièces d'argenterie, des bijoux, quelques sacs d'écus et plusieurs bourses contenant des rouleaux de pièces d'or. La part de chacun des héritiers futurs de la nonne était faite. Cette femme bienfaisante se reposait sur la probité du fermier dont elle était l'hôte, pour exécuter sa volonté dernière ; elle avait compté sans la peur, qui d'un honnête homme timide peut faire un lâche et un délateur.

La religieuse, confiante dans le dévouement du laboureur qui lui avait offert l'hospitalité, attendait que, suivant l'habitude, il vînt lui faire sa visite du soir. Elle commençait à s'inquiéter du retard, quand elle entendit sur l'escalier les pas précipités de plusieurs hommes.

L'abbesse tressaillit, mais bientôt la voix du fermier se fit entendre : « Ouvrez, sœur Marthe. » La religieuse se rassure ; croyant le fermier accompagné de quelques-uns de ses fidèles domestiques, elle donne un tour de clef à la serrure, et soudain la porte, poussée vigoureusement en dehors, faillit renverser la pauvre femme ; elle chancelle, et elle va adresser un reproche au fermier, quand elle aperçoit un groupe d'hommes hideux marchant sabre levé sur la tête du maître de la ferme.

La religieuse comprit le but de la visite des brigands. Les bijoux et les sacs d'argent qu'elle destinait à des œuvres charitables étaient encore en vue, elle n'attendit pas qu'on les lui demandât, elle offrit aux bandits tout ce qui pouvait tenter leur cupidité. Cependant ces hommes, dont la pensée unique était de satisfaire l'instinct du pillage, semblèrent rougir de passer pour des brigands de la classe vulgaire : c'est au nom de la nation qu'ils marchent, et le prélude de leurs actes doit être un holocauste à leurs principes politiques ; une religieuse est tombée entre leurs mains, leur conscience ordonne d'en faire une martyre.

La plume se refuse à tracer les détails de cette scène ; par les récits précédents, il est facile de juger à quelles limites a pu s'arrêter en cette circonstance la cruauté des chauffeurs.

Après les tortures, vint le partage du butin. Les chauffeurs divisèrent en plusieurs lots la petite fortune de leur victime, et chaque part fut pesée dans une balance dont un des brigands était porteur.

Les chauffeurs jetaient l'effroi dans toutes les contrées qu'ils parcouraient le sabre et la torche à la main. Ils se montraient effrontément dans les foires et sur les marchés de campagne où leur passage était marqué par des actes de débauche, et quand ils s'éloignaient exaltés par l'ivresse, il était rare que les fermes voisines ou les hôtelleries isolées des environs ne devinssent pas le théâtre d'un horrible drame nocturne. Le sort le plus doux que pouvait alors attendre la victime dont la demeure était désignée au pillage, c'était d'avoir les yeux bandés et la vue couverte, et de demeurer témoin aveugle de l'expédition des brigands et de l'orgie qui terminait toujours les scènes de dévastation.

Une des cruelles et ironiques plaisanteries familières aux chauffeurs, quand ils étaient en belle humeur, était de contraindre le fermier à les servir à table, dans cet état d'aveuglement factice. Malheur à lui s'il commettait quelque maladresse, il était aussitôt averti du mécontentement des convives par un coup de crosse sur l'échine ou une balafre de sabre à travers la figure.

Tant de crimes commis aux environs même de Paris éveillèrent enfin l'attention de l'autorité. Pendant quelque temps elle avait sommeillé à dessein. Un bruit que le pouvoir avait laissé se propager et dont il tirait parti, accusait de complicité avec les chauffeurs quelques membres de l'ancienne noblesse et des partisans de la vieille monarchie vaincue par la révolution. C'était un moyen de nourrir les haines populaires contre la caste proscrite. Si les chauffeurs se fussent contentés de quelques incendies et de quelques impôts levés sur le laboureur, peut-être la politique aurait-elle longtemps protégé tacitement ces bandes; mais le cri public devint tel, qu'il ne fut plus possible d'ajourner le châtiment, et bientôt vingt-huit bandits furent successivement mis sous la main de la justice, plusieurs femmes faisaient partie de cette association.

Lors de cette capture, opérée dans les départements de Seine-et-Oise et de l'Oise, on parlait hautement, à Paris, de grands personnages arrêtés. On nommait les chefs de l'aristocratie saisis au nombre des chauffeurs. Le désappointement fut grand quand le chef des chauffeurs, mis en présence des juges, déclara se nommer François Nezel, portant pour sobriquet le nom de *petit boucher des chrétiens:* c'était un homme de basse origine, âgé seulement de vingt-huit ans.

On pouvait espérer encore que dans les rangs secondaires apparaîtrait quelque gentilhomme caché sous la veste du chauffeur. Vaine attente.

Sous les noms de guerre qui distinguaient ces brigands, on aurait vainement cherché quelques vaillants athlètes des guerres civiles, et si un doute sur les individualités avait pu se glisser dans les esprits les plus méfiants, il eût suffi, pour l'étouffer, de voir l'attitude des coupables dans l'arène judiciaire. Le cynisme et l'audace de ces hommes ramena l'opinion à la véritable appréciation de ces malfaiteurs sortis de cette écume sociale qui surgit toujours après les grandes commotions civiles.

La bande des chauffeurs fut jugée par un conseil de guerre jugeant à Paris.

Quand le président adjudant général eut adressé aux accusés les questions d'usage sur les noms, prénoms et qualités, il fut répondu:

Je me nomme François Grou, dit *Mériotte brandon d'amour.*

Je me nomme François Guerrier, dit *le Boulanger rôtisseur.*

Je me nomme Hyacinthe Général, dit *Toto.*

Je me nomme Félix-Édouard Dion, dit *Monsieur le curé.*

Je me nomme Aubert, dit *le Citoyen sans gêne.*

Je me nomme Thomas Loutrel, dit *Cadet brûle-gueule*.

Etc., etc.

Huit femmes, à l'exception d'une seule avancée dans la vie, étaient âgées de vingt à vingt-cinq ans ; elles appartenaient à la classe la plus abjecte.

Un seul journal de l'époque a reproduit les débats. Il fait connaître le personnel de ces bandes de malfaiteurs, et donne la calque fidèle de la physionomie que présentaient les tribunaux sous le directoire. C'est un fragment historique curieux, nous le reproduisons en partie :

Le président. François Petit ou plutôt Nezel, puisque c'est le dernier nom que vous prenez maintenant, il paraît que vous faisiez partie d'une bande de brigands dits *chauffeurs?*

Nezel. Il paraît? ah! cela paraît! et à quoi ça paraît-il, faites-moi l'amitié de me dire ça, mon brave homme?

Le président. Tâchez de mettre plus de décence dans votre tenue, dans votre langage.

Nezel. Tiens, tiens, est-ce que je suis ici pour vous faire des politesses? Faites moi donc donner un fusil pour que je vous présente les armes quand vous passerez.

Le président. Ne faisiez-vous pas partie de la troupe des bandits qui ont envahi la ferme du citoyen Pillon?

Nezel. J'y aurais été, que je dirais non! je n'y étais pas, donc je réponds non! c'est toujours blanc bonnet et bonnet blanc.

Le président. Vous avez cependant été reconnu de la manière la plus formelle par plusieurs témoins et surtout par les filles Allard?

Nezel. Oui, parlez-moi un peu de ces drôlesses-là. Elles prétendent qu'on leur a fait violence, elles sont parbleu bien tournées pour donner des tentations à des gaillards qui ont de l'or plein leurs poches; vous autres militaires qui ne vous en privez pas, dites-moi si ça a l'ombre de vraisemblance.

Le président ayant encore avancé quelques faits inculpés, Nezel répondit : Je nie, vous faites votre métier, je fais le mien, ça ne doit pas nous empêcher d'être bons amis.

L'accusé se rassied en souriant.

Le président. Lolivret, ne faisiez-vous pas partie du détachement de la bande qui a pillé la ferme de Franjeallé, après en avoir assassiné les habitants?

Lolivret. En voilà des contes! allez votre train, allez votre train.

Le président. Ce qui peut faire croire à votre culpabilité, c'est que déjà vous avez été condamné à vingt-quatre ans de travaux forcés.

Lolivret. Ma foi! en voilà la première nouvelle; dans tous les cas, vous voyez que je ne m'occupe guère de cette condamnation-là, et que j'ai toujours bon pied, bon œil.

Le président. Gilles Chemin, l'accusation prétend que vous étiez au nombre des brigands qui ont dévasté la maison de Pillon et la ferme de Franjeallé?

Chemin. L'accusation peut bien prétendre ce qu'elle veut, je m'en moque comme d'une guigne.

Le président. Prenez garde, misérable, n'aggravez pas votre position par votre imprudence.

Le président énumère les chefs d'accusation qui s'appliquent à l'accusé.

Chemin. Allons, dites que vous avez rêvé cela, ce sera plutôt fait.

Le président. Lorsque vous avez appris que Fontaine père, un des membres de la bande des chauffeurs, s'était pendu dans la prison de la Ferté-Milon, n'avez-vous pas dit qu'il fallait qu'il fût bien bête ?

Chemin. Oui, je l'ai dit, et je le répète, en définitive, la guillotine est le pis qui puisse nous arriver, et il faut être un imbécile pour se tuer, quand elle a toujours le temps de faire sa besogne !

Le président procède à l'interrogatoire de Guerrier, qui, après Nezel, paraît avoir eu le commandement de la bande. C'est un homme d'une taille extraordinaire. Son visage hideux et profondément couturé, son teint couleur de brique, son nez à demi rongé, l'expression farouche de son regard, tout l'ensemble de la personne de cet accusé inspire un sentiment de dégoût et d'épouvante.

Le président. Guerrier, vous faisiez partie de la bande qui a envahi la ferme de Pillon.

Pillon. C'est faux, vous me prenez pour un autre.

Le président. Cela serait difficile, votre identité se constate à des signes plus certains que celle de qui que ce soit. La fille Allard vous a d'ailleurs parfaitement reconnu pour être un de ceux qui l'ont si audacieusement attaquée ?

Pillon. Vous plaisantez ; on est, Dieu merci, assez bel homme pour avoir des femmes plus qu'on n'en veut, et puis, nous ne sommes pas ici pour entendre des propos de servantes.

Le président. C'est au milieu du carnage et les genoux dans le sang, que vous avez consommé cet odieux attentat.

Pillon. Nous y voilà, des phrases ! bonne monnaie pour vous, du reste, et pas chère. Vous en achetez, vous en vendez, vous m'en prêteriez peut-être à moi qui n'en fais pas, et qui vas tout droit mon petit bonhomme de chemin.

Le président. N'insultez pas le conseil ! défendez-vous plutôt, malheureux, songez à détourner le glaive de la loi suspendu sur votre tête ! Ce n'est pas seulement Catherine Allard qui a été l'objet de vos attentats, mais la femme Pillon, cette malheureuse que ses soixante-dix ans eussent dû au moins protéger...

Pillon. Toujours des phrases. Eh bien, foi d'homme, je ne sais pas ce que vous voulez dire.

A une seconde séance, le président fit introduire treize autres accusés ; au nombre des témoins appelés se présente la malheureuse fermière de Saint-Remy. Elle raconte les circonstances affreuses dans lesquelles elle s'est trouvée, les tortures préliminaires que les chauffeurs lui firent endurer avant de l'attacher à la crémaillère.

Le président. Guerrier, qu'avez-vous à répondre ?

Guerrier. La vieille coquine ment comme une sorcière du sabbat qu'elle est. (Mouvement d'indignation.)

Le président. Misérable ! croyez-vous donc que votre cynisme odieux, que votre effronterie dans le crime, soient un moyen de défense ?

Guerrier. Je m'en moque pas mal. Les témoins sont de la canaille, et vous autres vous ne valez pas mieux qu'eux ! Mais tout n'est pas fini, laissez bouillir le mouton, les sections sont encore en poste, et on vous réglera votre compte à tous en temps et lieu.

Mériotte. Tous les témoins sont des gueux.

Le président. N'insultez pas les témoins, ils n'ont aucun intérêt à trahir la vérité.

Mériotte, riant. Ah ! permettez, vous dites qu'ils n'ont aucun intérêt, il me semble pourtant qu'ils ont fait agréablement le voyage de Paris aux frais de la république, et qu'ils gagneront leurs journées, sans se donner trop d'ampoules aux mains.

Un témoin reconnaît plusieurs chauffeurs, entre autres Mériotte, pour les avoir vus dans les foires travestis en maquignons et faisant bombance.

Mériotte au témoin. Ah çà, l'ami, pour parler si bien du fricot, il faut que tu aies goûté à la sauce. Prends garde à toi, mon garçon, le bourreau de Toulouse s'est brûlé, il y a trois jours, à la chandelle, et il n'en avait pas approché autant que toi.

Nezel. Tous les témoins sont des scélérats, et les juges sont de la même clique.

Le président. Taisez-vous, misérable, ne me forcez pas à employer les moyens que la loi met à ma disposition pour maintenir l'ordre.

Nezel. C'est bon, ne vous fâchez pas, vous n'allez pas nous faire griller la plante des pieds, peut-être on vous appellerait chauffeurs (il rit). Au reste, reprend-il d'une voix sombre, je ne parle pas pour moi. Je connais mon affaire, et j'aurais assez de têtes sur les épaules pour paver la route de Lyon à Paris, qu'on ferait bien d'en faire cadeau à la guillotine. Un homme comme moi ne craint pas que Samson lui fasse la barbe avec son rasoir. Mais la longueur de ces débats m'ennuie, condamnez-nous tout de suite, et que tout soit dit.

Après deux jours consacrés aux plaidoiries, le président engagea Nezel à prendre un défenseur.

« Je n'en ai pas besoin, dit Nezel, mon affaire est dans le sac. »

Les accusés, reconduits en prison, le conseil resta vingt-cinq heures en délibération. Un arrêt de mort frappa dix-huit accusés, au nombre desquels six femmes.

Le lendemain, à huit heures du matin, les condamnés furent conduits dans la chapelle de la Conciergerie, et là, entre deux haies de soldats, ils entendirent la lecture du jugement.

« C'est la fin de la comédie, » dit Nezel. Et il demanda du tabac et la permission de fumer.

Les femmes condamnées furent transférées à Saint-Lazare, et les hommes à Bicêtre.

Au moment de partir pour ces geôles, dernière étape de l'échafaud, hommes et femmes demandèrent à se pourvoir en révision. On les fit descendre au greffe.

Le greffier remplissait les formalités voulues pour l'appel en révision, il est distrait de son travail par l'arrivée d'un homme de haute taille, portant les cheveux sans poudre, et coiffé d'un large chapeau. Cet homme était l'exécuteur des hautes œuvres ; il se pencha à l'oreille du greffier, et parla à voix basse. Nezel avait l'oreille fine, et il entendit la confidence.

« Camarades, dit-il en se retournant vers les condamnés, le citoyen Samson, que vous connaissez de réputation et avec lequel vous ferez bientôt une plus intime connaissance, est dans un cruel embarras. Son matériel est dans un triste état, vu le grand usage qu'on en a fait. Il a usé tant de paniers au service de la nation, qu'il ne lui en reste plus qu'un seul, et il craint qu'il soit trop petit pour contenir toutes nos dix-huit têtes.

« Camarades, je vous engage à vous prêter à la circonstance, il faudra nous serrer le plus que nous pourrons. »

Toute la bande poussa un rire; l'hilarité gagna le greffier, l'exécuteur et les porte-clefs.

Nezel ne conserva pas cette insouciance à l'approche de l'échafaud. Il chercha à se soustraire au supplice par le suicide; il s'ouvrit, dans son cachot, les veines des deux bras, à l'aide d'un tesson de bouteille; mais son état permettant de le transférer de Bicêtre à Paris, il fut conduit à la place de Grève, et reçut la mort après avoir vu tomber dix-sept têtes sous le fer de la justice.

Un des hommes les plus fortement compromis dans cette dangereuse bande fit appeler M. G....., avocat de l'ancien barreau de Paris. M. G..... plaidait peu au criminel, mais il avait une grande réputation d'éloquence et de vertu, et les voleurs comme les honnêtes gens aiment à confier leurs intérêts à des hommes environnés de la confiance publique.

« Monsieur, dit le bandit, je ne vous dirai pas que je suis innocent, l'hypocrisie n'est pas mon fort; je ne vous dirai pas non plus que je suis coupable, ce serait une sottise; j'arriverai tout franchement au but. Je vous déclare donc que, si vous parvenez à me conserver la tête sur les épaules, je vous prierai d'accepter 20,000 fr. pour vos honoraires. »

M. G..... jeta un coup d'œil rapide sur l'acte d'accusation, et dit à l'accusé : « Les charges qui pèsent sur vous sont graves, quelques-unes sont accablantes, il sera difficile de vous tirer de là complétement.

— Oh! je ne veux que la vie, interrompit le chauffeur, rien que la vie, monsieur. Quelques années de galères ou de prison ne sauraient m'effrayer.

— Nourririez-vous l'espérance de reprendre votre abominable métier à l'expiration de votre peine? dit l'avocat d'un ton austère.

— A Dieu ne plaise, monsieur, répondit le bandit; si j'échappe au supplice, je prétends redevenir honnête homme. A tout péché miséricorde, comme on dit : quand j'aurai payé ma dette à la justice, on n'aura plus rien à me reprocher, et ma conscience sera plus tranquille.

— Je me charge de votre défense, repartit M. G....., mais je ne vous promets rien. »

Il existait autrefois au palais un adage souvent répété. La vertu de l'avocat fait la conviction des juges. Ce vieil adage trouva encore son application dans cette circonstance, le client de M. G..... ne fut condamné qu'à trois années de réclusion.

Après le prononcé du jugement, l'avocat descendit dans les cachots de la Conciergerie; l'homme qu'il avait arraché à l'échafaud était fou de joie, il se précipita aux genoux de M. G..... et lui présenta les 20,000 fr., s'excusant de ne pouvoir reconnaître plus magnifiquement le service que le défenseur venait de lui rendre.

M. G..... prit froidement le sac qui contenait les 20,000 fr. en or, et dit à son client : « L'humanité me faisait un devoir de vous défendre, mais l'honneur me prescrit de ne point accepter un argent fruit de vos rapines et peut-être de vos meurtres. Si vous croyez me devoir quelque gratitude, vous allez sur-le-champ me déclarer le nom des malheureux que vous avez dépouillés. Ces 20,000 fr. leur seront distribués en votre nom comme une restitution légitime. Parlez, j'attends. »

L'avocat s'était assis sur le banc de pierre du cachot, et il se mit en devoir d'écrire sur sa toque qui lui servait de pupitre.

Le prisonnier se jeta à genoux, non pas cette fois par allégresse et par reconnaissance, mais par admiration.

« Ah! monsieur, monsieur, s'écria-t-il, quel homme vous êtes, et que je serais un grand scélérat si je restais insensible à un tel acte de grandeur. Tenez, monsieur, poursuivit le prisonnier, voici encore 3,000 fr. que j'ai mis de côté pour passer mon temps le moins mal possible en prison, prenez-les, et portez le tout ensemble aux victimes que j'ai contribué à ruiner. »

Trois jours après le jugement du tribunal criminel, plusieurs pauvres fermiers des environs de Paris recevaient d'une main inconnue une partie des sommes qui leur avaient été extorquées par les chauffeurs.

IX

SALVADOR. — LE FAUX COMTE DE SAINTE-HÉLÈNE.

1808 — 1819.

Salvador et Coignard furent les deux seules célébrités criminelles qui se placèrent hors ligne, sous le régime impérial et sous la restauration.

Salvador s'échappa trente-deux fois de prison et neuf fois des bagnes. Nous ne le suivrons pas dans tous les épisodes de cette vie qui présente souvent le retour des mêmes incidents. Nous rappellerons seulement les faits les plus saillants.

Grand et de proportion parfaite, Salvador, dont le véritable nom semble avoir été Jean Ferey, portait avec aisance tous les costumes. Sa physionomie était marquée d'une certaine distinction; il donnait à volonté à ses traits l'expression de la férocité et de la douceur.

Salvador dut sa chute à un sentiment d'orgueil profondément blessé, et peut-être aussi à un de ces grands ébranlements que certaines constitutions ne peuvent ressentir sans que le moral en éprouve la réaction.

Salvador était négociant dans une ville du nord de la France; il était marié; il s'absenta pour les affaires de son commerce. A son retour, il trouva sa maison déserte, sa femme avait pris la fuite avec un jeune commis; les magasins étaient dévalisés, la caisse pillée.

La pensée d'être le jouet de l'opinion publique, toujours cruelle en pareille circonstance, éloigne Salvador de la société des hommes; il fuit la ville. Des créanciers implacables le poursuivirent dans sa solitude. Il s'irrita contre ceux qui réclamaient à juste titre leur bien, et il se fit un titre de cette persécution pour commencer une guerre implacable contre le bien de tous; il n'aspira plus qu'à une honteuse célébrité.

Salvador est arrêté au début de ses exploits; il est condamné, à Paris, à dix années de fers pour vol avec effraction, à l'aide de fausses clefs. Il s'évade, mais il est repris. Cinq années se passent. Un nouveau vol avec complicité lui vaut une nouvelle condamnation de douze années.

Arrêté après avoir lutté contre dix agents de police, blessé, meurtri de coups, et près, en apparence, de rendre le dernier soupir, il est conduit à la prison de la Force, et placé dans l'infirmerie qui donne rue Pavée. Sa gaieté le suit sur le lit de souffrance; il se distrait de ses douleurs par l'espèce d'autorité qu'il exerce sur ses semblables, qui partagent sa captivité. Il établit et distribue des primes.

« Quelle est, disait-il à un condamné qui lui demandait un secours, la cause de ta condamnation?

— J'ai volé. — Quoi? — Une montre en argent. — Va-t'en, infâme. »

Un autre succédait.

« Pourquoi t'a-t-on arrêté? — J'allais forcer une caisse, mais surpris... — Bravo, prends cette poignée d'or. »

Cependant ses blessures étaient profondes, son mal empirait. Le médecin de la prison l'avertit que sa mort était prochaine. Le moribond se résigna.

Le lendemain, il n'y avait plus de Salvador... à l'infirmerie. Le bandit roulait dans une chaise de poste sur la grande route, en compagnie d'une dame mystérieuse qui avait facilité l'évasion. Le captif avait fait un trou au mur de l'infirmerie, et avait gagné la rue en se laissant glisser le long d'un drap.

Pris de nouveau en Suisse, après un vol audacieux, et condamné à la peine de mort, Salvador touchait au terme de ses jours ; il regrettait d'autant plus la vie, qu'il était parvenu à creuser une profonde excavation qui s'étendait au-dessous du mur de la prison jusqu'au dehors. Mais depuis la lecture de l'arrêt, on avait jugé prudent de garrotter étroitement le condamné.

La veille de l'exécution, le captif affecte le plus profond repentir, la résignation la plus chrétienne ; il va même jusqu'à promettre d'importantes révélations.

Le juge se rend près de Salvador. Le bandit commence la confession de toute sa vie, puis tout à coup il pousse un cri, qu'il semble s'efforcer vainement de retenir.

« Qu'avez-vous ? dit le magistrat.

— Ce n'est rien ; excusez-moi, monsieur. Les guichetiers ont tellement serré les chaînes de mes jambes, que le fer entre dans mes chairs. »

Le magistrat se baisse, et détache les liens des jambes de Salvador.

Le condamné continue son récit, émeut l'auditeur... lui-même verse des larmes, et bientôt sa physionomie reprend une expression de douleur.

Le juge comprend que les entraves des bras torturent le patient. Tous les fers tombent.

La conférence se prolonge, la nuit approche ; le juge, fatigué, mais curieux de connaître dans tous ses détails une vie si excentrique, se retire, mais il reviendra le lendemain. Il permet que le prisonnier passe la nuit sans ses liens.

Une garde nombreuse veille ; de lourdes portes ferment le cachot profond et bien voûté ; et le lendemain, quand le geôlier vint avertir le prisonnier de l'arrivée du juge, il ne trouva, dans ce cachot, que les hardes de Salvador, qui, pour passer dans le trou qu'il avait creusé, avait été obligé de s'y glisser sans vêtements.

La dame mystérieuse qui accompagnait souvent Salvador appartenait, dit-on, à une famille distinguée. Sa présence annonçait presque toujours une évasion prochaine. Un jour cette femme avait obtenu, à force de prières, de souper avec le bandit, dans sa prison, où il était étroitement gardé. Les comestibles sont visités avec soin; une salade de céleri, apportée par la dame, est aussi le sujet de l'inspection des geôliers. Le repas est pris sous les yeux des gardiens. La dame s'éloigne, et à peine est-elle partie, que le bandit entr'ouvre les côtes de céleri laissées à dessein dans le saladier; il y trouve de fines limes cachées, et le lendemain les barreaux de la geôle, sciés sans bruit, livrent passage au prisonnier.

Dans ses bravades contre la société, Salvador affectait souvent une bizarrerie moqueuse.

Pendant les longs séjours qu'il fit sous les verrous, il ne souffrit jamais qu'un condamné parût à l'exposition dans un costume négligé ou malpropre; il voulait qu'il portât le carcan avec élégance, et on l'a vu vendre ses propres habits pour contribuer aux frais de toilette de ses confrères.

Salvador gardait à ses complices une fidélité à toute épreuve; il était renommé parmi eux pour sa discrétion et son adresse à éloigner les limiers de la police.

Dans un vol de marchandises, il fut aidé par un commis de magasin. Arrêté bientôt après, il fut conduit sur les lieux mêmes du délit : tout indiquait qu'il n'avait pu enlever les objets sans avoir eu des intelligences avec les employés de la maison. On les fait tous rassembler, et Salvador est ramené; le magistrat épie les regards de Salvador, persuadé qu'ils se porteront d'abord sur son complice; Salvador entre sans regarder personne, et, voulant empêcher le coupable de se trahir lui-même, il dit :

« Je ne connais personne ici; aucun de ces messieurs ne m'a aidé. »

Repris après une de ses évasions, Salvador fut placé sur une charrette, gardé par des gendarmes, et les mains liées derrière le dos. Il était dirigé sur une petite ville de l'Ouest, où il allait être livré à la justice. Les gendarmes reposaient sur la paille, et la voiture cheminait sur les bas côtés de la grande route, passant sous les arcs de verdure que les branches des arbres formaient au-dessus de la charrette. Salvador voit son salut dans ces branchages ; il prend son temps, calcule ses mouvements, et, élevant ses jambes perpendiculairement, il accroche un arbre, dresse son corps à la hauteur des rameaux, se perche, et laisse la voiture continuer son chemin allégée du fardeau. Les gendarmes sentirent bientôt un vide entre eux, mais quand ils s'aperçurent de l'absence du bandit, celui-ci était déjà en lieu de sûreté.

L'énergie de Salvador finit enfin par se briser dans la lutte incessante contre la société et ses lois. Conduit au bagne de Rochefort, il voulut que ce lieu fût son tombeau. Il renonça à conquérir une liberté qu'il finissait toujours par perdre ; il sembla même se fatiguer d'une renommée que ses compagnons prenaient plaisir à exalter. Le suicide lui semblait un moyen prosaïque de quitter la vie. Une fois encore il eut l'orgueil de sa profession ; il voulut juger par lui-même de ce que Cartouche appelait le mauvais quart d'heure. Il blessa un garde chiourme, sans avoir intention de lui donner la mort, mais seulement pour obtenir une condamnation capitale, et bientôt Salvador vit stoïquement les apprêts de son supplice. À cette époque on ne tranchait pas la tête aux forçats meurtriers : Salvador fut condamné à être fusillé. Il marcha vers le lieu du supplice, insouciant et le sourire aux lèvres, et il tomba sous les balles des gardes-chiourme.

« Dans les premiers temps de la restauration, dit M. le docteur Lauvergne, dans ses *Études morales et philosophiques sur les criminels*, il vint au bagne de Toulon un personnage qui fit grand bruit alors, et qui mérite, du reste, de servir de type. Il était dans la pompeuse virilité de l'âge, c'est-à-dire, grand, bien fait, à manières dignes, une véritable tête à commandement ; les traits de sa figure, réguliers, effilés, contrastaient avec la régularité admirable de sa belle tête. Son regard et sa bouche témoignaient de leur longue contrainte à jouer son rôle sur la grande scène du monde. Il avait beaucoup médité et étudié son rôle, car son œil fixe, scrutateur, œil de

SUPPLICE DE LA ROUE.

(BRIGANDS ET BANDITS CÉLÈBRES.)

LE BOURREAU FLAGELLÉ.
(BRIGANDS ET BANDITS CÉLÈBRES.)

LA MÉNAGERIE DE MANDRIN.

BRIGANDS ET BANDITS CÉLÈBRES.

MALINGREUX.

(BRIGANDS ET BANDITS CÉLÈBRES.)

L'ORME DE VAURY.

(BRIGANDS ET BANDITS CÉLÈBRES.)

LA RANÇON.

(BRIGANDS ET BANDITS CÉLÈBRES.)

LES CHAUFFEURS.

BRIGANDS ET BANDITS CÉLÈBRES.

FRA DIAVOLO EN RELIGIEUSE.

(BRIGANDS ET BANDITS CÉLÈBRES.)

LE MUSÉE DE LA SIRÈNE.

(BRIGANDS ET BANDITS CÉLÈBRES.)

CAVERNE DE NAUFRAGEURS.

(BRIGANDS ET BANDITS CÉLÈBRES.)

LE VOL AU COMMISSAIRE.

(BRIGANDS ET BANDITS CÉLÈBRES.)

www.ingramcontent.com/pod-product-compliance
Lightning Source LLC
Chambersburg PA
CBHW062014180426
43200CB00029B/727